Céline Gaschet

Pédagogie et souffrances psychiques

Guide de survie pour l'enseignant non spécialisé

DUNOD

NOUS NOUS ENGAGEONS EN FAVEUR DE L'ENVIRONNEMENT :

PAPIER CERTIFIÉ

Nos livres sont imprimés sur des papiers certifiés pour réduire notre impact sur l'environnement.

Le format de nos ouvrages est pensé afin d'optimiser l'utilisation du papier.

Depuis plus de 30 ans, nous imprimons 70% de nos livres en France et 25% en Europe et nous mettons tout en œuvre pour augmenter cet engagement auprès des imprimeurs français.

Nous limitons l'utilisation du plastique sur nos ouvrages (film sur les couvertures et les livres).

11 rue Paul Bert, 92240 Malakoff
www.dunod.com
ISBN 978-2-10-084962-8

Joël Tessier et Fabien Marmonier-Lechat ont été mes interlocuteurs privilégiés tout au long de la rédaction de cet ouvrage. Qu'ils soient ici remerciés pour leur regard attentif, nos échanges fructueux et leurs remarques judicieuses.

Balises [1] du cheminement pédagogique

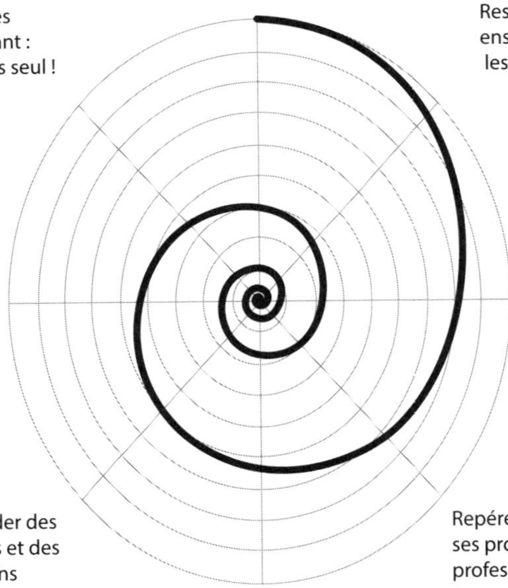

1. **Balise** : nom féminin. Objet, ouvrage, dispositif permettant à un navigateur, un pilote de se diriger. Synonyme : bouée, signal, jalon.

Introduction

« Prendre confiance en soi dans une relation pédagogique troublée : accueillir les souffrances psychiques en milieu scolaire. »

Accueillir en classe un élève en souffrance psychique entraîne immanquablement une perte de repères. Et les gestes professionnels – autrefois habiles ou nouvellement acquis avec enthousiasme – se heurtent au chaos interne de l'enfant troublé. Parfois par méconnaissance des vulnérabilités associées, la détresse s'installe chez l'enseignant, la fatigue, voire la colère. Cet ouvrage s'adresse aux professionnels mis à mal par « l'inquiétante étrangeté » (*Das unheimliche,* Freud, 1919) des jeunes troublés psychiquement, mais aussi aux formateurs, conseillers pédagogiques qui les accompagnent, aux personnels de direction qui les soutiennent.

Au gré d'observations en classes dites « ordinaires », de mon expérience en psychiatrie infanto-juvénile, de mon passé de formatrice en accompagnement de projet ou dans l'école inclusive, j'ai construit un système de leviers professionnels simples de mise en œuvre dans les situations scolaires heurtées par le trouble psychique.

Cette approche par leviers modifie le regard ou les réflexes des professionnels de l'éducation dans les situations éminemment complexes de la vulnérabilité psychique. Ajustés aux réalités, ces points d'appui permettent d'accompagner, comme on suit le mouvement d'une vague en gardant son équilibre, le tournant de l'école depuis la loi du 11 février 2005 « *pour l'égalité des droits et des chances, la participation et la citoyenneté des personnes handicapées* ». Simples, mais profonds.

Je me souviens de mes premiers pas en centre médico-psychologique et hôpital de jour auprès d'adolescents à Nantes : nouvellement diplômée, je n'avais pas de support de poste fixe. Mon intérêt pour enseigner à ceux qui me semblaient les plus éloignés de la « chose scolaire » m'avait amenée à remplacer des collègues sur des postes dits « spécialisés » : section d'enseignement adapté au collège, institut d'éducation motrice, classe dite d'inclusion scolaire… sans formation autre que didactique, institutionnelle et pédagogique nouvellement acquise à l'IUFM, et l'énergie toute personnelle (et nous verrons que cela peut parfois fragiliser la posture professionnelle) presque caritative (sic) qui me poussait dans cette voie !

Trois jours, c'est le délai qui m'avait été accordé par les médecins pédopsychiatres de l'unité et le pôle de remplacement des enseignants pour valider ou invalider mon hypothèse de néophyte : « *si je ne parvenais pas à faire la part des choses, à éviter d'être envahie par les comportements, "les bizarreries", je risquai d'être engloutie psychiquement…* ». Ce qu'entre nous j'appelais *« devenir folle »*. Le contrat était simple : si, d'ici la fin de semaine (nous étions un mardi), j'étais mise à mal au point de perdre pied, je ne poursuivais pas ce remplacement. De là à brandir la sentence de la contagion psychique, il n'y avait qu'un pas !

J'étais loin d'imaginer ce que recouvrent la souffrance psychique, la maladie, le trouble et ses manifestations. Je ne distinguais pas les causes des conséquences, ce qui était à prendre en compte dans la limite de mes capacités professionnelles d'enseignante de ce qui relevait de l'intime du soin. Au CMP, il était question alors de positionnement professionnel dans une équipe de soin auprès des jeunes qui, pour moi, fait écho aujourd'hui au positionnement de l'enseignant dans une relation pédagogique mise à mal en classe par les tourments internes de l'élève.

Neuf ans. C'est la durée de mon passage en psychiatrie infanto-juvénile...bien plus que les trois jours anticipés, car je me sentais à ma place !

Ni thérapeute, ni éducatrice, je me suis formée, ait obtenu une certification d'enseignement spécialisé, suis devenue également formatrice pour l'adaptation et la scolarisation des élèves en situation de handicap puis ai obtenu un master des pratiques et ingénierie de la formation au service de l'école inclusive. Neuf années de réflexion, d'écueils, de joies, de rencontres et de soutien aux enseignants, aux directeurs d'écoles primaires, aux parents d'élèves *(et non aux parents de patients, car il faut – et c'est le premier point : savoir d'où l'on parle et à qui l'on s'adresse)*.

Enseigner en psychiatrie infanto-juvénile, comme enseigner aux élèves troublés psychiquement en classe, demande de garder dans l'exercice de ses fonctions son « costume d'enseignant », celui que le professionnel de l'éducation a choisi pour sa matière, ses couleurs, ses textures, celui qu'il porte au travail et dans lequel chacun le reconnaît : les collègues, les partenaires, les parents, les élèves, si malmenés qu'ils soient. En l'occurrence, contrairement à ce que dit l'adage, « l'habit fait le moine » ! En tout cas il permet, par les gestes professionnels et l'attitude que l'enseignant adopte, de conserver son intégrité psychique autant que faire se peut puis de *« rejoindre l'apprenant là où il se trouve*[1] *»* ... à la condition d'y mettre une distance acceptable pour chacun. *« Regarde-moi comme un élève et je te regarderai comme un adulte enseignant »* pourrait nous répondre chacun d'entre eux, si envahi psychiquement soit-il.

Cependant, il est des clefs que le professeur doit conscientiser pour faire un pas de côté, car « Elle » prend de la place – la

1. Expression empruntée à Hélène Trocmé-Fabre, docteure en linguistique, en lettres et sciences humaines. Elle est l'auteure notamment de *J'apprends donc je suis, introduction à la neuropédagogie* (1987 Éditions d'Organisation, 2011 version numérique), *Réinventer le métier d'apprendre* (1999, Éditions d'Organisation).

souffrance psychique de l'enfant/l'élève en classe – parfois même « Elle » prend ... toute la place.

« Elle » se glisse dans les interstices de la fatigue du jour de l'enseignant, ses fragilités, ses doutes, ses peurs. « Elle » fait entrer en classe ce que les faits divers traduisent des maux de la société : anxiété massive, inhibition, retrait social *versus* agressivité, opposition, agitation, provocation.

Facile alors de perdre pied entre la bienveillance humaniste qui fonde l'enseignement, le « Savoir » à transmettre dans une temporalité annuelle ou de cycle et la gestion du trouble au quotidien : autre confrontation ! Celle des temporalités : le temps psychique non corrélé au temps de l'année scolaire, de la programmation des apprentissages. Confrontation aussi des toutes-puissances quand l'élève ne perçoit pas les limites chez lui, chez l'autre, *a fortiori* son enseignant : *« Jusqu'où ira-t-il ? Où est le cadre sur lequel me reposer ? Est-il solide ? Qu'est-ce qui tient encore alors qu'en moi tout semble discontinu et ébranlé ? »*. Face au jeu de violence ou d'inertie (tout aussi violente) se questionne ce qui fera tiers, ce qui permettra le pas de côté, la référence socialement et institutionnellement admise aussi bien dans la classe que sur la copie, envers les pairs ou les adultes.

Et puis il y a **l'éprouvé** : plus avance le temps, plus les réflexes de survie psychique font habitude, réflexe, carapace chez l'élève. Les stratégies d'évitement se mettent en mouvement : refus d'affronter le savoir, ou le gouffre de la mésestime de soi que Meljac (2010)[2] relie à des « *souffrances indéniables d'écoliers qui se sentent incapables d'apprendre* » malgré des capacités cognitives préservées. Combien d'enseignants ou de parents disent : *« Il en est capable... si seulement il s'en donnait les moyens. »* Il nous faudra dans cet ouvrage, alors évoquer les tensions entre « pouvoir » et « vouloir » chez l'élève et accepter les questionnements d'enseignant... au prix,

2. Meljac, C. (2010). Dyscalculie, un mythe passablement mité, dans *L'enfant et les apprentissages malmenés. Quand lire, écrire, compter est un problème,* sous la direction de M. Bergès-Bounes, S. Calmette, C. Ferron, J.-M. Forget, C. Rey. Toulouse : Érès collection « Psychanalyse et clinique ».

un peu fort parfois, de tanguer sur des certitudes. Faisons simple : souvent Enzo, en première année d'école élémentaire, ne veut pas entrer en classe après le week-end, il reste dans le couloir, « *embête ses camarades* », s'accroche au porte-manteau, lance des coups « *sournoisement* », mais est repéré par l'enseignant à chaque fois. Questionnons-nous : Enzo ne veut pas ? Enzo ne peut pas ? ...

Enzo ne peut pas ! : affronter la transition entre deux espaces physiques ? Retrouver des repères qui le rassureraient ? Se créer une image mentale de ce qui va être demandé en classe ? Supporter la proximité physique de ses pairs ? Ne pas être envahi par le bruit ? etc.

Il faut ici investiguer, observer comme l'a si bien décrit et documenté Bruno Egron[3]. Avant cela, il y a un *gap* à franchir : admettre le syntagme « Enzo ne peut pas » c'est-à-dire « il/l'élève ne **peut** pas » en parallèle du syntagme de l'enseignant : « je/l'enseignant ne **peux(t)** pas ». Moi enseignant, je « ne peux pas » – en premier lieu – trouver comment faire entrer cet élève en classe alors que dans le « il ne **veut** pas », je peux user de mon autorité, hausser le ton, sanctionner au besoin. Face au « il/l'élève ne **peut** pas » et « je/l'enseignant ne **peux(t)** pas », voici l'enseignant devant l'obligation de comprendre comment – ce qui empêche – joue le trouble-fête dans le quotidien de la classe... dès le lundi matin ! Alors que dans le « il ne veut pas » l'enseignant utilise son passé professionnel ou personnel, son rapport de parent à enfant, au besoin, pour tenter de faire levier... Peine perdue avec cet enfant ou ce jeune fragile psychiquement : l'autorité, il l'a rencontrée parfois, sans qu'elle ne soit basée sur le respect de son intégrité, sur l'équité. L'autorité si elle n'est pas triangulée (j'en reparlerai) rencontre la vulnérabilité intrinsèque de l'enfant ou du jeune qui dresse – telle une barrière automatique – des pans entiers de réflexes de survie psychique. Réflexes qu'il maîtrise parfois bien malgré lui. Ici, la palette est large,

3. Bruno Egron est inspecteur de l'Éducation nationale honoraire. Formateur à l'INSHEA, formateur associé à l'IH2EF, il est auteur, s'intéresse notamment aux troubles du comportement en milieu scolaire, aux handicaps mentaux, publie des ouvrages à destination des enseignants ou les accompagnateurs d'élèves en situation de handicap.

allant de l'expression bruyante de son trouble à celle plus discrète du syndrome internalisé (Bigras *et al.*, 2001).

« Jeunes », « enfants », « élèves » à qui s'adresse l'acte pédagogique dont l'enseignant est le maître, l'instituteur (au sens de celui qui institue) ? Je me surprends à relire « amusée » – malgré la gravité du sujet – les instructions officielles de l'Éducation nationale française : on parle d'« élève » dont il faut construire le projet de scolarisation, mais de l'« enfant » qui a des problèmes de santé. Seraient-ils plusieurs ? Serions-nous à ce point mis à mal par la souffrance pour s'obliger à sérier ce qui relève de l'être qui apprend, qui grandit, se développe de ce qui relève de l'apprenant à la santé altérée ?

La dualité pointée ci-avant fait d'ailleurs écho à un questionnement vif qui peut étayer la réflexion sur les relations pédagogiques heurtées : dans une relation entre un enseignant et un élève, ne peut-on pas parfois percevoir, symboliquement, non pas deux, mais quatre acteurs en jeu ? Je m'explique : sur un fait précis (une colère, un refus réitéré, un geste violent, etc.), on peut distinguer l'enseignant qui est face à l'élève, et il y a aussi dans ce même temps la femme ou l'homme face à l'enfant. L'adulte peut agir en fonction de l'un ou de l'autre de son référentiel. Il a le choix : agir comme « l'adulte qu'il est » ou comme « l'enseignant-adulte » qu'il est. Cependant, force est de constater que l'enseignant sera plus solide s'il se choisit « enseignant face à un élève », car c'est ce qui lui permet de s'ouvrir aux gestes professionnels. Il pourrait être mis à mal si, dans la sphère scolaire, il se comportait en « femme ou homme » face à « l'enfant », car ses paroles, ses actes ne seront pas toujours en correspondance avec son statut d'enseignant.

Ici se joue un nœud professionnel et psychique qui permet de tendre vers une relation apaisée si on en perçoit les contours, si on les trace, les évalue en toute bienveillance. Il y a à prendre conscience de ce qui se joue dans la relation d'enseignant à apprenant (*de femme/d'homme à enfant*) qui plus est quand cet apprenant est en souffrance psychique. Il ne s'agit pas ici d'aller vers une analyse fine de ce qui se vit intimement dans l'instant, mais de revêtir au plus vite sa « *cape d'enseignant* » pour que cet élève vulnérable reconnaisse, dans la relation, « l'enseignant(e)- adulte » qui est avec lui dans la classe.

Malo me dit un jour : *« Tu sais en maternelle, je ne savais pas que j'étais à l'école »* – alors qu'il est aujourd'hui en 4e année d'école élémentaire et commence à mettre le pied à l'étrier scolaire. Quand Aurore se fâche, après un an et demi d'accueil en classe de psychiatrie infanto-juvénile, parce qu'elle trouve qu'elle travaille trop et s'en étonne en comparaison des ateliers thérapeutiques qu'elle suit, elle montre qu'elle comprend deux choses : que je suis maîtresse et que c'est pour cette raison qu'elle « travaille » dans cet espace. Cela semble s'éclairer pour elle : *« Hein, t'es maîtresse ? »*. Malo perçoit enfin ce monde qu'il ne pouvait entrevoir tant les troubles psychiques opacifiaient son environnement scolaire. Aurore « range » dans une case intelligible mes actes d'enseignante et parvient à les accepter, ils ont du sens, en écho à ce qu'elle connaît de l'école.

Ainsi, cette lente découverte aura pris quatre ans pour l'un, deux ans pour l'autre. C'est un long cheminement pour ces élèves, mais aussi pour leurs enseignants… parfois au prix de nombreux costumes revêtus… si tant est qu'ils ne se soient pas « transformés » en pseudo-thérapeutes ou pseudo-substituts de parents défaillants !

Nul doute ici : il n'y a pas à critiquer ces « pseudos » chez les enseignants : ils viennent se placer là où le vide s'est installé, car la souffrance psychique entraîne indéniablement un vide en soi ou un flou dans l'espace scolaire : comment percevoir ce qui ne se laisse pas approcher, ce qui est inintelligible, qui fait irruption ?

L'enseignant qui connaît sa matière, expert de sa discipline et de son métier, souvent enjoué et engagé pour le progrès de ses élèves, rencontre l'expression d'un chaos assez peu renseigné dans les écrits institutionnels. Ainsi, ne pas lâcher son costume d'enseignant pour un rôle de *« pseudo »* se rapprocherait des conseils de Célestin Freinet : *« Ne vous lâchez jamais des mains avant de toucher des pieds »*, ce à quoi on pourrait ajouter : *« Devant la détresse psychique d'un élève, ne jamais lâcher des mains* ***le métier que l'on a appris et pour lequel la communauté éducative vous reconnaît.*** *»*

Par ce livre, il s'agit pour moi à la fois d'informer sur les conséquences des souffrances psychiques des élèves à l'école et d'accueillir en contrepoint celles des professionnels : les unes et les autres se renforçant parfois tristement mutuellement. Porté par les crises économiques, les virages sociétaux et récemment les chocs sanitaire ou belliqueux, le trend du nombre d'élèves/enfants en souffrance psychique croît de manière exponentielle. Les enseignants accueillent dès le plus jeune âge des maux psychiques qu'il n'est pas question de laisser *« à la porte de la classe »* et que l'on rencontrait hier chez les plus grands. Un glissement de terrain psychique est perceptible : les pédopsychiatres s'alarment, les troubles s'invitant de plus en plus tôt en psychiatrie infanto-juvénile. Dans certaines écoles, des enseignants sont formés aux troubles du comportement, aux *« empêchements à penser ou à apprendre*[4] *»* chers à Serge Boimare ou Daniel Gostain[5], d'autres ont acquis par le biais de lectures, de conférences, d'échanges professionnels les compétences relatives à la scolarisation des élèves les plus fragiles. Cependant, ils ne sont pas si nombreux devant la vague des vulnérabilités.

Cet ouvrage se veut alors un soutien aux mutations nécessaires dans le tournant inclusif de l'école :

- **soutien personnel** pour les enseignants qui se questionnent, souffrent face aux comportements atypiques de leurs élèves. Déjà engagés dans une démarche réflexive, ils prendront appui sur leur assise professionnelle, accepteront – au besoin et au gré des exemples – ce sur quoi ils n'auront pas prise, mais aussi – et surtout – ce sur quoi ils peuvent agir en toute simplicité.

4. Boimare, S. (2019). *Ces enfants empêchés de penser*. Malakoff : Dunod, « Enfances ».
5. Daniel Gostain est professeur des écoles, enseignant spécialisé, membre du mouvement Freinet, coauteur des « Empêchements à apprendre » (https://empechementsaapprendre.org/), avec la compagnie de clowns « Tape l'incruste ». Il a reçu le grand prix du jury au forum des enseignants innovants de 2016, des articles lui sont consacrés dans Le café pédagogique (https://www.cafepedagogique.net/).

- **soutien professionnel** pour ceux qui accompagnent, forment et épaulent les enseignants des classes. Le cheminement proposé pouvant être ossature de formations collectives ou d'accompagnement individuel des enseignants.

Questionnaires, guides d'entretien et schémas jalonnent cet ouvrage pour au besoin faire étape, prendre conscience de ce qui se joue… en quelque sorte, *« planter le décor »* de relations plus apaisées : ce sont des espaces de mise au point au gré du cheminement.

Enfin, les thématiques abordées pourront faire écho à des interventions qui seront proposées en appui de cet ouvrage dans des petits groupes de pairs enseignants. Hâte de vous rencontrer !

Chapitre 1

« Ne dites jamais ! »

Face aux maux… adopter une diététique sémantique

« Ce que l'on conçoit bien s'énonce clairement,
Et les mots pour le dire viennent aisément »
Nicolas Boileau, 1674.

Sémantique[1] : nom féminin et adjectif.

1. Nom féminin – Étude du sens, de la signification des signes, notamment dans le langage.
   – Synonyme : sémiologie.
2. Adjectif – Qui concerne le sens, la signification.

S'il semble nécessaire d'alléger la charge mentale de l'enseignant aux prises avec les troubles psychiques de certains de ses élèves, il ne saurait être question ici de prendre en main d'autres outils que ceux à proximité immédiate du professionnel. Qu'il utilise en premier lieu sa voix, son comportement, qu'il affûte son regard, affine son écoute, sans un instant s'écarter du chemin professionnel qu'il crée en marchant.

La santé mentale de l'adulte enseignant – appelons cela dans le plus fort des cas sa *« détresse psychologique »* – est au cœur

1. Définition proposée par le dictionnaire en ligne Le Robert : https://dictionnaire.lerobert.com/

des préoccupations qui ont amené l'écriture de ces pages. Dans l'ordinaire de la classe s'invitent des « psychés chahutées... », de plus en plus souvent et de plus en plus tôt dans la scolarité... tous les professionnels (du soin ou de l'éducation) en conviennent. Devant la faiblesse des moyens en pédopsychiatrie, faiblesse pointée du doigt par les intervenants des Assises de la santé mentale réunis les 27 et 28 septembre 2021 en France, il y a à faire preuve d'inventivité pour se préserver en tant qu'enseignant, accueillir l'élève et ses troubles en adoptant une posture qui permette – *sans s'engager dans une voie d'enseignement spécialisé* – d'apaiser la relation troublée aux apprentissages et de donner accès à une sorte d'intelligible des situations.

Prendre soin de l'enseignant en difficulté certes, mais avec cet élan de formation, de cheminement professionnel continu : avancer en faisant avec légèreté (avec grâce !) de petits pas de côté qui facilitent le quotidien de la classe.

Parfois, dans l'engrenage des apprentissages malmenés, il y a en présence plusieurs souffrances : celle de l'élève et celle de son professeur (ou de la communauté éducative). Chacun pouvant, en parallèle de l'espace classe ou de l'école, être en soin thérapeutique. Certains enseignants participent avec profit à des groupes de parole, des analyses de pratiques, mais hélas, ces dernières sont assez peu développées[2].

Dans l'optique du *care*, « prendre soin de chacun » – professeur comme élève troublé – revient, au travers cet ouvrage, à proposer à l'enseignant des modifications de dire, voir ou agir en classe ou en réunion de travail.

Certains changements de posture ne sont pas faciles d'accès d'emblée, mais chacun participe d'une marche en avant dynamique... histoire que la situation ne se transforme pas en un

2. Les GEASE (groupes d'entraînement à l'analyse des situations éducatives) ont été mis en place en France à l'initiative d'Yvelyne Fumat et Jean-Bernard Paturet en 1992, l'approche y est réflexive et pédagogique. Elle est développée dans le monde de l'éducation notamment *via* les instituts nationaux du professorat et de l'éducation (INSPÉ).

enchaînement d'événements qui s'enchevêtrent et dont on ne peut se dégager, ce qui est le principe physique de l'engrenage !

Dans ce premier chapitre je vais présenter quelques pratiques langagières courantes qui viennent – si le professionnel n'y prend garde – influer sur l'opacité de la situation :

- **le truchement du *« me »*** qui détourne le regard des situations,
- **le verbe *« faire »*** (une colère, un caprice, un blocage...) qui assimile l'envahissement psychique de l'élève à une sorte d'intentionnalité de sa part,
- **l'absence du mot *« comportement »*** et le fait de lui préférer *« l'être »* ou autres verbes d'état *(« il est désagréable »* versus *« il a eu un comportement désagréable »).*

Ce sont de petits pas : repérer des habitudes langagières (pour l'enseignant, l'équipe enseignante ou parfois le formateur) et adopter une diététique sémantique pour quelque peu les transformer. Cela demande une certaine discipline, parce qu'il faut s'entraîner à repérer, à dire autrement, à ne plus « dire ainsi » ou se reprendre le cas échéant en toute conscience. Cette démarche se veut avant tout un étai pour se préserver de la confusion née du trouble psychique temporaire ou installé chez l'élève. Une joyeuse discipline en quelque sorte !

Quand on veut éclairer une relation chahutée d'enseignant à élève (ou réciproquement), des itérations de langage surgissent à l'écoute des faits exposés en petit groupe d'enseignants, en équipe éducative, en réunion de travail avec les familles, en formation.

Ces « petits mots » ou « expressions langagières » se glissent subrepticement dans les échanges lorsque chacun explique ce qu'il vit en classe faisant écho à ce qui se vit à la maison (ou dans le foyer au sens large). Ce peut-être au détour de l'évocation de l'expression de la violence envers les pairs ou les adultes de la communauté éducative, ou de l'expression de l'inertie psychique ou cognitive, du désengagement de l'élève vis-à-vis du travail, voire d'un comportement qui questionne. L'utilisation de ces « petits mots » traduit – bien malgré ceux qui les énoncent – parfois une subjectivité maladroite, d'autres fois une interprétation des faits qui freine – selon l'expérience que j'en ai – l'analyse de la difficulté psychique et la mise en place les aménagements idoines.

Trois « opacifiants » sont remarquables dans les discours des membres de la communauté éducative. Relevés ici, non pour les pointer du doigt, mais pour les découvrir, ils me semblent traduire deux visions « embrouillées » de la part des acteurs de l'éducation et de leur jeu dans les situations critiques :

- les visions de « soi-enseignant » ou « soi-adulte » ou « soi-parent » intriqué dans le chaos des manifestations des troubles chez l'élève,
- les visions de l'élève devenu ainsi – par l'intermédiaire de ce que l'on dit de lui – acteur de ses troubles plutôt qu'envahi bien malgré lui par le désordre psychique.

Mettre une petite lumière sur les mots utilisés pour évoquer *« ce qui cloche »* en classe, c'est – pour l'enseignant – essayer – si ce n'est déjà fait – de se départir d'interprétations (hâtives, même si elles sont mues par des visées bienveillantes), de se concentrer sur les faits et d'adopter le point de vue de celui qui observe et agit avec une certaine lucidité... une clairvoyance conférée par la sémantique utilisée. Effet papillon garanti ! Une variation sur le paramètre sémantique pourrait avoir une influence sur la situation résultante ! Vaste programme.

Le truchement du « me » qui détourne le regard des situations

Le premier mot que l'on va tenter de repérer dans le discours des adultes autour de la situation d'apprentissage heurtée ne comporte que deux petites lettres, il s'agit du pronom *« me »*.

▷ **Exemple 1**

Un enseignant du second degré s'adressant au service de soin : « En séance de sciences, en petit groupe, je lui ai demandé de prendre son crayon pour tracer le schéma de l'expérience, il s'est agité, a maugréé. J'ai attendu, je passais de petit groupe en petit groupe et pensais que la mise au travail des autres lui permettrait de travailler. Je lui ai donné un crayon à papier pour l'engager dans la tâche, j'ai montré la feuille en disant : "Il faut s'y mettre maintenant" ; c'est à ce moment précis qu'il m'a fait une colère. »

▷ **Exemple 2**

Un enseignant de seconde année de classe élémentaire rapporte les paroles de parent d'un élève suivi par un thérapeute par ailleurs : « C'est toujours pareil, après le goûter, quand on se met à faire les devoirs, il manque toujours quelque chose, un cahier, une consigne, un livre et en même temps c'est le bazar dans son cartable. C'est souvent, très souvent, chaque semaine à dire vrai. La plupart du temps, en plus, il ne m'a pas rangé son cartable de la veille, c'est impossible de l'aider ! »

▷ **Exemple 3**

Un enseignant d'un élève de dix ans, bénéficiant parallèlement d'un temps pédagogique dans un centre médico-psychologique, lors d'une réunion de travail : « J'aménage les consignes, je lui propose moins d'exercices qu'aux autres au vu de son niveau et de sa fatigabilité – comme on se l'est dit en équipe éducative. Hier je lui ai dit : "tu me remplis les deux premiers paragraphes de cette fiche", il n'a rien écrit...juste son prénom. »

Dans ces trois exemples, tirés de mon expérience de formatrice spécialisée en soutien aux collègues enseignants, regardons la place du pronom « me » :

- « Il **m**'a fait une colère »
- « Il ne **m**'a pas rangé son cartable »
- « Tu **me** remplis les deux premiers paragraphes »

Ici « me » complète à chaque fois l'expression du blocage vécu en classe. Positionné dans la phrase de cette manière, il est pronom qui représente l'adulte dans la situation avec une fonction *d'objet indirect* : il figure celui vers qui ou ce vers quoi l'action est mise en œuvre. De fait, dans l'évocation des faits, ajouter « me » ne permet pas de percevoir clairement le fait que l'on veut analyser (ici le comportement lié à l'émotion, le comportement utile aux apprentissages, le comportement d'engagement dans l'activité). Le petit mot *« me »,* bien que très court et passant, de fait, inaperçu, adossé à l'expression des faits, me semble… comme une flèche déroutée d'une cible.

Ainsi ajouté, il élude ce qui pourrait avoir du sens dans un premier temps : l'élève a manifesté sa difficulté psychique par un blocage, un empêchement de s'engager dans la tâche, dans une situation précise. Ce pourrait être en classe ou en intercours, à la maison, lors d'une évaluation. Rien ne dit que ce comportement ait – en plus de « viser » une inertie d'apprendre – une visée toute personnelle vers l'adulte de proximité !

Si l'on reprend le premier exemple en cours de sciences : rien ne dit que l'élève était dans cet état de colère ou de peur parce que cet enseignant-là était présent. Rien ne dit – cela est valable dans les trois situations – que cela était adressé à ce collègue plutôt qu'à un autre collègue, à ce parent plus qu'à un autre. Peut-être, mais pas certain, donc… à ne pas interpréter comme une intention de plus.

L'enseignant spécialiste de la didactique et de la pédagogie n'a pas les moyens d'ajouter ce pan entier dans l'étude des faits scolaires : se contenter d'analyser ce qu'on observe dans la situation d'apprentissage ou de classe sans ajouter du tiers est déjà une tâche ardue. Que ferait l'enseignant de l'analyse de l'intentionnalité de l'élève avec ses moyens professionnels de pédagogue ou de spécialiste didactique ? Ce n'est pas son champ d'investigation dans la situation présente. Ce pourrait être du domaine de l'expertise d'un thérapeute, d'un psychologue, d'un pédopsychiatre, mais rares sont les fois où ces experts sont présents dans les moments informels de la vie de l'école, les intercours, les salles des professeurs, les réunions avec les familles.

Nous dirons alors – en place et lieu du petit *« me »* – que l'adulte était là à ce moment précis où la colère ou la peur – par l'intermédiaire de situations vécues ou résurgentes – a envahi la psyché de l'élève en proie aux souffrances psychiques.

Si ces trois élèves ont été envahis par une souffrance – liée à l'insupportable, la peur, la détresse – telle que la colère ou l'inertie ont pris le pas sur l'apaisement, que nous disent les élèves troublés de ce qu'ils vivent à cet instant précis ? C'est sur cela que les professionnels de l'éducation peuvent enquêter.

Rendons aux élèves ce qui leur appartient sans ajouter « un grain de sel », « un acteur », « une cible », une visée interpersonnelle : ces élèves font-ils montre d'une incapacité à supporter le regard des autres, la frustration, la mésestime, la peur indicible de l'échec, la perte de l'intégrité ? Traduisent-ils en geste, en bruits ou en silence cognitif l'indicible d'une situation vécue à un autre moment, en dehors de l'école soit par anticipation ou souvenir ? Beaucoup de pistes sont possibles et elles leur appartiennent.

L'enseignant peut agir sur ses leviers et son réseau professionnels, il peut toucher à tout ce qui entre dans son environnement, son biotope : la situation d'apprentissage, les outils pour y parvenir, les progressions, les programmes, les pans entiers de la recherche, les moyens pédagogiques (dont les règles de la classe ou de l'établissement), etc.

Ajouter ce *« me »* à l'évocation d'une situation – si confuse et bouleversante soit-elle – ne permet plus de discerner ce qui se joue. Voilà le professeur englué dans la relation : il n'y a pas que l'élève et sa souffrance exprimée dans son comportement non adapté, il y a désormais par le biais du *« me »* un destinataire virtuel !

Impossible dès lors de mettre à distance ce qui s'est produit en classe ou dans la cour. Comment analyser sereinement, maintenant qu'il y a un tiers « dans la boucle psychique ». Bien évidemment, il n'est pas question de mettre de côté la souffrance, voire la détresse qui se joue chez l'enseignant, car elle existe bel et bien, mais il faut tenter autant que faire se peut de « séparer » les souffrances :

- à l'élève, revient le mal-être traduit en comportements non ajustés à la situation, car les mots ne parviennent pas à traduire ce qui le met à mal. Pour lui, mieux vaut cela que d'affronter ce qui se joue en classe (qui peut aller d'une séparation de la famille impossible, d'une transition entre les espaces insupportable, à un échec impossible, etc.) ;

- à l'enseignant, la peur, la colère ou la tristesse
  - de ne pas juguler, empêcher ce comportement ou l'anticiper,
  - de ne pas offrir à l'apprenant ce pour quoi il est enseignant : l'apprentissage de savoirs, l'acquisition de compétences.

Il est vrai que ce « me » traduit souvent une profonde solitude professionnelle : *« Si j'avais plus d'autorité » ; « Si je n'avais pas dit cela » ; « Si j'avais proposé une autre séquence »,* cela se serait passé autrement !

Je dirais à un enseignant pour se rapprocher de la réalité : « L'élève a "été en colère ou a manifesté fortement son refus", mais il n'est pas certain qu'il "vous ait fait une colère". Cette colère avait un spectateur : VOUS. Elle était émettrice : il lui fallait un récepteur et VOUS étiez là. Elle indiquait quelque chose d'insupportable dans la relation à l'école, aux pairs, aux adultes, quelque chose d'indicible qui vous a été livré. »

Afin d'étayer ce qui vient d'être dit sur **le truchement du « me »,** je propose de découvrir une situation familiale pour laquelle la mise en exergue des habitudes sémantiques a permis d'assainir la situation scolaire.

Yann

J'ai souvenir d'une maman d'un élève de onze ans, scolarisé en dernière année de cours élémentaire : Yann. Très doux en classe, silencieux, presque inhibé, Yann présentait une lenteur cognitive telle que l'écart à la norme scolaire était de presque deux ans. Par ailleurs, il se montrait en famille dans sa toute-puissance infantile, pris dans une immaturité affective qui le rendait tyrannique.

Empêtrée dans ce lien double, la maman de Yann connaissait de son fils à la fois un collage et un rejet maternels. Ancienne élève en difficulté, elle avait pris parti de *« tout faire »* pour que son fils ne rencontre pas les mêmes écueils. Il se montrait en rejet des devoirs : elle reprenait avec lui, tentait d'expliquer, se raccrochait à ce qu'elle pensait être attendu de l'école. Une à deux heures de devoirs chaque soir en place et lieu des vingt-cinq minutes préconisées par l'enseignant et un élève désinvesti.

Lors du premier confinement lié à la pandémie mondiale de la COVID-19, l'enseignante avait mis en œuvre des temps de classe virtuelle. Là, Yann développa des stratégies d'évitement massif, détournant les consignes, faisant le pitre, car devant une caméra. Ni l'enseignante ni la maman ne parvinrent à le faire travailler. La maman envahit alors l'espace de l'enseignante en envoyant par mail – chaque jour et plusieurs fois par jour – les reproches qu'elle faisait elle-même à son fils. Il développa alors des colères telles que sa maman le filma, doutant qu'on la croirait... Le soin en centre médico-psychologique s'intensifia.

Quand elle évoquera cet épisode plusieurs mois après, la maman de Yann parlera *« des devoirs qu'il ne m'a pas faits, des colères qu'il m'a faites pour apprendre sa poésie »*. Le « me » est omniprésent dans le discours. À cette époque, une relation de confiance est véritablement nouée entre l'espace de soin et la famille de Yann : *« les choses peuvent se dire »*. Dans le cadre de son projet de soin, Yann était depuis trois ans accueilli un peu chaque semaine dans ma classe en centre médico-psychologique de secteur pour tenter qu'il se renarcissise et réengager la compréhension du sens de l'école. Avec une extrême bienveillance, je fis part à la famille de ce que j'entendais dans le discours et des conséquences possibles sur le rapport aux apprentissages de Yann. Voici quelques lignes : « *N'avez-vous pas entendu ces mamans – ce sont souvent les mamans – qui disent : il m'a fait une grippe, il m'a fait une gastro, il m'a encore perdu son écharpe ? Pensez-vous réellement que la gastro-entérite soit destinée à la maman, que l'enfant l'ait développé intentionnellement dans le but de nuire à sa mère ?* ». Interpellée par ces questions, car elle pressentait que le pronom ajouté complexifiait la situation, la maman de Yann accepta que nous échangions à ce sujet. Des questions ouvertes qui ne demandaient pas de réponse, comme *« que font ces mamans dans « la boucle du "me" ? »* ont permis de mettre à distance ce qui se passait pour Yann.

En se questionnant de la sorte sur un exemple extérieur à la situation, on perçoit que l'usage du langage tisse un lien symbolique dans l'évocation qui obstrue le regard. Dans *« il ne m'a pas fait ses devoirs »* se retrouve le même syntagme : on poserait naïvement la question *« les devoirs de qui ? » :* ceux de l'élève que l'on trouve dans le groupe nominal *« ses devoirs »* ou ceux destinés à la maman que l'on retrouve dans le « m » apostrophe ? Une ribambelle de questionnements et de points de repère peut se faire jour comme l'on déplie une carte : pour qui cet enfant travaille-t-il ? Quelle est la place de la maman dans le lien de l'enfant/l'élève à l'école ?

Dans le discours de l'adulte, Yann n'était jamais seul quand il était en classe avec son enseignante, l'adulte présent dans le *« me »* réitéré était intégré psychiquement. Difficile dès lors de s'émanciper en tant qu'élève... jusqu' à ne plus accepter de penser par soi-même, activité mentale trop risquée et empreinte de « maman ».

Pour un élève bien portant et stable, sans souffrance psychique temporaire ou installée, ce *« me »* intégré par les adultes à l'expression des difficultés de l'enfant peut tout à fait passer inaperçu et sans implication notoire.

Dans une relation entre un enseignant et un élève en proie à des troubles psychiques internalisés ou externalisés, il serait nécessaire de scinder les difficultés pour les investir, en ôtant le *« me »,* pronom indirect. Il ajoute un lien subjectif, un nœud à une situation d'apprentissage déjà complexe.

Les trois représentations suivantes (figures 1.1 à 1.3) illustrent le truchement du « me » :

Temps 1 : L'élève (rond gris) ressent un mal-être (rond à picots) qui croît devant la tâche à accomplir (cube), il perçoit comme un danger le fait de s'engager dans le travail, entrer en classe, travailler sous le regard d'autrui etc., (symbolisés par la flèche noire).

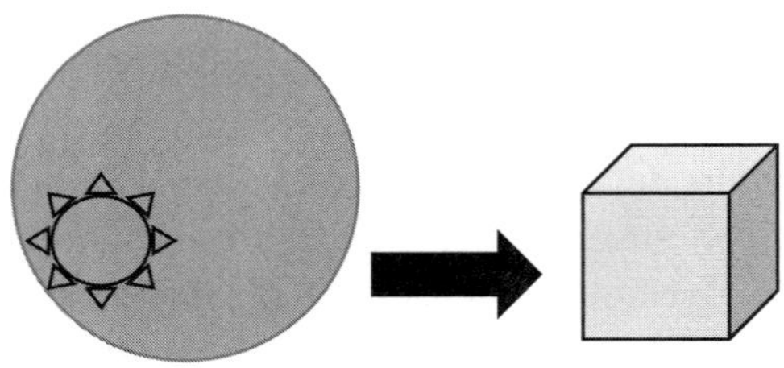

Figure 1.1. Situation initiale

Temps 2 : Pas à pas (dans un temps plus ou moins long selon les troubles internalisés ou externalisés) l'élève est envahi, le « pare-feu » se met en place (colère, silence, mutisme, etc.) et vient faire écran. La tâche semble moins perceptible, le comportement prend l'espace et « écrase » la possibilité d'engagement. La tâche scolaire est « comprimée » tout comme l'engagement.

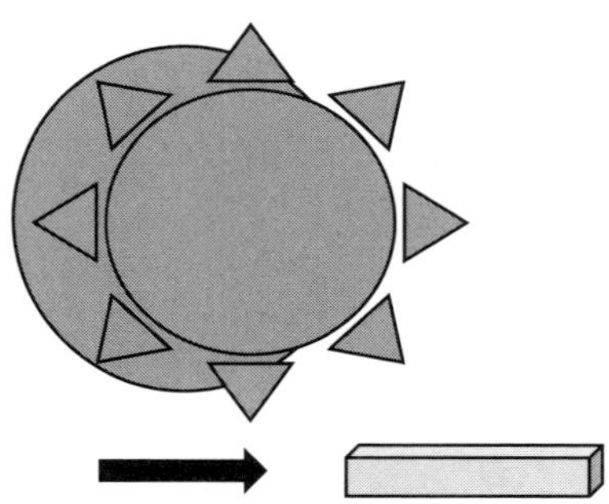

Figure 1.2. Envahissement psychique

Dans le discours sur le temps 2 : la présence du pronom *« me »* dans l'expression de la situation *(il m'a fait une colère,* par exemple) positionne l'enseignant témoin à trois places (⊗) : celui qui crée la consigne (entrer en classe, écrire etc.), celui vers qui la manifestation de la souffrance est dirigée, celui qui demande un engagement.

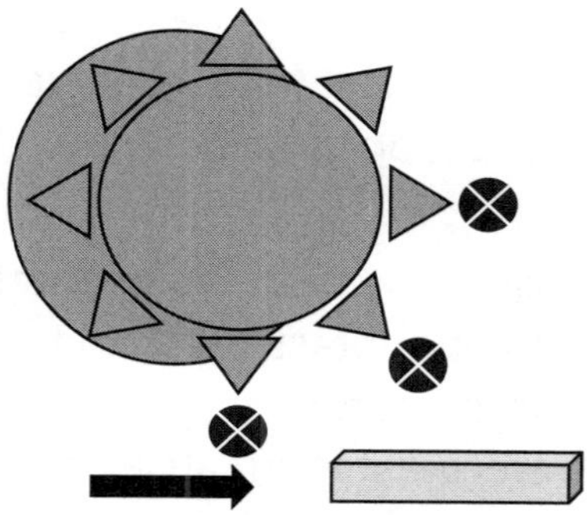

Figure 1.3. Situation finale

Si l'on souhaite analyser en équipe d'enseignants et/ou avec la famille ce qui s'est joué dans le temps scolaire troublé, il est nécessaire d'analyser chaque « objet », de les envisager comme « objet d'étude » :

- le rond « élève » avec ses points d'appui et ses difficultés scolaires, comportementales, émotionnelles, cognitives, sociales, psychiques,
- la nature du rond à picot (colère, tristesse, peur et leurs déclinaisons multiples). L'élève qui manifeste son désarroi dresse un rempart entre la tâche et lui, une forteresse lui permettant de préserver son intégrité : il pourrait dire « mieux vaut cela » que d'affronter la mésestime de soi, la transition entre deux espaces, la frustration de ne pas être tout-puissant, etc.

- la flèche représentant le lien d'engagement (motivation intrinsèque ou extrinsèque[3], nature de l'engagement au regard des difficultés et engagement dans la tâche),
- la tâche symbolisée par le cube (est-elle explicite ? en lien ou non avec des points d'appui de l'élève ? etc.).

Or lorsque l'adulte de référence ajoute le pronom objet indirect « me » dans l'exposition des faits observés, il transforme – bien malgré lui – la situation pédagogique et didactique, il la complexifie.

J'ai constaté dans ces cas-là une nette augmentation de la tâche d'analyse de situation (le cube intact puis aplati, le rond gris et le rond à picots auxquels s'ajoutent les balles noires avec une croix blanche). Cela s'avère bientôt irréalisable pour une équipe enseignante si elle ne dispose pas d'outils et *backgrounds* des observations cliniques offertes par les professionnels du soin. Au quotidien, dans les réunions de travail entre enseignants et parents, mieux vaut s'en départir afin d'alléger la charge mentale de chacun et continuer plus sereinement l'exercice de son métier.

Il ne s'agit en rien d'occulter la souffrance éprouvée par l'enseignant ni sa place symbolique dans une perspective psychanalytique ; cependant pour agir, il y a du bon à partager les éléments :

- dans la réunion avec les collègues et/ou les parents, échanger en toute objectivité sur le cube intact puis aplati, le rond gris et le rond à picots,
- ailleurs, dans un temps d'analyse de pratique, en psychothérapie, sur les doutes et souffrances de l'adulte, ce petit *« me »,* représenté par les trois balles noires avec une croix blanche sur le schéma représentant le discours.

3. La motivation intrinsèque consiste, lorsqu'une activité est effectuée, à rechercher la satisfaction qu'elle procure (sensations, connaissances, défis). La motivation extrinsèque dépend de récompenses escomptées, de devoirs que l'on se doit d'accomplir, de la valorisation du comportement mis en jeu. (Deci et Ryan (1985) et Ryan et Deci (2000), cités par Louche, C., Bartolotti, C. et Papet, J. (2006). Motivation intrinsèque et présentation de soi à différentes instances dans une organisation. *Bulletin de psychologie*, *484*(4), 351-357, https://doi.org/10.3917/bupsy.484.0351.

Si l'enseignant accepte de se défaire de ce *« me »,* si anodin cela puisse paraître, se met à l'œuvre une métacognition du discours, une discipline langagière qui a pour fonction d'étayer l'analyse de ce qui se passe en classe face au chaos psychique de l'élève, au désordre engendré. Cela prend du temps, mais en vaut la peine.

Le verbe « faire » (une colère, un caprice, un blocage...)

Le verbe « faire » substitue à l'envahissement psychique de l'élève une sorte d'intentionnalité.

Dans la mesure où l'enseignant n'est ni psychologue ni pédopsychiatre, approcher avec justesse et objectivité la situation aux prises avec les troubles psychiques de l'enfant ou du jeune revient à accepter ou poser comme un fait la non-intentionnalité (*la plupart du temps*) de cette irruption dans l'espace classe : il ne s'agit pas pour l'élève de « faire » une colère, « faire » un blocage dans l'intention de nuire à autrui « tout simplement ». Il faut ici se situer dans une optique bergsonienne. L'élève troublé psychiquement fabrique (au sens bergsonien de *faber*), à partir de son intelligence des situations, un objet artificiel, une sorte « d'outil à faire des outils ». Par l'expression de la colère par exemple, il monte un rempart symbolique bien que visible, il fabrique une sorte d'armure qui ajoute une couche à son épiderme psychique, donne de la matière pour ne pas ajouter à son chaos interne... en un mot, l'élève se préserve en variant la « fabrication » du comportement à partir d'une même souche (colère, peur ou tristesse reliées aux troubles psychiques), même s'il faut pour cela détruire toute possibilité d'apprendre. C'est le prix à payer pour cet élève afin de ne pas sombrer.

Lorsqu'il observe ces manifestations plus ou moins bruyantes de la sorte (sans le truchement du « me » sans celui du « faire » intentionnel), l'enseignant ne cherche ni à excuser ni à accepter et il peut s'engager plus sereinement dans des *hypothèses scolaires* en équipe.

L'expression *hypothèses scolaires* que j'utilise ici circonscrit le langage enseignant aux appuis sur les gestes professionnels. Selon la nature des connaissances, des repères pédagogiques, didactiques ou la curiosité des enseignants participant à l'étude des situations difficiles, il est possible d'analyser alors de manière plus ou moins conceptuelle les situations en adoptant une sémantique dépourvue d'interprétation liée aux pseudos, dégagée du « me » et du « faire ».

« Devant la détresse psychique d'un élève, ne jamais lâcher des mains le métier que l'on a appris et pour lequel la communauté éducative vous reconnaît » revient ici – en réunion – à poser des « hypothèses spécifiquement scolaires » sur un comportement que l'on conçoit comme la manifestation d'un instinct de survie psychique et non comme un comportement intentionnel qui vise l'enseignant ou un tiers.

Concrètement, il s'agit d'utiliser dans les échanges que l'on a sur la situation – et avec ténacité – un référentiel professionnel de l'éducation, un éprouvé, un institutionnel, un scientifique pour effectuer l'analyse : une base solide, dégagée des interprétations et partageable. D'aucuns analyseront ce qui s'est fait jour au regard de leurs connaissances didactiques, d'un pédagogue dont ils apprécient le travail et les livres, d'un chercheur qui a donné des clefs de compréhension des situations, d'une formation dont on a prélevé des grilles d'étude ou d'observation... en quelques mots, en s'appuyant son « leur métier de base » pour évoquer les manifestations plus ou moins bruyantes des troubles psychiques (sans le truchement du « me », sans celui du « faire » intentionnel).

Ce qui s'exprime de la sorte sur les troubles de l'élève devient – dès lors qu'on s'arc-boute sur « le métier de base enseignant » – « impeccable », contrairement à une analyse basée sur *« des pseudos » (pseudo-thérapeute par exemple).* Se développent alors des échanges dont le critère d'efficience commun aux professionnels devient *« être irréprochable sur le métier de base »* : en équipe se parle un même langage ancré sur l'enseignement. Pour les familles, les partenaires, le professionnel parle de *« là où il est »* avec son habit d'enseignant. La respectabilité en croît et la souffrance, selon l'expérience que j'en ai auprès des enseignants, décroît.

Adopter une diététique sémantique en commençant par ôter *« me »* et *« faire une colère, une crise, un blocage, etc. »* dans les cas cités, scinder les objets d'analyses, permet de trouver un équilibre dans la situation. Cela permet de tendre vers une stabilité sans s'interroger, dans un premier temps comme le ferait Alexandre Ployé[4], si l'adulte est en *« capacité d'intégrer psychiquement, ou non, en tant qu'enseignant, la somme d'étrangeté que peut représenter [...]* » l'élève troublé psychiquement. Il ne s'agit pas d'occulter le psychisme du professeur, mais rares sont les enseignants inscrits dans une démarche d'analyse de pratique ou de supervision institutionnalisée.

Si je propose cette diététique comme moyen d'agir « rapidement »[5] en gagnant en effets, c'est que, dans la temporalité de la classe, il est des temps imprescriptibles :

- la journée où l'enseignant va échanger avec ses collègues sur un comportement qui questionne fortement, une « bizarrerie », la possibilité ou non de mettre en place un protocole s'il y a eu grande violence,
- la semaine ou le mois pour rencontrer la famille ou mettre en place une réunion au sein de l'établissement entre enseignants, acteurs de l'école et/ou partenaires sur une situation de souffrance.

On le voit, les échanges ont à se dérouler dans un laps de temps assez court et... avec *« les moyens du bord »* nécessaires à la navigation scolaire. Dans le court terme (c'est-à-dire dans la tem-

4. Alexandre Ployé, « Collaborer à des démarches d'inclusion au collège : analyse clinique des modalités pédagogiques et des éprouvés psychiques des acteurs », *La nouvelle revue de l'adaptation et de la scolarisation, 61*(1), 23-36, 2013.
5. Ôter le « me » qui met une boucle rétroactive subjective dans une situation déjà complexe + ôter le « faire » comme action intentionnelle pour « nuire » à la situation scolaire. Puis se placer dans le sens bergsonien, c'est-à-dire considérer la colère, par exemple, comme la mise en place d'un pare-feu qui permet à l'élève de ne pas ajouter au chaos psychique qui l'envahit.

poralité scolaire des manifestations des troubles), le professionnel enseignant a comme moyens :

- son « GPS » (ses observables),
- son « compas » (ses progressions à partir des points d'appui de l'élève),
- sa « boussole » (ses connaissances didactiques, scientifiques, institutionnelles, pédagogiques),
- son « radar » (les détections de déclencheurs de comportements inadaptés),
- le « sondeur » (ses évaluations, ses échanges avec l'élève à distance du comportement non adapté, les liens avec la communauté éducative),
- sa « carte marine » (les perspectives de scolarisation adaptée ou compensée)...

Ce sont ces outils de navigation qui allègent l'analyse des situations difficiles en équipe : ces outils traduisent le métier d'enseignant comme « en forgeant on devient forgeron », ils permettent de se départir des *« pseudos »,* ils évitent d'ajouter du « subjectif » à la complexité d'une situation, d'interpréter ce qui se joue psychiquement sans en avoir l'habitude de métier.

Ployé[6] postule que la rencontre avec l'élève handicapé mental, psychique ou cognitif n'est pas indifférente au psychisme de l'enseignant. Relire ses écrits avec attention permet de s'en persuader. Cependant le remaniement d'identité qui offre d'intégrer psychiquement l'altérité est un cheminement personnel pour le professeur, qui demande le plus souvent la présence bienveillance d'un tiers lors des analyses de situations. Ce peut être dans une démarche clinique d'orientation psychanalytique. Cela, en classe, au quotidien,

6. Ployé A. (2018). « L'inclusion scolaire en France, un processus inachevé ». *Revue internationale d'éducation de Sèvres*, *78*, 137-146. Ployé A. (2016). *Les enseignants aux prises avec l'étrangeté : approche clinique de l'inclusion des élèves handicapés au collège* (thèse de doctorat en sciences de l'éducation, sous la direction de Laurence Gavarini), université Paris 8 Saint-Denis.

l'enseignant ne l'a pas. Ce qu'il possède cependant, ce sont *« les outils de navigation scolaire »* pour tenter – autant que faire se peut – de distiller de l'intelligible dans ce qui a fait effraction en classe. Il s'agit de mettre, comme un miroir face au regard sur la situation vécue, *« l'articulation des compétences, des gestes, des postures que l'enseignant mobilise dans son exercice quotidien » (ibid.).*

De quoi parlent les équipes enseignantes aux prises avec le comportement de l'élève troublé psychiquement quand une diététique se met en place ? Non pas de ce que l'élève **leur** a **fait,** mais de ce qu'il a **manifesté ou non** dans une situation d'apprentissage ou de vie à l'école. L'utilisation par les professionnels de l'éducation d'un lexique scolaire permet, dans l'espace d'une réunion institutionnalisée, de donner de la clarté à ce qui est étranger à la compréhension immédiate d'une situation.

Ils croiseront leurs regards à partir d'un matériau scolaire recueilli en ciblant le propos sur les possibles :

- inhibitions en classe de l'élève, retrait scolaire ou social dans un groupe de pairs,
- lenteurs dans les fonctions exécutives,
- défauts d'engagement dans la tâche ou de persévérance,
- incapacités à inférer en situation scolaire,
- stratégies d'évitement : manifestations somatiques, déplacements intempestifs en classe, dénigrement de l'activité, lenteur dans la mise au travail, etc.

Mais aussi sur :

- la situation d'apprentissage proposée avec ses outils et acteurs,
- les attendus de l'enseignant et de la tâche,
- les attendus de l'élève, ce qu'il semble en comprendre,
- les difficultés d'apprentissage critériées par compétence et niveau évalué,

- les compétences travaillées prioritairement, les progrès scolaires limités,
- etc.

Et surtout sur des points d'appui pertinents en termes d'apprentissage (mémoire, motivation, aptitudes à l'oral, etc.)

Il s'agit de dégager de la situation de crise latente ou prégnante ce qui a pu entraîner des manifestations bruyantes ou « à bas bruit » dans l'espace scolaire, en choisissant de « jouer » sur des leviers d'apprentissage dans un espace bienveillant. Grâce à ce scanner, l'enseignant ou la communauté éducative peuvent agir avec plus de clairvoyance, car départis des *« cibles détournées »* et « *intentionnalités interprétées* ».

La diététique sémantique que je propose permet un agir plus serein, une clarté cognitive des situations : ainsi les adultes peuvent mailler leurs observations sur une situation sans ajouter de l'intersubjectivité qu'ils ne sauraient – de par leur référentiel de compétences acquis – analyser avec la justesse d'un psychiatre ou d'un psychologue clinicien.

Il s'agit ici de procéder à des « scissions d'espaces d'agir », c'est-à-dire séparer par le biais de ce qu'on en dit, les observables sur lesquels on peut agir en tant qu'enseignant des observables sur lesquels peuvent agir les professionnels du soin, ceux de l'aide sociale, les parents, etc. J'y reviendrai ultérieurement.

« Tu es… » à la place de « Ton comportement est… »

Il est courant d'assimiler un comportement à la personne qui le manifeste…

Dans *Chagrin d'école,* le professeur de français de Daniel Pennac écrit de lui : *« Élève gai, mais triste élève »*, un autre *« ne doit pas se décourager ».* Que pouvaient repérer ces enseignants de son désarroi ? Quel supplice – pour l'élève acculé – d'être perçu comme un ressort d'humiliation chez le professeur, quelle folie de lui proposer « de ne pas se décourager » !

Pour un élève en souffrance psychique, ce qui se dit devient. Je veux dire par là que dans le chaos psychique, les paroles de l'adulte viennent parfois apporter un peu d'intelligible dans le conflit interne vécu par l'élève. Il prend alors *« pour argent comptant »* les sentences sur ce qu'il est (*serait !*) : *pas sage, violent, impulsif, inattentionné, agressif, rêveur, « dans la lune », perturbateur, colérique, pitre, trop sensible, fainéant, incontrôlable, « ailleurs », énervé, jaloux, collant, immature, intimidant, excité, craintif, provocateur, timoré, méchant, négligé, insupportable, dangereux, éteint, qui ne s'intéresse à rien, etc.*

Étiquette collée sur « l'Être-élève », empêchant la juste évaluation de situation de la part des adultes et la prise de recul de la part du jeune. Et surtout pis-aller aux troubles : faute de mieux pour appréhender l'envahissement du trouble, faute d'explicitation de ce qui se joue. Une simplification, un référentiel qui se communiquent aisément – même de la part de l'élève en souffrance – mais qui obstruent la capacité d'agir des uns comme des autres Comment faire avec Tania en activité sportive collective *« si elle est violente et provocatrice »,* comment laisser travailler en autonomie Nathanaëlle *« si elle est dans la lune ou incontrôlable »* ? Sur l'étiquette de l'élève, point de mode d'emploi !… Il est comme ça !

Préférer l'habitude sémantique, pour les professeurs et adultes de la communauté éducative, de sérier « comportement » et « essence de l'élève », de distinguer ce qu'il manifeste de ce qu'il semble être est une nécessité absolue.

Yohan

Quand Yohan, patient d'un centre médico-psychologique, dit de lui *« je suis dans la lune »,* il semble n'y avoir rien à changer : « il est ainsi », comme on est blond, brun ou châtain ! En se défaisant du qualificatif pour observer, sérier les comportements successifs de Yohan en classe, on s'apercevra que « dans la lune » est un peu réducteur, on notera par observation :

- qu'il se montre attentif en entrant en classe, échangeant avec ses pairs, son cartable sur le dos et s'assoit,
- qu'il semble regarder partout autour de lui quand les autres ouvrent leur cartable et se mettent à travailler,
- qu'il montre alors une hypervigilance,
- qu'il agit ensuite avec un temps de décalage,
- que, de nouveau, il semble regarder partout autour de lui, puis se met en retrait sur sa chaise,
- qu'alors son « esprit semble ailleurs », qu'il ne parvient pas à faire preuve d'attention sur le long terme,
- qu'il se met à manipuler des petits objets dans sa trousse, déchire, met en miettes des petits papiers,
- qu'il ne s'engage pas quand l'enseignant s'adresse au groupe-classe, qu'il semble agir plus aisément quand on donne son prénom en amont d'une consigne.

À partir de ces descriptions courtes et simples de son comportement, on émettra des hypothèses, comme par exemple :

- il cherche des modèles autour de lui, des béquilles pour agir par mimétisme,
- il ne peut agir à cet instant, car peut-être n'a-t-il pas intégré ce qu'il faut faire en entrant en classe cette année avec son nouvel enseignant,
- il n'a pas intégré les implicites de classe, il ne s'est peut-être pas créé une représentation mentale de la situation,
- son attention n'est pas dans un continuum,
- il a peut-être besoin de stimulations sensori-motrices,
- il a peut-être besoin d'outils de soutien à l'attention,
- etc.

Joseph

Dire que Joseph est violent, méchant n'est pas un repère professionnel que l'enseignant peut utiliser comme critère pour agir. Observer que Joseph se montre violent, développe des gestes violents, donne des coups invite à se questionner. Quand ? Où ? Dans quelles circonstances ? : en proximité physique de ses pairs, en petit groupe, dans les transitions d'un espace à l'autre, dans la cour où le bruit et les mouvements sont incessants ?... Qualifier le comportement permet de se détacher du raisonnement « logique » : « *Il ou elle est ainsi.* »

Parler d'un comportement irrespectueux, violent, dire que l'élève développe une inertie devant la tâche invite à poursuivre l'analyse : quelle était la tâche, comment se comportait-il avant ? Placer ce fait comme un objet que l'on va analyser aide l'enseignant à se dégager de l'impuissance face au *« Il ou elle est comme cela. »*

Là encore, ce n'est pas aisé de changer sa parole, dire *« Il a eu un comportement violent »* plutôt que *« Il est violent »,* il faut insister, s'entraîner, reprendre des écrits sur des comptes rendus pour les réunions avec les familles ou les équipes enseignantes, car c'est par l'exercice qu'on acquiert ces compétences. Petit pas et vaste chantier que de dire, d'écrire :

- cet élève **développe** des gestes de violence envers ses pairs ;
- celui-ci **présente** une agitation motrice dans tel cas ;
- cette élève **manifeste** une faible capacité à se concentrer ;
- cet élève **ne maîtrise pas** le contrôle de sa voix, la force de ses gestes ;
- celui-ci **montre** une capacité mnésique faible ;
- celle-ci **ne parvient pas** à gérer la frustration dans telle situation ;
- cette élève **n'a pas encore acquis** les codes sociaux, les conventions,
- etc.

Se produit, dès lors qu'on utilise ce vocable, une sorte de « reprise en main » de la situation heurtée : le professeur, son équipe parleront de l'agitation, des gestes de violence, de la capacité mnésique, du contrôle de la voix, de la gestion de la frustration dans telle circonstance, etc. Viendront alors plus aisément les aménagements pédagogiques.

À titre d'illustration, voici une situation qui, au gré de saines « scissions », notamment par le biais de diététique sémantique des professionnels, a permis la reprise de l'engagement scolaire d'un élève ainsi que l'allégement psychique de plusieurs membres de la communauté éducative… moins de souffrances intriquées, en quelque sorte.

Il est à noter dans cet exemple issu de mon expérience que trois éléments ont été retirés par les enseignants, notamment :

- l'étiquette « Il est parfois étrange, envahissant… pourtant il est intelligent »,
- le truchement du « me » et du « faire (une colère, un caprice, etc.) »,
- les « pseudos ».

Jean

Jean, neuf ans, était un enfant d'une grande pertinence, pouvant soutenir une conversation de bon niveau avec les adultes, son vocabulaire était précis. Disposant d'un « bagage culturel » suffisamment riche, il percevait les contextes et comprenait à l'école les enjeux de savoirs tant en littérature de jeunesse, qu'en histoire ou en sciences. Cependant Jean était instable d'un point de vue moteur, se mettait en colère, quittait la classe parfois, refusant de s'engager dans l'écrit (en réception ou production[7]). Il se glissait parfois au sol en se roulant par terre, collant son corps au plancher. Son étrangeté résidait dans les onomatopées qu'il produisait parfois en boucle, les conversations qu'il tenait également avec un tiers imaginaire, sa logorrhée laissant peu de place au silence.

Au bord de la rupture scolaire, ses compétences cognitives semblaient préservées, mais son niveau scolaire présentait un écart à la norme de deux ans : Jean ne parvenait pas à écrire, présentait des traits

7. Voir *Tâches et activités pour comprendre et interpréter les textes en articulant production et réception* sur Eduscol https://eduscol.education.fr/ressources-2016/ (Ministère de l'Éducation nationale, de l'Enseignement supérieur et de la Recherche – France, Mars 2016).

dyslexiques sans que ne soit diagnostiqué ce défaut instrumental, du fait des troubles psychiques associés. Pendant plusieurs années, l'équipe enseignante, en lien avec la famille, avait laissé au temps le soin de « faire son œuvre », chacun attendant le déclic qui ferait de Jean un élève.

Bienveillance associée à l'incompréhension du trouble. Attente d'un diagnostic.

Quand Jean arrive en CE2, un groupe d'enseignants en lien avec le service de soin et les parents choisissent d'expliciter lors d'une réunion, préparée de part et d'autre, la situation troublée. Chacun joue sa partie suivant une règle du jeu sémantique : les soignants parlent psyché, les parents éducation et repérage de ce qui est vécu à la maison, notamment sur le temps des devoirs, les enseignants d'apprentissage et de vie en groupe de pairs. Chacun semble accepter de sérier ce qui se dénoue au centre médico-psychologique (CMP) de ce qui est visible en classe. Il se parle de compétences, réussites, difficultés, empêchements, blocages devant la tâche, points d'appui, niveau scolaire.

Ensemble, ils conviennent que ce que fait vivre Jean aux adultes est en partie la manifestation d'une estime de soi moribonde face à l'écart entre ses compétences cognitives et instrumentales, qu'il perçoit et aimerait cacher. La question psychique n'est pas éludée, mais les acteurs de l'école admettent, avec l'appui du centre médico-psychologique, la limite de compétence de l'école sur la sphère psychique. Chacun son métier. Ils se font confiance. Les protagonistes ont revêtu l'habit correspondant à leur rôle auprès de Jean. Chacun joue sa partition, atténuant de fait la souffrance de l'école. Dans cette réunion on n'entend pas : *« Il nous a fait une colère »*, mais *« Jean est en proie à l'angoisse, a des manifestations de ses troubles qui l'empêchent de s'engager, son comportement est violent de manière verbale quand il réalise telle tâche ou action, etc., mais pas devant telle autre »*. Il se dit aussi que Jean n'a pas acquis les conventions sociales en groupe de pairs, qu'il a une compréhension orale supérieure à sa classe d'âge.

Ainsi est décidé d'agir sur le levier apprentissage en conciliant sur le cycle 3 deux temporalités : celle de l'apprentissage de la production d'écrit et du geste graphique, celle des savoirs et connaissances associés au programme de CE2. L'oral est considéré comme un point d'appui qui permet d'évaluer les connaissances acquises à l'écoute des cours.

Concernant l'apprentissage de la langue, il est décidé par les enseignants que l'écrit soit travaillé en atelier en reprenant sur un temps long le processus séquencé :

- des semaines de réponses orales sans traces écrites,
- puis des semaines de dictée à l'adulte de mots clefs sur un *paperboard* sans autre contrainte que d'essayer de pointer les lignes de gauche à droite pour que l'enseignant lise au rythme du geste de Jean de temps en temps,
- puis des semaines pendant lesquelles Jean reprend ces mots à l'oral pour répondre à une consigne que l'adulte écrit sur ordinateur,
- puis le même procédé sur un cahier, c'est l'adulte qui est encore scripteur. Ici les procédés (pictogrammes, jeux de couleur ou de police) sont utilisés comme pour un élève dyslexique, en appui sur les préconisations du CRTA dont les publications sont visibles sur le site du CHU de Nantes,
- ensemble, pendant plusieurs semaines, enseignants de l'atelier et Jean relisent en lecture à haute voix et en chœur ce qui est écrit, Jean utilise sa mémoire, mais semble s'accrocher à certains mots qu'il reconnaît,
- puis il est demandé à Jean de recopier le texte sur ordinateur avec l'enseignant.

C'est Jean qui demandera à la fin de ce processus de recopier seul le texte.

En parallèle, la directrice de l'école reprendra avec Jean ce qui se fait ou non en classe, qui a été écrit et présenté à la famille devant Jean pour que cela fasse autorité, convention sociale. Des aménagements de pauses sont mis en place chaque jour, que Jean en ait besoin ou non, pour faire repère. Il lui est signifié les éléments sur le comportement, ceux sur les compétences, la présence des échanges entre adultes, les dates de prochaines rencontres sur un calendrier.

Que s'est-il passé ?

- La connaissance fine et la réappropriation des enseignants de leur « métier de base » (ici, le processus de production d'écrit que l'on débute en grande section de maternelle) ont permis de réutiliser ce procédé en CE2, pour que Jean apprivoise l'écrit ; chaque étape pouvant donner lieu à une évaluation critériée et reconnue.

- La prise en compte de l'empêchement et des stratégies d'évitement mises en place en classe a donné plus de fruits que de comprendre ce qui se jouait dans l'intime du soin.

- Les particularités de Jean ont été reconnues comme manifestations des troubles psychiques et en parallèle un système de reprise du cadre a été institué, en se référant aux règles de vie de l'école, par le directeur, pour que Jean repère ce qui gêne le groupe-classe.

Avant le CE2, le chaos interne de Jean avait empêché la communauté éducative de repérer aisément ses compétences. La prise en charge en soin avait en quelque sorte « psychiatrisé » les difficultés scolaires. Les enseignants se sentaient démunis face à des compétences en dents de scie et l'étrangeté des propos ou manifestions des troubles. Certains enseignants s'étaient aventurés dans des hypothèses cliniques que la communauté éducative ne pouvait travailler par essence : *« Il n'a pas l'air heureux cet enfant, il est dépressif peut-être », « Il faut d'abord qu'il aille mieux avant de parler apprentissages : il est TDAH ?», « Il est intelligent, ça viendra : Asperger ? ».*

La bascule de cette équipe devant les troubles psychiques est liée à la réappropriation de son cœur de métier : les processus d'apprentissages, les programmes, l'évaluation des compétences et l'utilisation dune diététique sémantique.

Grâce à ces changements de posture une autre souffrance a ensuite nettement diminué : celle de la famille, rassurée – a-t-elle plusieurs fois dit – d'entendre parler « leviers d'enseignement » en équipe éducative, par des professionnels qui maîtrisaient l'acte d'apprendre. Elle devenait alors « parent d'élève » et non seulement « parent d'un enfant en souffrance psychique ».

Chapitre 2

Repérer ses interstices

Interstice[1] **:** nom masculin (du latin *interstitum,* de *interstare,* se trouver entre).

1. Petit espace vide entre les parties d'un tout .
- Synonyme : fente – fissure – intervalle – trou.

2. Partie, de dimension le plus souvent microscopique, comprise entre les cristaux d'une roche.

La révélation des difficultés psychiques d'un élève en classe, la confusion sous-jacente qui en découle et les chambardements associés peuvent amener, s'il n'y prend garde, petit à petit… insidieusement l'enseignant à glisser, voire s'immobiliser dans une ornière difficilement carrossable : celle de la conduite impossible des apprentissages. « Quelle direction prendre ? » « Quel levier actionner ? » « Quels critères prendre en compte ? », l'enseignant perçoit rapidement que ce qui, habituellement, était ajusté avec les élèves en difficulté dite « ordinaire » devient caduc. C'est alors que le trouble invite parfois à revêtir des *« pseudos »*, tendance qu'il faut absolument abandonner au risque de se perdre.

1. Définition proposée par le dictionnaire en ligne Le Robert : https://dictionnaire.lerobert.com/

S'arrêter un instant sur la chaussée – plutôt que de poursuivre vaille que vaille le chemin pédagogique choisi pour l'élève – invite à faire un petit point sur la manière de conduire son métier d'enseignant.

S'offre alors, par le recul acquis, une alternative pour sortir doucement du sentier chaotique : en quelque sorte, regarder dans le rétroviseur et mesurer la solidité de ses essieux professionnels pour reprendre la route pédagogique !

Dans cette optique, il est possible – au travers de la lecture de ce chapitre et des questions qu'il suggère – de s'engager dans la recherche – au creux des situations de classe heurtées – de quatre difficultés récurrentes que j'ai perçues dans les situations de détresse professionnelle d'enseignants malmenés. Disons que ces quatre difficultés forment les parois et le creux de l'ornière pédagogique et didactique dans laquelle la situation troublée place l'enseignant mis à mal par *« l'inquiétante étrangeté »* du désordre psychique.

Rassemblés au fil de mon expérience auprès d'enseignants accueillant des élèves suivis en pédopsychiatrie infanto-juvénile, les quatre brèches ou **interstices** exposés ici reposent eux-mêmes sur un trépied de trois **postulats** du métier d'enseignant

Repérer ces interstices et postulats aide le professeur à se dégager de situations parfois enlisées dans l'ornière des vulnérabilités psychologiques d'un l'élève. C'est l'objet de ce chapitre.

J'invite ici à une petite expertise de la pratique enseignante et de ses éprouvés pour mieux comprendre ce qui se joue dans le désordre né des troubles psychiques en classe. Il s'agit – sans jugement ni interprétation – de repérer les brèches professionnelles nées de la rencontre avec les manifestations bruyantes ou silencieuses des élèves en vulnérabilité psychique.

Pour l'adulte en souffrance, mieux vaut repérer et mesurer ses « interstices » plutôt que de sombrer, il va sans dire... tandis que les brèches tendent à se combler dès lors que le professionnel change de regard sur les troubles et leurs conséquences.

Et puis… comme un baume, se dire qu'« il y a une fissure en toute chose, c'est ainsi qu'entre la lumière », Léonard Cohen (1992).

Sans définir un à un les troubles psychiques qui assèchent le cours des apprentissages des enfants et des jeunes qui en sont affectés, il est aisé de cerner une caractéristique commune des relations entre un enseignant et un apprenant troublé psychiquement : l'incroyable capacité de ces jeunes si fragiles à créer des craquelures dans les fondations professionnelles de l'enseignant… qu'il débute dans le métier ou qu'il soit aguerri !

Disons qu'il n'est pas rare que le trouble interne ou la détresse psychologique de l'élève fissure ce que l'enseignant tenait pour vrai en tant que professionnel de l'éducation : ses postulats.

Comme je l'ai dit, quatre «interstices » naissent fréquemment dans les axiomes pédagogiques, didactiques et du développement de l'enfant chez les enseignants aux prises avec les troubles psychiques des élèves. Selon le dictionnaire Le Robert (2021), un *axiome* est *« une proposition jugée comme évidente »*. Dire que le métier des enseignants tient sur quelque évidence ne signifie en rien qu'ils ne se questionnent pas sur leur pratique et ses fondements, cependant certains axiomes ou postulats sont tenaces et très précisément cibles des troubles.

Le terme axiome est un peu fort à première vue. Pour autant, il est vrai que, dans les formations que j'ai animées sur le trouble psychique, j'ai repéré dans le discours des participants des postulats très solides. S'ils ont l'avantage de donner une cohérence d'ensemble au métier exercé au quotidien, ces postulats ou principes d'action sont ceux-là mêmes – malgré toute la bienveillance associée – qui sont battus en brèche par le trouble psychique.

C'est comme s'il se créait, par le biais, par exemple, de comportements d'évitement des élèves troublés (refus de travailler, fuite de la classe, mutisme, etc.), d'infimes fissures dans ce que l'enseignant tient pour vrai.

Ces fissures, jour après jour, séquences après séquences entraînent pour l'enseignant des souffrances parfois irrépressibles, une impression sourde de lassitude, de fatigue, une difficulté à prendre soin de soi, un découragement, voire un triste sentiment d'impuissance.

J'ai rencontré des enseignants épuisés, faisant « quoi qu'il en coûte » le pari de l'éducabilité, s'engageant avec conviction auprès de ceux qui en avaient le plus besoin et cependant en grande détresse. Beaucoup d'entre eux se référaient – par habitude de la classe dite « ordinaire » (si tant est qu'elle le soit un jour !) – à ces trois postulats que je vous présente et qui me paraissent former un « tout » dans lequel le désordre psychique de l'élève crée de petits espaces vides (les **interstices**). Chacune de ces déchirures fragilise le professionnel et peut faire vaciller le professeur. *Sortie de route...*

Premier postulat

Il est des degrés d'efficiences cognitives propres aux élèves. Les repérer ou les mesurer le cas échéant, permet de sérier les élèves en petites « catégories » dont on mesure les possibles progrès.

- Ceux qui ont une efficience cognitive préservée et qui progressent au gré des apprentissages (l'essentiel des cohortes scolaires),
- ceux qui ont un besoin prégnant d'adaptation pour progresser, tout en ayant des compétences cognitives préservées (les enseignants parleront de différenciation, d'aménagements transitoires des situations, de soutien par des enseignants spécialisés au sein de l'école, etc.),
- ceux qui présentent une non-efficience cognitive mesurée par des tests psychométriques et pour lesquels une compensation est nécessaire (embauche d'un aidant en classe appelé « aide humaine », mise à disposition de matériel pédagogique adapté (informatique par exemple), aménagements contractualisés dans un plan d'intervention validé par les institutions chargées des procédures pour les personnes en situation de handicap).

C'est ce que j'appelle le postulat « *catégorisation en fonction de l'efficience cognitive* ».

En fonction de la mesure de ces efficiences, les orientations, aides, soutiens, aménagements ou projets personnalisés seront convoqués dans une logique catégorielle par les équipes enseignantes en lien avec les familles.

Second postulat

Le développement de l'enfant est progressif, même s'il peut être ralenti, parfois bloqué.

C'est ce que j'appelle le postulat « *développement progressif* ».

Troisième postulat

Il existe une certaine harmonie entre le développement socioaffectif, psychique et cognitif de l'élève, d'où la mise en place de programmes scolaires au déroulé chronologique en maternelle, primaire, collège, etc.

C'est ce que j'appelle le postulat « *harmonie des développements psychique, socio-affectif, cognitif de manière chronologique* ».

Afin de mesurer la possible fragilité professionnelle instillée par le trouble psychique des élèves, il est intéressant d'objectiver – dans un premier temps – la force de ces trois postulats chez un enseignant qui cherche à gagner en sérénité face aux élèves en souffrance psychique (détresse psychologique temporaire ou troubles psychiatriques installés).

Pour ce faire, il est possible de procéder à une courte mesure – sur une échelle – (figure 2.1, page suivante) de son adéquation en tant qu'enseignant aux trois axiomes de métier présentés ci-avant :

1. catégorisation en fonction de l'efficience cognitive,
2. développement progressif,

3. harmonie des développements psychique, socio-affectif, cognitif de manière chronologique.

Participer au repérage de ces postulats – efficaces habituellement dans les situations dites « ordinaires » de la classe – amènera l'enseignant à effectuer ensuite quelques pas de côté. Ce recul est le gage d'une certaine quiétude pédagogique dans les situations que je qualifie de « chaotiques ».

À vous de jouer ! Évaluez la force des trois axes présentés et tracez la courbe correspondante

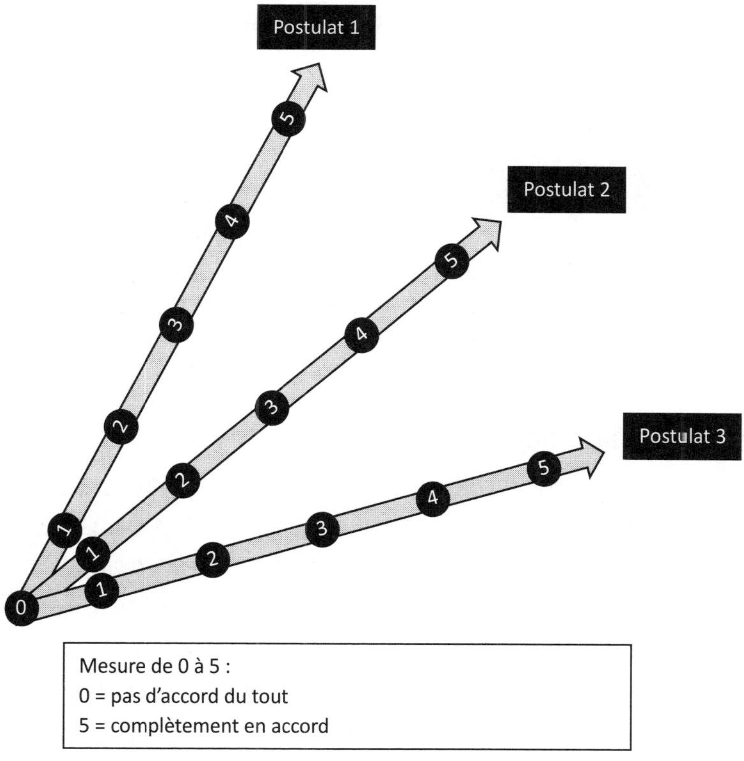

Figure 2.1. Repérer ses postulats professionnels

Ce qui m'a déconcertée dans mon expérience auprès des enseignants, dont les souffrances sont corrélées à celles de leurs élèves, c'est le rôle vigoureux de ces postulats. Alors que je les pensais un gage de possible support d'agir professionnel, de solidité dans l'école inclusive, ils devenaient un frein, une entrave !

En effet, il semble que plus ces trois postulats (l'un, deux ou les trois) sont ancrés chez les enseignants ou les équipes, plus les manifestations des troubles psychiques de l'élève créent « incognito » de petits vides, espaces de non-intelligibilité dans l'approche des situations

On pourrait se dire « c'est le monde à l'envers ! » : d'un côté des enseignants qui œuvrent pour se rapprocher des besoins des élèves grâce à des catégories permettant d'agir au plus près des vulnérabilités et de l'autre un trouble, une souffrance qui – par son expression – bouscule l'ordonnancement et met à mal les logiques d'actions !

C'est cependant un fait : la souffrance psychique vient, par l'intermédiaire des désordres internes de l'élève, mettre à mal les fondements logiques de l'action enseignante – axiomes ou postulats qui fonctionnent dans les situations dites « habituelles » de la classe. Le professionnel peut *« en perdre son latin »* et des brèches, des interstices se créent dans l'assise professionnelle. Je l'ai observé bien des fois !

Poursuivons l'approche des failles...

Je définis comme interstices les quatre petits espaces qui se créent dans les certitudes enseignantes, ce que le dictionnaire appelle *« une partie, de dimension le plus souvent microscopique, comprise entre les cristaux d'une roche »*. Les repérer n'est pas simple. J'ai alors créé une méthode discursive pour permettre aux enseignants de les mettre en évidence aisément, seul ou accompagné d'un collègue ou formateur, ou d'un pair.

Il est facile de découvrir un interstice né des postulats en utilisant simplement la phrase suivante : ***« il est régulièrement admis que... »***. Puis, pour faire front aux difficultés nées de la rencontre avec les troubles psychiques des élèves, tenter de repérer voire de combler ses interstices, ne pas trébucher en tant que professionnel, il y a à poursuivre le syntagme ***« il est régulièrement admis que... »*** par ***« mais pas pour les élèves en souffrance psychique »*** et le tour est joué ! On perçoit alors qu'un *« morceau échappe dans la situation »* ce qui fait le lit des fragilités psychiques enseignantes et du désarroi associé.

Ce subterfuge dialogique construit en deux temps – comme dans une conversation – permet de mettre au jour ce qui se fragilise dans les conceptions enseignantes.

On a donc la séquence illustrée par la figure 2.2, clef de voûte de la création d'interstices.

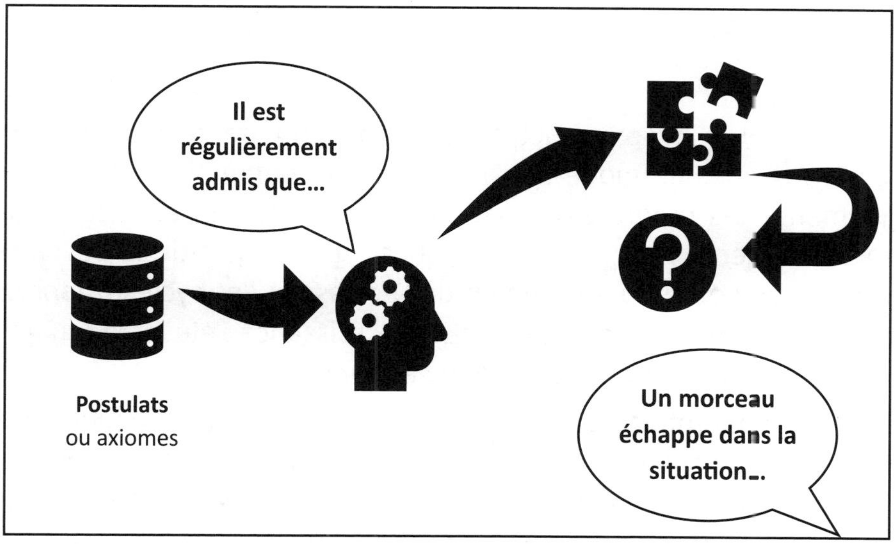

Figure 2.2. La création d'interstices à partir des postulats

En prendre connaissance permet de s'écarter des logiques habituelles et d'ajuster les gestes professionnels en termes de choix dans les didactiques (didactique de mathématiques, de lecture, de sciences...) ou actions pédagogiques sans éprouver de trop grandes pertes de repère : rendre en quelque sorte accessibles les apprentissages, malgré les manifestations du chaos. Reprendre la route pédagogique en mesurant la force de ses essieux, la nature du terrain et les ornières associées.

Allons maintenant plus avant dans la découverte des quatre brèches repérées fréquemment chez les enseignants mis à mal par les étrangetés d'élèves troublés psychiquement.

Premier interstice

- *« Il est régulièrement admis que la progression des savoirs se déroule dans un développement chronologique qui peut parfois même être très lent, de A à B, de B à C et ainsi de suite. »*
- *« Mais pas pour les élèves en souffrance psychique... »*

Même s'il y a des boucles de rétroaction (feedbacks) et des apprentissages en mode spiralaire, les programmations des enseignements, les progressions des apprentissages balisent séquence après séquence les savoirs à acquérir. Les acquisitions se développent peu ou prou en prenant de l'épaisseur. Les cycles d'apprentissage se suivent dans un objectif de croissance : élever signifiant « *amener un être vivant à son plein développement* ».

Or les apprentissages des élèves en souffrance psychique ne suivent pas souvent de *continuum*. Lorsque sont observées les évolutions des connaissances ou compétences chez ces élèves, on note des « pics et des creux » parfois même au sein d'une même compétence ou connaissance. Prenons une progression dans un apprentissage : À puis B puis C. Chaque étape étant « logiquement » indispensable à la suivante.

Chez l'élève en proie aux souffrances psychiques il n'est pas rare de repérer que :

A est acquis, C sur le point de l'être, mais B est non acquis !

On remarque que certains pans de l'apprentissage sont esquivés malgré les progrès. Il y a *« des trous dans la raquette »* ! Cela peut dépasser l'entendement pédagogique au point de se perdre, en tant qu'enseignant : que proposer à cet élève comme exercice d'entraînement, qu'est-ce qui serait adapté à ce qui paraît illogique ? Faut-il se baser sur A au risque de proposer des apprentissages trop simples ? Sur C, au risque d'être hors du champ de la zone proximale de développement (ZPD[2]) de l'élève, mis au jour dans les travaux de Vygotsky[3] ? Ou entraîner B alors que l'élève semble pouvoir s'en passer ? ... large question.

Dans les trois cas, le dilemme est entier tant proposer ce qui n'est pas dans cette zone de développement (ZPD) peut entraîner des mésestimes de soi fortes chez l'apprenant :

- dans un premier cas, l'élève peut réaliser seul l'apprentissage qui est sous-évalué, il n'apprend pas,
- dans le troisième il est placé dans une zone de rupture, et dépassé par la tâche impartie.
- Dans le second il se confronte à une tâche qui non seulement ne lui est pas indispensable (semble-t-il), mais qui vient heurter ce qui le bloque déjà, au risque d'accentuer le blocage.

De là à constater qu'il y aurait chez ces élèves discontinuité dans la ZPD pour une même compétence déclinée en sous-étapes, il n'y a qu'un pas !

Le dénominateur commun des tâches de niveau de compétences A, B ou C, reste la perte de confiance imbriquée dans la réalisation des activités, même soutenues par l'enseignant ou un groupe de pairs.

Cette mésestime de soi est d'autant plus palpable que lui est renvoyée de l'hésitation chez les enseignants, une sorte de

2. « La ZPD correspond à la différence entre le niveau de développement actuel, tel qu'on pourrait le déterminer par les capacités de l'enfant à résoudre seul des problèmes, et le niveau de développement potentiel, tel qu'on pourrait le déterminer à travers la résolution de problème par cet enfant, lorsqu'il est aidé par des adultes ou collabore avec des pairs initiés. » Site de l'académie de Paris (juin 2020), Différenciation pédagogique, https://pia.ac-paris.fr/portail/jcms/p1_2067169/la-zone-proximale-de-developpement

3. Lev. S Vygotski dans « Profils d'éducateurs », http://www.ibe.unesco.org/sites/default/files/vygotskf.pdf

« malaise pédagogique ». Ces hésitations, pédagogiques ou didactiques, ont cependant toute leur place pour adapter l'enseignement aux besoins de l'élève et à ses « étrangetés » cognitives ; cependant elles sont le plus souvent implicites, voire cachées par le malaise qu'elles induisent chez l'enseignant dont j'ai, auparavant, exprimé les axiomes de métier.

Certains enseignants se demandent en effet comment l'élève a pu apprendre à lire alors qu'il ne s'est jamais engagé avec réussite dans la lecture de syllabes, n'a pas « fait ses gammes », comment tel autre sait effectuer des opérations comme les divisions sans lire des nombres de plus de trois chiffres. D'aucuns m'ont dit : *« Je ne sais pas comment il a acquis tel ou tel savoir, il n'était pas dans le petit groupe d'élèves qui a travaillé sur cette notion. Je l'avais placé dans un groupe de besoin correspondant à un niveau assez faible... je ne comprends pas, j'ai demandé à sa famille, ce n'est pas avec elle qu'il a appris cela. »* Que lui proposer ? Abandonner l'apprentissage du palier B parce qu'il maîtrise A et C ? Comment évaluer ses compétences ? Faut-il reprendre chaque année les bases ? Attendre le prérequis avant d'aller plus loin ? Le doute s'immisce, mais reste tu.

Ainsi, de cette mésestime, les jeunes font leur terreau bien malgré eux, ajoutant une part d'angoisse devant ce qui n'est pas parlé.

Il n'y a pas à critiquer l'action des enseignants sur ce champ : dire à un élève ou à ses parents, à des collègues que l'on perçoit mal les compétences (tant elles sont discontinues, à l'intérieur même parfois d'une séquence qui se veut progressive) et que l'on ne sait pas bien quel exercice, support d'apprentissage ou objectif correspond est une gageure. Gageure d'autant plus ancrée que cette manifestation du trouble, cette « discontinuité dans la continuité » (car il progresse malgré tout !), n'est que rarement perçue. Elle est cependant fondamentale pour comprendre les incrémentations de nombreux troubles psychiatriques dans les activités d'apprentissages des enfants/jeunes scolarisés en milieu ordinaire.

Percevoir ce premier interstice dans les fondamentaux d'éducabilité est essentiel : soit l'équipe enseignante conserve le principe de progressivité continue des apprentissages (malgré les variations) et l'élève en souffrance psychique restera « bloqué » au petit niveau, soit l'on admet – malgré l'étrangeté de la situation – que les troubles psychiques peuvent amener l'élève à maîtriser des savoirs de haut niveau sans maîtriser les prérequis habituels.

Accepter ici que l'élève sache poser une division sans maîtriser la comptine numérique, apprendre à lire sans jamais faire vraiment ses gammes dans la lecture de syllabe, percevoir les caractéristiques des objets géométriques à plusieurs dimensions sans se repérer dans une pièce. Bizarre certes, mais fréquent.

Accepter ici le *« je ne sais pas bien comment il sait faire cela »*, poursuivre les progressions à partir de cette nouvelle acquisition, accepter que, dans l'escalier des savoirs, il manque une marche que « normalement » l'élève franchit avant la suivante suppose de se défaire du *continuum*, de tâtonner… et de se le dire. L'appui de collègues enseignants, de formateurs, conseillers pédagogiques ayant eux-mêmes réalisé ce pas de côté est souvent nécessaire pour « lâcher-prise » sur une progressivité « qui suivrait un ordre » tout en restant serein.

Ainsi cette posture particulière d'enseignant qui consiste à se défaire du *continuum* – dans le cas précis des élèves troublés psychiquement – devient un geste professionnel pour accueillir l'apprenant et le rejoindre là où il se trouve, comme le dit Hélène Trocmé-Fabre.

Afin de combler ce premier interstice, au regard de qui déstabilise, l'enseignant peut proposer en toute conscience un enseignement progressif qui admet les « trous dans la raquette ». Cela fonctionne, à condition d'expliciter la démarche aux familles, à l'élève, aux collègues et d'en faire un geste professionnel assumé au regard des troubles de l'élève.

Je me souviens ... d'une de mes élèves en unité d'enseignement en pédopsychiatrie qui savait lire de manière fluide en 3e année d'école élémentaire sans connaître le nom et l'ordre des lettres de l'alphabet, ce qui la mettait à mal pour se repérer dans un manuel ou faire de la géométrie.

Et vous, cela vous évoque-t-il une situation de classe ?

. . . .

. . . .

. . . .

. . . .

. . . .

. . . .

. . . .

. . . .

. . . .

. . . .

. . . .

Second interstice

- *« Il est régulièrement admis que la cognition[4], quand elle est altérée chez un élève, l'est de manière cohérente dans et hors de l'école... »*
- *« Mais pas pour les élèves en souffrance psychique » : dans certains troubles psychiques, les empêchements cognitifs semblent « réservés » au domaine scolaire et l'efficience cognitive est « en dents de scie ».*

Lorsque les soignants reprennent avec les familles la genèse du trouble psychique chez ces jeunes, il n'est pas rare qu'il soit relié à

4. La cognition désigne les activités mentales qui mettent en jeu la perception, l'attention, le langage, la mémoire, le raisonnement ou encore la décision. Le Blanc, B. (2018). « Cognition et cognitique », *Hermès, La Revue, 80*, 37-38. https://doi.org/10.3917/herm.080.0037

un événement traumatique, un deuil, un divorce dès le plus jeune âge comme le présente Dumas dans *Psychopathologie de l'enfant et de l'adolescent* publié en 2014. Certaines manifestations de ces troubles sont dites actives (Egron, 2017)[5] : il se dégage de ces élèves une violence envers les pairs ou adultes de l'école qui ne passe pas inaperçue et qui ressemble – sans en être tout à fait – à ce qui est décrit dans de nombreux écrits scientifiques autour des troubles des conduites et du comportement (TCC).

A contrario, certaines manifestations de ces troubles se manifestent « à bas bruit », ce sont les troubles internalisés, objets de ce second interstice : l'élève se rend indisponible aux apprentissages, développe une inhibition en classe, *« se fait tout petit ».* Les enseignants constatent des étrangetés qui ne gênent pas la vie du groupe-classe autant que les manifestations externalisées. Cet élève que *« l'on n'entend pas »,* ne s'engage que peu dans les activités proposées, semble « ailleurs ». L'envahissement psychique est cependant présent et empêche la pleine expression des facultés cognitives en classe. Il n'est pas rare de percevoir chez ces jeunes des troubles qui sont proches de ceux observés dans les « *déficiences mentales légères* » décrites par l'OMS et présentés par Magnin de Cagny en 2018 dans l'ouvrage de Egron et Delaubier cité peu avant.

Pour aider à la compréhension de ce second interstice, que je perçois comme spécifique aux troubles internalisés, je m'appuie sur les travaux de Magnin de Cagny basés sur les recommandations de l'OMS.

À partir de sa description des « *déficiences mentales légères* », il est possible de pointer une liste d'altérations temporaires propre aux troubles psychiques internalisés (c'est-à-dire « à bas bruit ») qui se présentent en classe. Précisons que les items ont été choisis par rapport à mon expérience en psychiatrie infanto-juvénile puis de formatrice et que les écrits en italique correspondent à des précisions que j'ai souhaité apporter pour éclairer le propos :

5. Egron, B. (dir.), (2017). Scolariser les élèves handicapés mentaux ou psychiques, préface de J.-P. Delaubier. Canopé, collection « Maîtriser ».

- « La mémoire de travail est peu performante et vite saturée.
- L'attention et la concentration sur une tâche peuvent être réduites sans trouble spécifique de l'attention [...] », mais par fatigabilité *ou surcharge cognitive, envahissement socioaffectif.*
- « [...] La difficulté à « décoller » de la réalité présente
- La capacité limitée d'abstraction, de généralisation, le sujet réalisant lui-même peu d'inférences, de liens, ce qui entrave le raisonnement, la déduction logique, l'accès aux relations de causalité ». *Ceci semble particulièrement perceptible dans les activités scolaires, alors que cette difficulté semble moins présente dans les récits de vie du sujet.*
- « La difficulté à transférer des acquis, connaissances et procédures, d'une situation à une autre.
- [...] Le fait de ne pouvoir traiter que peu d'informations à la fois.
- Une dépendance aux aspects perceptifs, actuels, factuels des éléments de la situation, avec peu ou pas de prise en compte par représentation mentale de leurs transformations possibles et de construction d'invariants à travers ces transformations.
- La lenteur et faiblesse générale dans la construction d'images mentales, de représentations, *mais aussi d'exécution de tâche.*
- Le manque de fluidité de la pensée, une tendance à la rigidité, à la répétitivité, à la reproduction de modes de résolution [...] non adaptés, la difficulté à faire des choix, prendre des décisions, faire preuve d'initiative.
- Le peu de « contrôle exécutif » *(anticipation, hypothèses, étapes de résolution, retour en arrière).*

Pour la communauté éducative, l'étrangeté réside dans le fait surprenant que ces « inefficiences » trouvent leur traduction dans les activités scolaires et sont parfois assez peu perçues en dehors, voire, selon certains parents, absentes. Plutôt que de les décrire comme manifestations du trouble psychique anxieux, il n'est pas rare d'entendre les adultes dire de l'élève : *« Il est loin d'être sot... », « S'il voulait se donner la peine... », « À la maison c'est un moulin à paroles... », etc.* Il naît parfois de cette dichotomie entre les espaces « en et hors classe » un agacement des adultes.

Face au constat de cette incohérence d'ensemble, il faudrait, en tant qu'enseignant, pouvoir se dire que « dans le cadre scolaire, cet élève troublé psychiquement présente des difficultés proches de la déficience légère, bien qu'il ait des compétences cognitives préservées » et les traiter comme telles.

Il deviendrait alors possible de reprendre les caractéristiques énoncées précédemment pour s'engager dans les aménagements de la situation scolaire en lien avec l'équipe enseignante de l'établissement et la famille.

Ce pourrait être pour une période transitoire, un peu à l'image d'une béquille, d'un étai que l'on enlève quand l'ensemble est consolidé.

L'écart à la norme entre une « altération mesurée de l'efficacité cognitive » et « l'altération constatée circonscrite à un espace » interroge et l'on sent chez les enseignants avec lesquels j'ai travaillé que cette dualité désarme.

Il naît, de plus, de ces situations un sentiment d'impuissance chez ceux qui attendent un glissement de compétence d'un espace à l'autre, un éventuel rebond. Or ce questionnement : *« comment faire basculer l'efficience d'une sphère à l'autre ? »* est bien trop lourd pour l'enseignant qui – une fois encore – n'est pas thérapeute et n'a pas prise sur l'évolution psychique du sujet dans le cadre de ses missions.

Je me souviens... d'élèves accueillis sur des ateliers thérapeutiques et pédagogiques en centre médico-psychologique :

- **Nicolas**, élève de première année de collège, explique son week-end dans la cour avec de nombreux détails, faisant les liens entre les causes et les conséquences, manie l'humour (le second degré !) et... en classe, n'a pas accès aux représentations mentales en lecture de texte oralisée par l'enseignant, semble inattentif, perdu. Il ne parvient pas à saisir les inférences[6] dans un texte pourtant adapté à ses compétences.

6. « L'inférence est un procédé cognitif de déduction qui consiste, à partir d'éléments présents dans un texte ou le paratexte et qui sont portés à la connaissance de l'élève à rendre explicite ce qui n'est

• Lisa, au temps d'accueil de la classe de CE2, présente ses nouveaux bricolages en origami pour lesquelles elle a suivi « toute seule » des fiches techniques en étapes et... ne peut pas s'engager sur des programmes de construction en géométrie, ne pouvant mobiliser ses connaissances, semblant perdue sur la manière de suivre des étapes.

• Victor, « plein de vie » en classe-découverte, partage sa passion des animaux et ses connaissances associées montrant une capacité de catégorisation et de mémorisation vive et... présente en classe un retard scolaire de presque un an et demi, ne suit pas le fil de ce qui s'y passe, semble ailleurs, souffre de troubles de la mémoire !

Et vous, comment ces exemples font-ils écho à votre expérience en classe ?

....

....

....

....

....

....

....

Accepter en tant qu'enseignant cette dichotomie (que l'on espère transitoire) permet de poser des gestes professionnels[7]. Se dire que « *le trouble psychique entraîne en classe la mise en œuvre de troubles de type déficience légère alors que cette difficulté est moins présente dans les récits de vie du sujet* » permet d'agir.

Considérer cet éloignement comme un fait objectivable permet de surseoir à ce qu'entraîne ce déséquilibre : parfois la colère... *« Le fait-il exprès ? »,* parfois l'épuisement professionnel, l'enseignant

pas présent dans l'écrit. » Pour approfondir ce qu'est une inférence : Éduscol, cycle 3, lecture et compréhension de l'écrit, enjeux et problématiques, Ressources pour l'enseignement de la compréhension sur https://eduscol.education.fr/

7. Cette dichotomie pourrait trouver écho dans les travaux sur les troubles du comportement et de conduites (TCC) de Sylvie Canat, notamment chez ces élèves qui pratiquent le « bilinguisme en permanence : littérature comportementale (en mouvement constamment, en conflit en permanence) et langue ordinaire (sans déficience mesurée, accédant à la lecture, la compréhension, la numération...) »

cherchant par tous les moyens à « réanimer » la vitalité cognitive de l'élève comme on chercherait à le guérir d'une amnésie !

On n'est pas loin ici du mythe de Sisyphe : jamais l'enseignant n'aura le temps sur une année, la qualification ou les clefs du thérapeute pour désenclaver le trouble inhérent à l'espace scolaire. Se dire : *« Il ou elle doit pouvoir réussir puisqu'il le fait à l'extérieur de la classe »* est une bonne intention, mais elle nie le trouble.

En réalité, l'élève **ne peut pas** produire en classe ce qu'il produit de vivacité hors de la classe. C'est ce que Wilkinson et Goodyer (2006, cités par Dumas 2014, p. 431) expliquent en disant que *« bien que les capacités intellectuelles des jeunes [...] soient généralement dans la moyenne, ils présentent souvent des difficultés d'attention, de concentration et de vitesse de traitement dans les tâches non verbales de mesures d'intelligence, mais pas nécessairement dans les tâches verbales »*.

Face à ce second interstice, plutôt que de se battre contre, il y a à agir en toute lucidité. En classe, il est pertinent de mettre en œuvre des aménagements comme pour un élève qui aurait des capacités cognitives limitées :

- support de mémoire,
- référentiels,
- limitation dans les choix pour qu'il se positionne,
- enrôlement par des tiers s'il ne peut prendre d'initiative,
- soutien à la production d'image mentale...
- user du « comme si » et du « comme quand » : « cet exercice c'est comme tel autre », « telle activité c'est comme quand », etc.

Il y a pour l'enseignant à accepter la surcharge cognitive ou affective de l'élève comme une manifestation de son trouble psychique qui empêche l'accès à la pleine cognition. Vouloir à tout prix faire effectuer une translation de compétence d'un espace à l'autre peut être l'origine d'une grande souffrance chez l'enseignant et d'un enkystement du trouble chez l'élève, voire d'une culpabilisation.

Que dire des situations de projets de classe, de coopération, d'écrit fonctionnels comme les journaux scolaires, la correspondance scolaire, les « conseils », les « Quoi de neuf ? », outils des pédagogies actives basées sur le réel, la vie dans et hors de la classe ? Pour certains de ces élèves, elles sont une clef d'entrée vers « l'harmonie cognitive » entre les espaces. Cependant il est des conditions *sine qua non*. Que l'enseignant offre cette pédagogie par passion, vision de métier, choix pédagogiques en lien avec les didactiques et non comme outil « pseudo-thérapeutique ». Qu'il soit formé, informé, car il y a ici à faire preuve d'une réelle authenticité pédagogique pour que l'apprenant ne se sente pas « encerclé », qu'il se pose dans ses responsabilités attachées aux projets, ses anticipations en toute quiétude.

Rien ne serait plus douloureux que de dire à l'élève en proie à la détresse psychique *« Tu vois bien que tu en es capable ! »* et qu'il sente l'artifice. C'est un long apprivoisement que de s'accepter élève et de lâcher les carcans qui préservent les espaces psychiques.

Troisième interstice

- *« Il est régulièrement admis à l'école que le développement de l'enfant d'un point de vue cognitif et socioaffectif suit une trajectoire cohérente comme se torsadent les fibres pour fabriquer une corde… »*
- *« Mais pas pour les élèves en souffrance psychique… »*

Les enseignants connaissent d'un enfant de maternelle ses besoins de sécurité affective et repères cognitifs, ceux de l'élémentaire attendent de leurs élèves plus d'autonomie et la construction pas-à-pas du sujet apprenant. À la maternelle, les ATSEM[8], les

8. Agents territoriaux spécialisés dans les écoles maternelles en France.

espaces délimités, les coins ressourcement, les objets transitionnels tels que les doudous, dont l'élève se passe petit à petit, l'organisation spatiale, temporelle, les outils, le langage, etc. : TOUT a vocation à s'adapter aux spécificités des tout-petits, leur affectivité, leur maturation cognitive et sociale.

De concert, équipes d'enseignants, parents, personnel du périscolaire se doivent de répondre à l'immaturité affective, cognitive et sociale par des postures, des gestes professionnels ajustés. Dès l'âge de six ou sept ans, au moment de passage en école élémentaire, la transition du passage « *à la grande école* » s'accompagne d'une reconnaissance de l'entourage de l'enfant « *qui est un grand, maintenant* ». Avec ce changement d'espaces, car souvent les bâtiments diffèrent de l'école maternelle à l'école élémentaire, se découvrent de nouvelles modalités d'apprendre :

- moins de travail en petits groupes sur des tables communes,
- moins de manipulation, de découvertes sensorielles,
- moins d'ateliers, moins voire pas de siestes,
- moins de référentiels imagés sur les absences d'élèves,
- moins de repères spatiaux ou temporels,
- moins d'offres de lectures systématiques aux petits coins regroupement,
- moins de temps de récréation,
- plus de cahiers,
- moins de matériel en commun… *chacun sa trousse*
- moins de motricité quotidienne,
- moins de temps « libre », etc.

Place alors aux disciplines et enjeux de savoirs associés, à la découverte des didactiques scientifiques ou littéraires. Place à l'évaluation visible dans une marge ou sur une fiche, quand hier l'enseignant observait pour évaluer et « tamponnait » bien souvent un smiley de couleur sur un support d'élève.

À l'arrivée à l'école élémentaire, la famille suit plus ou moins son enfant dans les apprentissages et s'acquitte des temps de devoirs en lien avec ses idées préconçues héritées de son passé d'élève ou nouvellement construites. C'est une marche assez haute pour chacun de la communauté éducative, pleine d'espoir sur l'autonomie en cours d'acquisition de l'enfant, ses premiers pas de lecteur autonome, sa recherche de signifiants mathématiques, etc. Premiers pas d'ordonnancement du monde dans le droit fil de l'école maternelle.

Entrée dans les codes communs esquissés dès la petite section : arrivée « *chez les grands* ».

La donne est autre chez de nombreux élèves que j'ai accompagnés en atelier pédagogique en psychiatrie infanto-juvénile et scolarisés à temps partiel dans leur école de secteur. Leurs troubles *« brouillent les pistes »* du développement attendu de maturité de l'enfant à l'école. Il n'est pas rare que les manifestations des souffrances psychiques « *mettent en arrêt* » l'enseignant dont l'analyse pédagogique ou didactique se fige face au comportement d'un l'élève qui semble par ailleurs efficient d'un point de vue cognitif. L'enseignant ne peut d'emblée démêler ou concevoir scientifiquement les troubles psychiques de ce jeune, car ce n'est pas sa formation. Cependant, il en connaît régulièrement les manifestations déroutantes : brèche là encore dans l'appréhension des élèves.

> Prenons comme illustration le cas d'un élève de huit ou neuf ans qui – par ailleurs – possède toutes les clefs cognitives de sa classe d'âge. C'est un enfant « *pas bête* » comme je l'ai souvent entendu, mais pour lequel certaines conventions sociales scolaires ne semblent pas acquises. Il fait des remarques qui semblent « à côté » du sujet évoqué, se comporte de manière « étrange » parfois : c'est comme si certains *« allant de soi »* de l'école, du rapport aux pairs et aux adultes n'étaient pas ancrés. L'implicite des situations scolaires le dépasse : *« ce qui se fait, ce qui ne se fait pas »* lui paraît assez lointain, alors que ses compétences cognitives semblent présentes.

La particularité de cette situation au regard des troubles psychiques est l'absence d'harmonie entre le développement affectif, social et cognitif de l'enfant et les empêchements liés à la fragilité psychique.

Impossible pour l'enseignant de dire tout simplement « *il est immature* », car ce n'est pas ce que ressent l'adulte, il perçoit plutôt des moments de *« décrochage de maturité »* entre ce qu'on attend de ce jeune et de son comportement à cet âge. Cela se joue parfois sur des instants très brefs où l'enseignant est quasi « estomaqué » comme s'il n'était pas concevable que ce jeune fasse ou dise cela étant donné son intelligence. – *« Hein ? »* étant l'onomatopée la plus adaptée à la situation !

Dérouté par une posture, une réponse, un comportement, l'enseignant a envie de répondre : « *Mais enfin tu sais bien que... !* »

Et justement non ! L'élève ne sait pas ce qui se fait ou non, car son vécu de la petite enfance à l'école est empreint souvent de souffrances psychiques – *qui ne sont pas d'emblée inhérentes à l'école* – et qui ont entraîné :

- une indisponibilité psychique à l'école maternelle et de fait un manque d'acquisition des conventions scolaires, des usages et de sa place vis-à-vis de l'adulte et des pairs. Les pratiques scolaires ont comme « glissé » sur lui,
- ou *a contrario*, un ancrage fort sur certains préceptes et habitudes de la classe maternelle, qui lui fait « *tenir pour vraies et indéniables* » les règles d'usages établies dans les classes précédentes. Cela l'empêche d'acquérir les nouvelles postures adaptées : une sorte de bouée de sauvetage psychique, réminiscence active et solidement enracinée.

C'est alors que les approches de l'enseignement auprès des tout-petits ont leur place... même avec des élèves de l'élémentaire, voire par la suite !

S'appuyer sur les pratiques adaptées des classes maternelles apaise la relation enseignant/élève dès lors qu'on admet qu'il existe ce décalage affectif et/ou social dû aux vulnérabilités psychiques.

Combler l'interstice consiste à adopter les gestes professionnels « d'enseignant de tout-petit » avec des plus grands sans chercher à « harmoniser l'ensemble cognitif et socio-affectif », sans non plus s'en agacer. Accepter ce décrochage comme une donnée : il y a des rythmes différents chez cet élève, chez cet enfant.

On admettra de fait deux courbes d'apprentissages : celle des apprentissages didactiques en lien avec les programmes et les difficultés adjacentes de l'élève (nécessitant une adaptation) et celle des conventions scolaires et liens à autrui en décalage d'un cycle[9] ou deux parfois avec celles des apprentissages normés.

Il faut dire ici – et cela brouille d'autant plus les pistes de l'enseignant – que ces élèves ont une capacité de mimétisme (stratégie adaptative de protection) qui est venue, de longue date, compenser leurs difficultés d'appréhension de l'école : par l'observation des conduites de leurs pairs, ces élèves se comportent souvent « comme les autres » – sans en saisir le sens pour autant. Ils agissent ainsi afin de se protéger en se rendant semblables – en apparence – au milieu environnant : technique de caméléon !

De fait, leur suivi des conventions scolaires – par exemple – ne sont pas décalés en continu, car ces élèves savent faire illusion. C'est pour cela que les enseignants sont souvent pris au dépourvu devant les comportements, mots inadaptés de ces jeunes en classe. Ce que l'on repère comme immaturité n'est pas toujours perceptible : elle l'est « en pointillé », elle abasourdit le professeur… ce grand écart entre *« les âges »* de l'élève interpelle…

Reprendre des gestes professionnels de l'école maternelle ne revient en rien à utiliser des supports de bambin qui saboterait l'estime de lui de l'élève. Il s'agit ici de s'adapter à sa construction, l'aider à acquérir l'implicite des situations de classe, car – rappelons-le – soit il n'était pas disponible pour les apprentissages dans les

9. En France, l'école maternelle correspond au cycle 1, le cycle 2 (cycle des apprentissages fondamentaux) regroupe les classes du CP, CE1 et CE2, le cycle 3 (cycle de consolidation) regroupe les classes du CM1, CM2 et de 6e et concerne donc l'école et le collège. Le cycle 4 (cycle des approfondissements) recouvre les classes de 5e, 4e et 3e.

petites classes, soit il s'accroche à ce qu'il a compris à un moment de son passé d'élève… ce qui n'est plus adapté à sa classe d'âge.

Les dispositifs, l'organisation et les enjeux des premières années de scolarité dans les classes maternelles sont une clef pour s'adapter en tant qu'enseignant : par ces outils adaptés au plus jeune âge, il s'agit de donner à voir, d'expliciter les situations vécues pour apaiser la relation.

> *Je me souviens* de ce jeune – aujourd'hui en classe adaptée pour des troubles des comportements et des conduites. En fin de cycle 3, il ne parvenait plus à entrer dans l'enceinte de l'école, il développait des comportements de violence envers ses pairs, une logorrhée empêchant l'enseignant de donner des consignes, des stratégies d'évitement consistant en un décalage subtil de toute conversation vers ses prédilections (la pêche notamment).
>
> Petit, il avait fui les salles de classe dans les nombreuses transitions d'un espace à l'autre, manifestant de fortes colères, ce qui avait entraîné des ruptures, de l'absentéisme. *« Intelligent »,* il manifestait un intérêt pour de nombreux sujets (la nature, la vie en ville ou à la campagne, les métiers de chacun), mais les mots se mélangeaient parfois et il peinait à repérer les différents sens d'un terme. Parfois, il « figeait » son enseignant notamment sur l'inadéquation entre ses requêtes et le moment présent comme si ses demandes insistantes ou remarques étaient « décalées dans le temps », comme… un tout petit « capricieux ».
>
> Onomatopée de l'enseignant : *« Hein ? »*
>
> Puis, *désabusé* : *« Mais enfin, ce n'est pas le moment ! »*
>
> *Ou alors « Mais enfin, tu sais bien que… »*

« Hein ? Mais enfin… » : deux clefs sémantiques auraient pu éveiller l'attention de son enseignant sur la présence du troisième interstice professionnel.

> Cette onomatopée « Hein ? », suivi de « Mais enfin » : c'était le signal d'une brèche dans les postulats, la fameuse rencontre avec l'étrangeté liée à ce troisième interstice !

Il y avait donc à prendre le recul nécessaire : l'étonnement de l'enseignant (bien naturel !) traduisait le décalage entre la norme, l'attendu et ce qui surgissait en classe.

Faire un pas de côté aurait pu consister à se dire que cet élève traduisait par son comportement « décalé » une incompréhension des conventions sociales ou scolaires adaptées à son âge.

De fait, il y avait à appréhender deux « événements » à l'instant précis du ***« Hein ? Mais enfin ... »*** : ce qui se passait chez l'enseignant et ce qui se passait chez le jeune ;

- chez le professeur : incompréhension de l'inadaptation soudaine,
- chez l'élève : incompréhension des attendus, des « allants de soi » scolaires.

Ici c'est l'inadaptation qui aurait pu être un indice. Un indice d'un possible aménagement scolaire qui viendrait expliciter au jeune ce qui se jouait en classe et qu'il ne comprenait pas. Le ***« Hein ? Mais enfin ... »*** devenant une porte d'entrée pour l'enseignant afin qu'il traduise à l'élève les « allants de soi » scolaires dans l'instant vécu.

Ce jeune, suivi par un psychologue clinicien, n'avait pas acquis la notion du temps. *« Matinée », « après-midi », « soirée »,* n'étaient pas des concepts acquis, c'est-à-dire dont on se fait une représentation mentale partageable avec un tiers et qui ferait consensus. Non plus le changement de jour à minuit, non plus les saisons...

Or, il n'était pas aisé pour son enseignant de s'en rendre compte : d'une part parce que ce sont des apprentissages de « découverte du monde » travaillés depuis le cycle 1, d'autre part parce que le jeune semblait « adapté » dans de nombreuses autres situations de classe. Il avait développé, par mimétisme de posture ou de langage, des phrases types (celles que l'on dit au repas de midi ; *« c'taprem' »* par exemple) qui ne laissaient pas apparaître ce trouble.

Non averti du fait que le trouble psychique pouvait engendrer ce type de dysfonctionnement, le professeur ne pouvait impulser des gestes professionnels adaptés. Les comportements du jeune, son

« décalage » avec la norme avaient certes des causes psychiques profondes, mais, en classe, c'était surtout des empêchements à comprendre le monde qui se faisaient jour, empêchements liés à sa non-disponibilité vis-à-vis des apprentissages dans les petites classes.

Retard caché de repères temporels par mimétisme du côté de l'élève et puis, lorsqu'il avait grandi… retard caché par honte de ne pas savoir devant ses pairs. Colères régulières et évitements devant l'incompréhension des « moments de la journée » qui sont les repères de classe et de vie sociale.

Cet exemple n'est pas marginal, car il n'est pas rare, en équipe d'enseignants avec les partenaires du soin d'entendre que tel ou tel élève a des problèmes de *« repère dans l'espace et le temps »*. Or, cela est rarement mis en exergue pour agir au plus vite, avec référentiels, horloges, discours explicite. C'est pourtant – à peu de frais ! – une clef de l'apaisement de l'élève par ailleurs en proie aux souffrances psychiques.

Quelle angoisse pour l'élève de ne pas appréhender la notion de temporalité !

Quel repos de l'esprit pour lui, quand son enseignant montre l'horloge, « parle le temps » en utilisant les supports sociaux tels que « de vrais calendriers » que l'on utilise parfois à la maison ou sur un smartphone. « *Un quart d'heure* » : voici une expression qui trouble d'autant plus le jeune qu'il n'a aucune notion que l'heure fait 60 minutes, que 15 minutes c'est un quart d'heure et… qu'un quart d'heure ne commence pas toujours sur le 12, le 3, le 6 ou le 9 !

Quel plaisir d'entendre l'élève troublé psychiquement par ailleurs dire : *« Ah, ok, c'est ça que cela veut dire ! »* J'ai vu certains élèves allant – même au collège – jusqu'à dessiner des cadrans sur un coin d'agenda ou l'éphéméride sur une feuille puis… prendre une photo avec leur smartphone pour la consulter au besoin, afin d'acquérir, bien que déjà grands, cette convention sociale.

Difficile pour l'enseignant de repérer ce trouble, possible cependant de faire l'hypothèse d'un manque de repères, de cadre, de sécurité affective face à des accès de violence ou des stratégies d'évitement ou de replis massifs. Possible aussi de penser que les troubles, présents dès le plus jeune âge, ont empêché l'acquisition des repères scolaires et des apprentissages premiers.

Dans le doute : expliciter les temporalités de classe, donner à voir avec de petites horloges aimantées sur le tableau, donner l'heure et la montrer, reparler du temps et de ces implicites. Ce geste professionnel – que l'on retrouve dans de nombreuses petites classes avant l'âge de sept ans – permet à l'élève d'apprendre pas à pas la notion du temps et, par ce biais, de s'apaiser : il y a des temps prévus par l'enseignant, des *« avant », des « après »,* des étapes qui scindent les journées. On ne devrait pas abandonner les calendriers en classe : ceux où l'on a tous les mois sur un recto ou un recto verso maximum, le nom des saisons, les repères d'année scolaire et d'années civiles. Pas de manière grossière, avec de grands référentiels, mais présents, faisant partie de la vie de classe, c'est-à-dire utilisés socialement.

Pour avoir régulièrement réalisé des visites de classe en soutien à la scolarité d'élèves troublés psychiquement, j'ai repéré que de nombreux élèves suivis par ailleurs par des professionnels thérapeutes, avait une montre digitale… sans aiguille ! Car il est, en effet plus facile de faire semblant de savoir lire l'heure ainsi et de faire diversion : il suffit de lire les nombres… Ce sont souvent les mêmes élèves qui restent le regard collé à l'horloge sur certains temps de classe… et se perdent dans leur agenda.

Il en est pour les repères spatio-temporels comme pour les conventions scolaires de rangs, organisations, déplacements, prise de parole, organisation sur les cahiers, entrée en classe, utilisation de la voix (haute ou chuchotée), anticipation des gestes à accomplir en fin de séance (ranger, arrêter d'écrire), etc. Pour ces élèves, il faut que l'enseignant « parle les conventions », parfois soutienne ces acquisitions en décalage du cycle d'apprentissage dédié tout en respectant leur cognition, leur estime d'eux-mêmes : béquiller, mais discrètement, expliquer les non-dits, les implicites, **les allants de soi.**

> *Je me souviens de* cette élève qui se rangeait avant d'entrer en classe de manière très précise, invectivant les autres d'être moins « bien rangés » et attendant à chaque palier d'escalier... bloquée dans des préceptes, tenus pour vrais et invariables, entendus il y avait trois ans de cela...

...L'allant de soi (qui « normalement » s'acquiert au gré des années de scolarité) est que chaque année, chaque enseignant a ses règles de classe pour maintenir une ambiance studieuse ou pour entrer en classe et que ce ne sont pas les mêmes d'une année à l'autre... or l'élève troublé psychiquement a rarement accès à cet implicite.

> *Je me souviens* de cet élève réitérant ses demandes plusieurs fois par jour – de manière presque « obsessionnelle », quand un élève était absent : il revient quand ? Il n'est pas là ?

...L'allant de soi est que l'élève malade va revenir sous quelques jours la plupart du temps, or l'élève troublé – d'autant plus qu'il a besoin de repères – ne se fait pas toujours de représentation mentale de la durée possible de l'absence, sans compter qu'il est souvent pris par l'anxiété.

> *Je me souviens* de cette élève qui coloriait ses illustrations de poésies avec une méticulosité telle qu'elle mettait en œuvre une lenteur extrême, puis une frustration de ne pas finir à temps et enfin un blocage sur les activités suivantes. On retrouvait la même ténacité dans son application de la forme des majuscules.

...L'allant de soi que l'on peut « dépasser » les traits, les lignes quand on colorie ou écrit en fonction des situations d'apprentissage n'était pas acquis. Or, cette élève était arc-boutée sur les attendus de cycle 1 ou 2, lorsqu'on acquiert le geste graphique et la motricité fine, ce qui... en 4e année d'école élémentaire, n'est plus un critère de réussite pertinent à chaque activité (notamment sur un brouillon !)

> *Je me souviens* de cet élève qui n'avait pas acquis « les repères de la feuille » comme on dit. Écrire dans une marge ou ailleurs convenait à sa compréhension parcellaire des codes.

...***L'allant de soi*** est que « la marge » est réservée aux discours écrits de l'enseignant et que l'élève n'y écrit pas, c'est une convention auquel les élèves suivis en psychiatrie infanto-juvénile ont souvent peu accès.

Selon votre expérience, quelles situations vécues pourraient faire écho à ces exemples ?

. . . .

. . . .

. . . .

. . . .

Quels « allant de soi » pourraient y être associés ?

. . . .

. . . .

. . . .

. . . .

Quelles explicitations ou supports de classe seraient nécessaires pour lever les implicites ?

. . . .

. . . .

. . . .

. . . .

Comment peut agir de manière efficiente un élève s'il a conservé en mémoire, comme repères immuables, des conventions des années passées ou que – *a contrario* – il n'était pas disponible aux apprentissages des « conventions » dans les classes antérieures ?

Ces deux mouvements – garder en mémoire des repères éculés ou avoir été empêché d'acquérir des conventions scolaires et sociales –

sont deux traductions des troubles psychiques. Ils altèrent durablement les apprentissages par les grincements qu'ils provoquent dans le quotidien de la classe. Les considérer non comme des détails dans le processus d'apprentissage et la scolarisation des élèves troublés, mais comme quelque clef qui pourrait apaiser l'élève en proie au chaos interne est un enjeu d'enseignement.

L'enseignant qui entrevoit ce troisième interstice pourra créer en classe des béquilles spatio-temporelles, sociales ou affectives relatives aux conventions :

- clarifier – pour l'élève **les espaces** de la classe, la cour, la table, le tableau, la feuille, le cartable, le car, le rang, etc. ;
- donner à voir, pointer **le temps** qui passe, l'espace calendaire *: « Tu vois on est là sur le planning »* et *« Il y aura X activités et on finira là, à cette heure-ci »,* etc. de l'unité la plus petite : la dizaine de minutes à l'heure, la demi-journée, le mois, la saison, etc. ;
- **donner des repères** temporels comme – en classe de tout-petit – on parle de « l'heure des mamans » pour le soir *(même si cela est une phrase que l'on peut aisément remettre en cause, mais c'est un autre sujet*), on calcule en « nombre de dodos » *(ce qu'on ne dira évidemment pas avec les plus grands !)* pour faciliter la représentation mentale du temps, on déplace « des étiquettes » pour s'inscrire à la cantine, au car, changer d'activité, etc. ;
- **expliciter les habitudes**, les conventions, ce qui se fait ou non à l'école ou dans cette classe avec des écrits, des référentiels consignés dans un cahier par exemple, les attendus de l'enseignant et des pairs.

En faisant cela, avec des outils respectueux de l'âge du jeune élève, l'enseignant soutient le discernement des implicites qui, s'ils ne sont pas levés, empêchent l'élève en souffrance psychique de comprendre le monde qui l'entoure et de s'y engager. Ces béquilles permettent de concilier une évolution cognitive plutôt dans la norme avec un écart qui sidère parfois les adultes autour de lui.

Être attentif en classe à ces petites phrases de type ***« Hein, mais enfin, tu sais bien que… »*** permet à l'enseignant de gagner en solidité face aux bouleversements psychiques de l'élève !

Quatrième interstice

- *« Il est régulièrement admis que certaines singularités ou manifestations des troubles (évitement, "bizarrerie", intolérance) sont acquises durablement, voire inhérentes au sujet-élève… »*
- *« Mais pas pour tous les élèves en souffrance psychique qui peuvent pour certains d'entre eux, après quelques années, transformer les étrangetés issues de leurs troubles en leurres… pour se protéger ! »*

De certains élèves troublés psychiquement, on entend : *« Il est comme ça ! »* Peu de variabilité des étrangetés, une lenteur caractéristique dans la mise au travail ou la cognition, une inappétence scolaire, voire des ruptures de la pensée présentes depuis trois ou quatre années vers l'âge de dix ans. En parallèle, comme une lame de fond, les difficultés d'apprentissage semblent suivre une lente progression et, de six mois d'écart à la norme scolaire vers l'âge de six ou sept ans, elles comptent grossièrement jusqu'à un an et demi vers l'âge de dix ans.

Une sorte d'inéluctable « progression » des difficultés scolaires associée à des comportements – parfois étranges – que l'on tient pour acquis en tant que professionnels et que l'on entend telle une rumeur de classe en classe.

Si l'accueil de ce jeune, tel qu'il est avec les aménagements appropriés sans chercher à tout crin à *« le rendre en harmonie avec ses compétences cognitives »* est une bonne chose pour éviter l'épuisement professionnel et… disons-le, mélange des genres entre thérapeute et professionnel de l'enseignement, la résignation sur la prévalence de ces troubles sur le long terme est parfois une erreur !

Il faut pouvoir questionner certaines « étrangetés » repérées dès le CP (à l'âge de six ans), qui ont perduré, par exemple alors que l'élève est en CM1 (à l'âge de dix ans) plutôt que de se dire, en équipe pédagogique, *« Ah, oui, le petit Lenny... il est comme ça, il est dans la lune »*. Il ne s'agit pas de douter des difficultés psychiques – notamment si le jeune est en soin par ailleurs – mais de questionner les manifestations actives du trouble. Elles ont pu au fil des ans devenir réflexes pour l'élève qui – par ailleurs – va mieux psychiquement.

De quoi s'y perdre ! Non ?

Reprenons. Il arrive assez fréquemment que certains élèves suivis par un thérapeute depuis quelques années acquièrent au gré des souffrances psychiques – *qui elles, diminuent* – des stratégies d'évitement en classe nées hier de leurs troubles : une forme de leurre. Il ne s'agit plus alors d'un comportement « réflexe de survie » face au chaos interne de l'élève, mais d'un comportement *« habituel »* c'est à dire pour lequel l'élève sait qu'on le reconnaît.

En agissant ainsi, en faisant perdurer « ses bizarreries », en mettant à distance son engagement scolaire, l'élève tente de conserver une certaine intégrité au regard du bouleversement interne qu'il subit encore (même amoindri), mais surtout au regard de la chute d'estime de lui.

Disons qu'il s'accommode, par ce biais, des situations scolaires desquelles il est décroché en « jouant » son comportement : par exemple, l'inhibition, l'éparpillement, le « coq à l'âne », la sidération, l'effondrement. Cela lui permet, malgré une meilleure santé psychique, d'éviter de souffrir de la mésestime de se voir *« élève en difficulté scolaire »*.

Cela permet aussi d'éviter que les adultes considèrent que – comme ils le pensaient – si l'élève s'en était « donné la peine » il aurait pu être « comme les autres ».

Sandy

Sandy avait été la proie de maltraitance intrafamiliale ayant entraîné des souffrances psychiques demandant un accompagnement thérapeutique solide afin qu'elle retrouve son intégrité. En classe, elle semblait le plus souvent absente, comme si ce qui était dit formait un bruit de fond dont elle ne repérait pas les accroches.

Dans le collectif de la classe, elle montrait une certaine pertinence dans les domaines verbaux, logico-mathématiques si l'adulte était en lien direct avec elle dans un rapport duel, en toute proximité. Il était nécessaire en classe et dès l'âge de sept ans d'accompagner par la parole ses processus de résolution de problème, de compréhension de texte, de grammaire. Dire « ce qui se pense » lui permettait de rester éveillée cognitivement. À cet âge, elle montrait en confiance ses écrits à l'enseignant, ses dessins sans être mise à mal par le repérage d'erreur, voire avec plaisir.

Cependant régulièrement, son regard se figeait : elle connaissait des ruptures de pensée pouvant durer plusieurs secondes. La reprise de l'engagement demandait alors un effort important entraînant une véritable fatigue, voire un découragement. Des années de soin avaient permis à cette enfant de trouver des espaces de parole, une confiance en elle notamment dans les apprentissages, un ordre dans le chaos. L'autorité judiciaire avait jugé et condamné les coupables.

Sandy, du fait de ses décrochages répétés en classe, avait un niveau scolaire de deux ans inférieur à la norme, une vitalité cognitive restaurée et un adulte en soutien en classe neuf heures par semaine. Cependant, durant ces trois années, Sandy avait perdu en estime d'elle-même, repérant son écart de connaissances et compétences vis-à-vis des autres de la classe.

Cette difficulté scolaire avait creusé une blessure narcissique : elle cachait ses écrits, ses dessins, refermait ses cahiers à l'approche des enseignants. Afin de supporter cette mésestime, le regard des pairs ou des adultes, il lui fallut trouver un leurre, un subterfuge pour ne pas sombrer en tant qu'élève cette fois. C'est ainsi, bien malgré elle – car ce n'était pas conscient – qu'elle poursuivit l'usage du « regard dans le vide » non parce qu'elle était envahie psychiquement par la souffrance liée au trauma, non parce que le chaos se manifestait ainsi… mais pour éloigner toute mise au jour de ses difficultés scolaires.

J'ai remarqué chez les élèves suivis troublés psychiquement (sans déficience cognitive mesurée par des tests de QI) que cela se joue couramment vers l'âge de dix ans. Mes échanges avec des élèves de onze ans jusqu'à treize ans, qui pouvaient évoquer cette période après un parcours de soin, m'ont permis de conforter ces observations.

Ensemble nous avons appelé ces comportements de camouflage *« cape d'invisibilité »* (comme dans Harry Potter) ou bien *« faire le rocher »*. Il s'agit, pour ces jeunes de faire « rempart » afin de couper l'élan de l'adulte-enseignant à les étayer pour reprendre le cours de leurs apprentissages : lente plongée…

C'est comme si ces élèves semblaient chercher à se faire oublier comme *« élèves en retard scolaire qui pourraient reprendre leur progression »*, car l'écart à la norme scolaire semble trop grand pour qui a la capacité de s'en rendre compte par lui-même.

Cette période entre comportement de survie psychique non maîtrisable et celle où le geste devient *« cape d'invisibilité »* ou leurre est ténue. Ce changement d'essence du comportement, cette mutation est difficile à repérer.

Il est une période où l'enseignant ne parvient pas à distinguer si le comportement est une stratégie d'évitement intentionnelle – sur laquelle il peut agir – ou une manifestation bien involontaire de l'élève comme quand il était plus jeune.

Souvent le professionnel ou certains membres de l'équipe pédagogique se questionnent et n'en disent rien… Un doute s'installe – le quatrième interstice – qui fait osciller le comportement de l'enseignant entre *« bienveillance et remontrances »* sans repère stable, instituant une fragilité dans les situations pédagogiques et les attendus didactiques.

Ce dernier interstice est dû à ce que les professionnels du soin nomment *« les bénéfices secondaires »*. L'élève ne prend pas le risque de se confronter à l'abîme scolaire qui s'est creusé bien malgré lui et persévère dans un comportement qui le « met à l'abri » de toute tentative d'enseignement !

Cela est parfois mis au jour quand se posent les questions d'orientation scolaire, pour un élève qui a cumulé du retard. On perçoit cette dissimulation au travers des échanges dans des réunions de travail entre professionnels de l'enseignement, famille et professionnels du soin le cas échéant. Par exemple, on évoque un comportement « rempart » de l'élève en classe. L'équipe enseignante pense ce comportement comme une manifestation du trouble qui se repère dans tous les espaces – comme par le passé – or... surprise ! Ce comportement n'existe plus au sein de la famille, au sein des groupes thérapeutiques ou par exemple chez l'orthophoniste...

Par effet « boule de neige », des doutes s'installent sur la véracité des troubles et l'enseignant « en perd son latin » !

C'est pourtant une manifestation courante du trouble psychique dans son évolution pour des jeunes armés cognitivement. La souffrance psychique existe bel et bien, mais elle a diminué et, cette fois, se greffe une mésestime de soi-élève telle qu'il vaut mieux utiliser tous les subterfuges – même ceux éculés – pour survivre.

Et vous ? Avez-vous rencontré en classe ces situations devant lesquelles intuitivement vous hésitez, chez les plus grands de vos élèves, entre une manifestation authentique ou un leurre, « entre l'original et la copie » ?

....

....

....

....

....

Avez-vous évoqué avec un professionnel du soin qui suit l'enfant ou le psychologue de l'Éducation nationale cette impression d'être dupé (de rencontrer un leurre) tout en reconnaissant que cet élève « va mal » ?

....

....

....

....

....

....

Pour clore ce chapitre, je dirais qu'il y a une certaine « logique » à se sentir désœuvré quand le comportement troublé d'un élève vient ébranler les postulats qui soutiennent la pratique professionnelle enseignante.

Découvrir les quatre interstices nés des situations de classe heurtées aide le professionnel enseignant à mettre un peu d'ordre dans les éprouvés et au détour de cela, à les supporter.

Parfois, je l'ai évoqué, les doutes qui s'infiltrent chez l'enseignant au gré des « écarts à la norme » rencontrés chez l'élève sont si forts qu'ils lui donnent l'impression de ne pouvoir dénouer les fils, d'être « brinqueballé » dans le tumulte du désordre psychique du jeune ou de l'enfant.

Bien souvent, le professionnel hésite entre agir à l'intuition à partir de ce qu'il perçoit *(des ellipses dans les compétences, un décalage socioaffectif, une cognition en dents de scie, un leurre,)* ou se recroqueviller sur ce qu'il sait des habitus[10] scolaires et qui ont fait leurs preuves !

À travers ce chapitre, on perçoit que s'engager dans l'édifice d'un accueil plus apaisé des souffrances psychiques à l'école nécessite :

- une observation éclairée de sa pratique et des situations chahutées,
- un retour sur ses perceptions du métier, ses postulats professionnels.

Cela invite de même à accepter de rompre avec certains « allants de soi » pédagogiques… parce qu'au travers de ce qu'il discerne dans les troubles psychiques de ses élèves, l'enseignant prend soin de lui.

10. Comportement acquis, caractéristique d'un groupe social, quelle que soit son étendue, et transmissible au point de sembler inné (Larousse, 2021).

Chapitre 3

Un trouble, 101 causes !

Cause[1] : nom féminin (latin *causa*, raison, procès).
Ce qui produit quelque chose ; raison ou origine de quelque chose *: les enquêteurs recherchent les causes de l'accident. Il n'y a pas d'effet sans cause.*
Synonymes : explication – origine – raison – source.

Lorsqu'à l'incompréhension du trouble s'ajoute la ténacité à en « dénicher » la cause, le risque est réel chez « l'enseignant détective » de voir sa souffrance professionnelle majorée. Parfois au travers de « son enquête », l'enseignant se fige dans l'opacité d'une situation : absence de réponse, défaut de cause exprimée, carence d'éléments tangibles expliquant le surgissement de l'étrangeté en classe.

S'ajoute alors la fatigue à l'impuissance, voire le surmenage. Car il est impossible dans certaines situations brouillées de relier les causes aux conséquences, de mettre un peu d'ordre en nommant le trouble psychique par ce qui s'observe : chaos interne du jeune,

1. Définition proposée par le dictionnaire Larousse en ligne : https://www.larousse.fr/dictionnaires/francais-monolingue

empêchements à apprendre, inertie cognitive, étrangetés, violence, difficulté de régulation émotionnelle.

Parfois les familles n'en disent rien, car elles-mêmes investiguent depuis des mois ou des années, parfois elles semblent s'en détacher avec fracas ...

Certes, chaque trouble a son point de départ, faisceau de conjectures passées ou présentes : il y a une genèse, une histoire psychique que les professionnels du soin travaillent sur le long cours.

Or l'enseignant n'y a pas accès en raison du secret médical ou de l'absence de diagnostic. Ajoutons qu'il agit sur une temporalité précise : l'année scolaire. C'est une temporalité relativement plus courte que le temps psychique ou le temps du soin, qui s'étend sur des années le plus souvent, en lien avec le développement de l'enfant.

L'enseignant doit alors créer les conditions d'apprentissage dans sa classe sans connaître la raison du trouble, sans y mettre parfois un nom. Avancer dans le brouillard en quelque sorte.

Alors – malgré l'opacité – il se peut que le plus utile des « petits pas de côté » soit d'accepter l'obscurité psychique et d'agir sur le perceptible en classe.

Cela signifie trois actions simultanées :

- se départir des explications pour agir et enseigner,
- faire un pas de côté pour se préserver,
- ne pas s'arc-bouter sur la genèse du trouble ou son nom.

Dans le droit fil de ce qui vient d'être dit, plutôt que de décliner une à une les maladies, les enchevêtrements singuliers de symptômes, je propose ici de faire « étape » dans le cheminement reflexif.

Abandonner la recherche de LA cause, se donner comme boussole les traits communs aux troubles et ne pas condamner ses propres difficultés à enseigner.

Une libraire à qui je parlais de mon projet de livre me disait : « C'est un peu comme commencer un régime : modifier ses habitudes sur le long terme, et avoir le déclic de commencer ! » Oui, il faut agir malgré les étrangetés, les ébranlements de certaines fondations professionnelles, la lassitude, le non-dit du diagnostic...ou le non-diagnostic.

Se permettre de laisser de côté la recherche de l'origine du trouble pour l'enseignant ou de son équipe ne signifie pas se détourner de la souffrance active de l'élève en classe. En donnant un éclairage sur ce qui est commun dans les situations d'apprentissage troublées, du côté de l'élève comme du maître il est possible – selon mon expérience de formatrice et d'enseignante en pédopsychiatrie – de se libérer de la culpabilité de *« ne pas tout maîtriser »*, d'alléger la charge affective née de la situation et de reprendre les apprentissages.

Changer de paradigme, en même temps que mieux comprendre les troubles psychiques sans en chercher la provenance demande de procéder par étapes en gardant en ligne de mire l'ensemble du *triangle*[2] *didactique* :

- l'élève,
- le savoir enseigné,
- l'enseignant.

C'est-à-dire :

- considérer les stratégies d'apprendre mises à mal par les troubles,
- se rassurer sur l'élaboration des savoirs enseignés,
- connaître ce qui se joue dans l'interaction maître/élève à l'aune du trouble psychique.

Les enseignants aux prises avec l'étrangeté des troubles évoquent parfois *«ces enfants qui mettent à mal l'élan d'apprendre »* parlent d'enfants *« hors normes ou en crise »*, ou d'élèves qui *« n'entrent pas dans le cadre »*. On peut considérer leur inquiétude et leurs difficultés au cœur du triangle didactique : l'élève comme l'enseignant se sentent démunis, ayant parfois peur de ce qui se fait jour, découvrant

2. Dans le triangle didactique (Houssaye, 2000) trois angles sont formés par le savoir, l'élève et l'enseignant. Chaque côté représente « l'acte d'enseigner, de se former et d'apprendre ». Toutes les relations peuvent être étudiées au travers des concepts clefs de l'enseignement : la pédagogie, la ZPD que j'ai évoquée précédemment, la métacognition, les savoirs transmis, la didactique associée, etc.

que la colère ou le dépit prennent parfois le dessus, que tous deux souffrent !

Quand la dynamique d'apprentissage est fragilisée, la tentation est forte de se centrer exclusivement sur l'élève qui *« n'a pas l'air heureux »*, *« qui a pourtant des potentiels »*, *« dont la famille dysfonctionne »* et de rechercher des causes plutôt que de repérer ce qui se joue chez l'enseignant qui exerce son mandat dans le triangle didactique.

J'invite ici à prendre un temps pour s'occuper de l'enseignant dans une logique du *care*. Il n'est pas souhaitable sans l'appui d'un psychothérapeute de prendre de front le malaise qui naît de ces situations ; il s'agit plutôt ici de le considérer comme l'indice qu'il y a à effectuer un pas de côté en toute bienveillance.

Ce chapitre est une proposition d'étape au sens de « faire étape » : un moment précis où se décideraient les changements d'idéal professionnel, à la manière dont cela a été amorcé dans les chapitres précédents. Commencer par de petits pas et s'entraîner : il est des temps pour se lamenter… dansons maintenant !

Cesser de tenir l'élève à bout de bras

Dans les établissements scolaires aux prises avec la souffrance psychique d'un ou plusieurs de leurs élèves, le découragement des équipes est parfois perceptible. Les inhibitions, les lenteurs cognitives, les « particularités » affectives ou comportementales qui se déclinent autour des troubles affectent les relations d'apprentissage, les lestent ou les distendent.

Certains professeurs disent ainsi avoir *« l'impression de tenir les élèves à bout de bras »*. Il se produit alors le contraire des effets escomptés : les difficultés psychiques viennent exercer – en contrepoint des attendus scolaires et de manière latente – une force d'inertie massive et compacte sur les situations d'apprentissage. Les lenteurs exécutives s'accentuent et l'inappétence ou le refus de s'engager des élèves sont parfois plus marqués ; ils semblent se renforcer, alourdissent l'activité d'apprentissage…

Comme dans certaines situations physiques, il semblerait que plus l'adulte exerce une force (F) sur une situation (S) *(en exprimant par exemple sa volonté de changement ou de compréhension du sens du trouble),* plus l'inertie des troubles se raffermit !

J'ai rencontré des enseignants luttant jusqu'à l'épuisement pour « ne pas lâcher » l'élève en souffrance psychique : une bonne volonté sans égale, une recherche de sens, une envie d'aider l'enfant à « s'élever », à devenir élève malgré les déstabilisations récurrentes.

Or en sciences physiques, on le sait, depuis Archimède, il est plus aisé de faire levier autour d'un pivot que de déplacer un objet de face pour le hisser.

Faisons de même en classe, quelle que soit la *« gravité »* pédagogique de la situation scolaire !

Utiliser les leviers du métier d'enseignant !

Reconnaître en l'enfant troublé psychiquement celui qui devient l'*« élève » (qui s'élève)* invite à comparer la force définie scientifiquement avec celle toute symbolique de l'enseignement aux prises avec l'élève éloigné de la « Chose scolaire ».

Utiliser ce chapitre comme « pivot de levier » permettra à l'enseignant, autour de ses points d'appui professionnels ou de ceux de la situation, de minimiser son effort et de faire bouger les lignes. C'est-à-dire poursuivre les apprentissages en dépit des évitements. S'alléger en quelque sorte, en toute bienveillance.

Prendre soin de soi ou de l'enseignant en considérant ce qui est commun aux situations dès lors que les élèves manifestent des troubles temporaires ou durables est une clef de réussite. Pour cela, il faut assurément :

↦ cesser de s'agiter en tous sens au risque de se sentir las et abasourdi, « vidé »,

↦ ne pas remettre en causes ses compétences professionnelles parce que le trouble psychique vient « semer la zizanie » dans l'appréhension des apprentissages,

↦ accepter de ne pas avoir prise sur les causes du trouble de l'élève, malgré les doutes nés de l'inintelligible des situations,

↦ agir en enseignant. Car le professeur possède un riche terreau professionnel :
- des gestes initiés dans ses études professorales,
- des supports scientifiques pour analyser les erreurs de ses élèves et en faire des leviers d'apprentissage,
- des ressources pédagogiques pour évaluer finement les compétences par des observables sériés,
- sa maîtrise de la didactique,
- le développement des stratégies d'enseignement adaptées aux cognitions,
- son équipe.

Dangereux et inutile de mettre de côté son « costume d'enseignant » dans ces situations heurtées : le professionnel s'abîmerait et risquerait bel et bien de sombrer ! Pour appréhender sereinement les disparités liées aux souffrances psychiques des élèves, l'écologie et le biotope professionnels de l'enseignant do vent rester maîtres-mots.

Pour aider l'enfant à apprendre et faire face au trouble psychique en classe, l'enseignant doit être en appui solide sur son métier de base et comme un sportif : s'entraîner, « gainer », renforcer sa posture, s'aligner pour performer sans s'épuiser et prendre bien soin de lui.

Elsa et Mathys

Parmi les enseignants les plus sereins (et alignés !) que j'ai rencontrés figure Elsa, professeure des premières années de l'école primaire. Elle accueillait Mathys, un jeune élève qui présentait un retard scolaire difficile à mesurer, mais prégnant. Il avait été scolarisé à temps partiel dans les petites classes du fait de crises difficiles à juguler, de ses fuites du cadre et de sa fatigabilité.

Des diagnostics psychiques, cognitifs, neurologiques et comportementaux étaient en cours. Mathys s'exprimait peu, se levait et déambulait en classe avec des onomatopées, déchirait ses feuilles... parfois les mangeait. Il bénéficiait depuis six mois d'une prise en charge en centre médico-psychologique. C'était récent, nous étions en octobre et l'année scolaire était entamée.

Les questions d'Elsa envers les professionnels du soin étaient ciblées sur ce que le trouble malmenait dans les apprentissages seul ou en groupe : **pas** sur les raisons du trouble, **pas** sur les liens intrafamiliaux.

Elsa, ferme dans ses gestes professionnels auprès d'élèves « plus ordinaires », ne se positionnait jamais en « pseudo » thérapeute auprès de Mathys. En doute, en tâtonnement expérimental[3], elle dégageait une force paisible grâce à des choix pédagogiques reliés à des connaissances didactiques, son expérience avec les élèves « lambda ». Ainsi, elle comparait le plus souvent l'ordinaire à l'étrange dans les situations d'apprentissage qu'elle proposait à Mathys et disait volontiers que

3. L'expression fait référence au « tâtonnement expérimental » au cœur de la pédagogie Freinet. « **Dans son environnement naturel,** l'enfant est, par nature, expérimentateur. Il procède spontanément par un tâtonnement qui évolue depuis la forme primaire par essais-erreurs au hasard vers des formes supérieures, plus élaborées, que Célestin Freinet désignait globalement par "tâtonnement expérimental", à la base de la méthode naturelle.
L'expérience tâtonnée permet aux enfants d'émettre et de modifier leurs propres hypothèses conduisant à la construction de savoirs personnalisés évoluant par les différentes médiations vers les savoirs communs. En règle générale la première phase est la phase d'hypothèses. Souvent implicites, elles peuvent s'exprimer par le geste, le dessin ou verbalement et émerger.
Lorsqu'une hypothèse est émise, elle est testée immédiatement par l'enfant : c'est la phase action-essai, de vérification. La réponse fournie en retour (feed-back) permet à l'enfant, si l'effet recherché est obtenu, de l'intégrer à sa structure cognitive par répétition, puis de la réinvestir et de la transférer à d'autres situations.
Si l'effet recherché n'est pas obtenu, l'enfant rejette son hypothèse et peut soit abandonner pour un temps son expérience tâtonnée, soit modifier sa première hypothèse pour en élaborer une nouvelle qui donnera lieu à de nouveaux essais jusqu'à l'aboutissement ». Coop'ICEM, https://www.icem-pedagogie-freinet.org, consulté en ligne en octobre 2022.

toutes ses étrangetés étaient présentes... parce qu'il en avait besoin, *« en attendant que le soin fasse effet »*.

Pour Mathys, accompagné d'une aide humaine en classe, elle faisait de son mieux et s'appuyait sur « son métier de base » : ateliers d'entraînement à la lecture, jeux pédagogiques diversifiés à la portée de Mathys, temps de créativité graphique (même si les traces ne répondaient ni aux attendus de sa classe d'âge ni à la consigne donnée au groupe). Elle réduisait les durées des activités sans jamais se départir d'objectifs d'apprentissages. Avec ténacité, elle faisait en sorte que Mathys, accompagné d'un adulte, réalise de petites choses. Par ce biais, elle évaluait de menues compétences.

Cette posture permit, dès novembre, avec les parents de Mathys, les professionnels du soin, quelques collègues enseignants, de parler ensemble de l'élève et de ses compétences. À chaque occasion, Elsa reliait les troubles de Mathys à ses empêchements à apprendre : « Mathys ne peut pas s'asseoir quand il manipule du matériel mathématique » ou « Mathis a besoin de déchirer des petits papiers quand il copie des phrases ». Sans ce lien professionnel ténu, le risque aurait été grand de voir s'effondrer sa légitimité à agir en évoquant uniquement les troubles qui malmenaient la classe et le lien enseignante/élève. De cette manière, Elsa restait solide face aux éprouvés et certainement moins meurtrie.

Quand on lui en faisait la remarque, Elsa ne niait pas être questionnée par les troubles de Mathys, elle répondait : « C'est normal que je parle des apprentissages, c'est mon métier... Je ne suis pas thérapeute. »

Très régulièrement, les manifestations de l'étrangeté à l'école impactent la confiance des enseignants aguerris ou débutants. Elles chahutent bien des habitudes ou techniques professionnelles, alors que ce sont ces habitudes qui, précisément, peuvent être l'ossature atténuant le mal-être enseignant : un cadre sur lequel se reposer !

Pour cela, il faudrait que les enseignants entrevoient – dans les contours flous des souffrances psychiques – les points communs entre les fragilités mentales : des caractéristiques ou propriétés partagées qui – elles – pourraient être intelligibles au regard de l'apprentissage. C'est ce que j'ai investigué et présente tout au long de cet ouvrage, afin de rendre plus confortable l'enseignement auprès d'élèves vulnérables psychiquement.

Les raisons pour lesquelles le diagnostic n'éclaire pas la situation d'apprentissage

Le DSM-5 (*Diagnostic and Statistical Manual of Mental Disorders*) est l'un des ouvrages de référence des acteurs de la santé mentale. Publié dans sa version française en 2015, il est issu de l'Association américaine de psychiatrie. Il a demandé douze années de travail associant des centaines d'experts internationaux de toutes les spécialités de la santé mentale. Son objet est le repérage des diagnostics, afin de mieux orienter les traitements et de faciliter l'appréhension des troubles. Cette classification permet à tous les acteurs de la santé psychique d'adopter un langage commun dans le monde et plus précisément pour les travaux de recherche. Une autre classification est utilisée en parallèle par les professionnels du soin : la Classification internationale des maladies (CIM). Il s'agit d'une classification médicale permettant le codage en morbi-mortalité recommandée par l'OMS. La 11e version a été publiée en 2018.

Tout comme les programmes scolaires ou la didactique des disciplines sont un langage commun pour qui veut évaluer une situation d'apprentissage, le DSM et la CIM permettent des classifications afin qu'un langage commun facilite le soin. Un langage enseignant – Un langage soignant.

J'ai souvenir de réunions cliniques en centre médico-psychologique au cours desquelles les soignants exprimaient leur incompréhension des termes scolaires, tant en didactique (comme « la capacité à faire des inférences ») qu'en termes de prises en charge ou de modalités de scolarisation. Comprendre ce qui fondait une orientation en milieu adapté ou spécialisé relevait de longs échanges entre soignants et enseignants pour parler un langage commun. De même, entrevoir les objectifs pédagogiques ou éducatifs dans des ateliers co-animés par des soignants et enseignants était parfois opaque pour les professionnels. Pas question que chacun s'approprie pleinement les compétences de l'autre, mais les échanges, la confiance mutuelle, les explications permettaient de travailler ensemble en cohérence.

De la même manière, chercher le diagnostic du trouble de l'élève ne relève pas de la pratique enseignante. Je veux dire par là que l'enseignant ne peut que rarement aménager ses séances en prenant appui sur le trouble « par son petit nom ».

Pour percevoir ce que j'appelle l'impossibilité d'un agir-enseignant en prenant le trouble « par son petit nom », je vous propose un aperçu des classifications opérantes en France dans les services de soin psychique.

Dans la version française de la CIM-10 (2008), nous pouvons lire quelques têtes de chapitre correspondant aux troubles mentaux et du comportement. La nébulosité, pour qui est membre du corps enseignant, s'épaissit au fur et à mesure de sa lecture. Impossible d'agir d'emblée à partir de la nosographie présentée :

- Troubles mentaux et du comportement liés à l'utilisation de substances psychoactives.
- Schizophrénie, trouble schizotypique et troubles délirants.
- Troubles de l'humeur [affectifs].
- Troubles névrotiques, troubles liés à des facteurs de stress et troubles somatoformes.
- Syndromes comportementaux associés à des perturbations physiologiques et à des facteurs physiques.
- Troubles de la personnalité et du comportement chez l'adulte.
- Retard mental.
- Troubles du développement psychologique.
- Troubles du comportement et troubles émotionnels apparaissant habituellement durant l'enfance et l'adolescence.

- Etc.

En parallèle, dans le DSM-5, on lit :

- Troubles neurodéveloppementaux.
- Spectre de la schizophrénie et autres troubles psychotiques.
- Troubles bipolaires et apparentés.
- Troubles dépressifs.
- Troubles anxieux.
- Troubles obsessionnels-compulsifs et apparentés.
- Troubles liés à des traumatismes ou à des facteurs de stress.
- Troubles dissociatifs.
- Troubles à symptomatologie somatique et apparentés.
- Troubles des conduites alimentaires et de l'ingestion d'aliments.
- Troubles du contrôle sphinctérien.
- Etc.

Comment se rassurer sur son action d'enseignant en nommant le trouble ?

Cela me semble utopique pour qui n'exerce pas en équipe pluriprofessionnelle en psychiatrie (hôpital, hôpital de jour ou centre médico-psychologique). Il faut en effet que la clinique, les symptômes soient exprimés et détaillés par des psychologues, des pédopsychiatres et que la clinique soit reliée à l'acte d'apprendre voire... à l'acte d'enseigner.

D'expérience, à l'exception des troubles neurodéveloppementaux très documentés du côté des apprentissages actuellement, voire du retard mental, il n'y a aucun intérêt pour l'enseignant à connaître précisément le diagnostic du trouble psychique chez le jeune : dans les troubles psychiques tels que nous les avons répertoriés ci-avant, il est des mots qui ne revêtent pas de sens dans la profession d'enseignant, tant dans le DSM-5 que la CIM. Ils ne lui permettent pas d'accomplir sa mission.

Pire, certains troubles – comme les troubles anxieux ou dépressifs s'ils ne sont pas reliés de manière tangible par une équipe soignante à l'expression des pertes d'efficience des fonctions exécutives – peuvent rapidement faire basculer l'enseignant dans une posture inadaptée qui laisse entrevoir la perte du fil ténu des apprentissages et de la fonction enseignante, le fameux « costume ».

C'est pourquoi il n'y a pas d'urgence à connaître le diagnostic psychique pour agir dans la classe.

Dans les troubles psychiques, il y a de nombreuses comorbidités[4] ne permettant pas de cerner la réalité complexe du trouble telle qu'il se présente en classe. Pour les professionnels du soin, les comorbidités mettent en évidence les limites d'une approche catégorielle chez les plus jeunes, d'où les diagnostics tardifs ou rarement émis, même auprès de la famille. Certaines catégories nosologiques de la CIM-10 ou du DSM-5 ne s'appliquent pas avant la fin de l'adolescence !

Ajoutons qu'il existe une multitude de formes complexes des troubles. Si ces formes sont des indices pour les soignants, elles feront diagnostic au gré des années. Avec une infinie prudence, en psychiatrie infanto- juvénile on parle de « traits » ou de « tendances à » et assez peu de diagnostics.

D'ailleurs, quand bien même l'enseignant aurait connaissance d'un diagnostic, il lui faut savoir que les explications des troubles psychiques sont multifactorielles. Il n'y a pas de « pourquoi » établi de manière linéaire : un faisceau de facteurs entraîne le trouble. La plupart du temps, les connaître ne servirait à rien à l'enseignement.

4. En psychiatrie, la comorbidité désigne la présence simultanée de plusieurs affections psychiatriques, empêchant de ne retenir qu'un seul diagnostic. 2021, https://www.dictionnaire-medical.fr/

On s'intéressera davantage et avec plus d'efficacité aux symptômes et à leurs conséquences visibles en classe.

Ainsi, j'ai compté quatre freins à la connaissance préalable du diagnostic psychiatrique pour agir en tant qu'enseignant :

- l'opacité de lecture des nosographies (CIM et DSM) par l'enseignant,
- les comorbidités des troubles,
- les causes multifactorielles,
- la nécessité de préserver l'espace de soin et donc de réserver à l'intime de la famille la recherche des causes, le nom du diagnostic.

À ces freins on ajoutera la temporalité qui diffère entre le soin et la programmation scolaire.

Disons ici que c'est peine perdue de chercher à tous crins la nosographie des troubles de l'élève en tant qu'enseignant pour espérer apaiser les situations de violence en classe, d'inhibition, de non-efficience de la cognition, etc.

C'est pourquoi, aux questions « mais de quoi souffre cet élève ? Quel est le diagnostic ? » posées maintes fois en réunion dans les écoles, avec malice je répondais – quand le soin faisait alliance avec l'école et les familles – la *« maladie du grand schtroumpf ! »*. De fait, les 101 personnages atypiques de Peyo ont une similitude de taille, de pigmentation, comme les troubles psychiques leurs traits communs... ils conservent cependant une grande diversité.

Pour apaiser les situations malmenées et face à l'étendue de la nosographie, il faut agir avec les troubles multiformes en s'appuyant sur le commun des troubles psychiques : ce qui est fréquent, répandu, « ordinaire », habituel en classe... le bleu des schtroumpfs et leur langage en quelque sorte...

Répondre avec dérision à la question sérieuse du diagnostic permet d'accepter qu'une part de mystère demeure dans l'intime du soin et/ou de la famille et qu'il existe des points communs dans les situations, dont – de loin – le plus prégnant est « la souffrance psychique ». Répondre ainsi permet un pas de côté essentiel :

accepter la non-réponse en guise de démarche active pour ne pas renforcer la détresse enseignante.

Ôter de son esprit la recherche vive des « pourquoi » retire une épine du pied ! Il n'y a pas à chercher de « solutions » à l'énigme des troubles psychiques temporaires, voire de la maladie psychiatrique quand elle s'invite en classe.

Il sera plus utile de s'attacher aux manifestations plutôt qu'au diagnostic !

Premier repérage pour dédramatiser la situation et agir

Accepter l'absence de diagnostic n'entraîne pas le défaut de compréhension de la situation. L'enseignant ne se trouve pas sans données, sans réponse quand il accepte de se défaire de la recherche d'un diagnostic pour agir.

Je l'ai évoqué : certains traits sont courants dans les troubles psychiquement temporaires ou installés, ils permettent à l'enseignant d'œuvrer dans son cours, ou sa classe en s'appuyant sur des caractéristiques communes :

Mots clés : déficit spatio-temporel • compétences en pics et en creux • Leurres • écart d'efficience dans/hors classe • remparts comportementaux.

- explicitations spatio-temporelles verbales ou matérialisées avec des référentiels,
- acceptation de « marche manquante » dans la trajectoire d'apprentissage chez l'élève et poursuite des progressions malgré les pics et les creux,

- reconnaissance chez les plus grands de possibilités de leurres liés à des bénéfices secondaires pour lesquels – dans le doute – l'enseignant prendra l'attache du psychologue de l'Éducation nationale pour cerner le rôle de cette manifestation, la contourner ou l'accepter comme telle,
- acceptation de l'étrangeté d'un écart d'efficience entre les situations de classe et hors de la classe,
- repérage de la construction chez l'élève de remparts comportementaux permettant de cacher la mésestime de soi devant l'écart à la norme scolaire.

Cela demande une flexibilité, voire une modification de plusieurs inclinations enseignantes comme je l'ai présentée auparavant :

Mots clés : diététique sémantique • pouvoir/vouloir • fin des pseudos • inefficience et efficience cognitive.

- adopter une certaine diététique sémantique en évitant de « se » placer au travers du lien « situation d'apprentissage / appréhension de l'élève » par le « truchement du *« me »*,
- accepter que l'élève ne **puisse** pas et non ne **veuille** pas se comporter *« comme tout le monde »* (sic) !
- repérer les manifestations du trouble dans le lien d'apprentissage et les regarder avec des « yeux de pédagogue » ayant à cœur la didactique des disciplines et non des « yeux de pseudo-thérapeute »,
- accepter que l'élève montre des compétences cognitives bien en deçà de ce que son efficience le permettrait.

Cette mise en mouvement des perceptions et attentes enseignantes peut être amorcée avec de bons résultats sur la reprise des apprentissages, à condition de repérer ce qui a pu être ébranlé dans les conceptions du professeur.

Il s'agit alors, avec minutie, de dresser un état des lieux :

Mots clés : axiomes et postulats • interstices professionnels.

- des axiomes ou postulats de l'enseignant,
- de possibles interstices professionnels nés de la présence d'étrangetés dans le comportement, la cognition, les relations interpersonnelles ou sociales de l'élève.

Ces onze points sont autant de prises de conscience, tant du côté du regard que l'on porte sur le trouble que de l'effet du trouble sur la posture enseignante.

Pour soutenir l'appropriation de ces éclairages multiples, je propose d'utiliser, à ce point de la réflexion, une grille, que j'ai appelée « grille d'amorçage réflexif », en appui sur ces onze points au regard d'une situation scolaire récente vécu par l'enseignant.

> Il est à noter que l'étude de la situation d'apprentissage malmenée sera efficiente si un projet de soin ou de prise en charge de l'élève, un regard médical dans ou hors communauté éducative y est associé : auprès du médecin traitant de l'enfant, du médecin scolaire, du psychologue de l'Éducation nationale de l'établissement, d'un psychologue, d'un thérapeute, d'un pédopsychiatre, d'un médecin de PMI.

Chaque question de la grille d'amorçage réflexif s'appuie sur l'un des paragraphes ou chapitres précédents, auxquels il est possible de se reporter. De même certains enseignants trouveront l'écoute

Grille d'amorçage réflexif

En tant qu'enseignant, ai-je mis au jour d'éventuels axiomes ou postulats de métier en termes de : « il est régulièrement admis à l'école que... » ? .... Oui ☐ Non ☐

Puis-je entrevoir que ces manières de penser ce qui « est admis généralement à l'école » ne correspondent pas à cet élève ? .... Oui ☐ Non ☐

Suis-je conscient(e) des possibles interstices nés de la présence d'étrangetés dans le comportement, la cognition, les relations interpersonnelles ou sociales de l'élève en souffrance psychique ? .... Oui ☐ Non ☐

Quel interstice semble le plus visible dans ma posture enseignante ? ....
....

Ai-je repéré dans mes paroles ou celles de mes collègues enseignants ayant travaillé avec ce jeune le truchement du « me » ? .... Oui ☐ Non ☐

Ai-je essayé ou vais-je essayer d'adopter une certaine diététique sémantique ? Oui ☐ Non ☐

Puis-je partager ces découvertes sémantiques avec mes collègues de la classe ou de l'école (enseignants, aide humaine, agent territorial) ? .... Oui ☐ Non ☐

Ai-je mis en place ou vais-je mettre en place de manière pérenne des outils permettant aux élèves de béquiller leurs lacunes spatio-temporelles ? .... Oui ☐ Non ☐

Ai-je pris appui sur la famille ou les collègues des classes antérieures pour reproduire des outils spatio-temporels qui facilitent la vie quotidienne de ce jeune ? .... Oui ☐ Non ☐

Ai-je repéré des « marches manquantes » ou des compétences en pic et en creux chez cet élève ? .... Oui ☐ Non ☐

Ai-je bloqué l'enseignement à cette « marche manquante » ? .... Oui ☐ Non ☐

Puis-je essayer d'accepter « ce trou dans la raquette » en poursuivant des apprentissages de plus haut niveau ? .... Oui ☐ Non ☐

Est-ce que je parviens à me dire que cet élève ne « peut pas agir, travailler, être avec ses pairs de telle ou telle manière » plutôt que de dire « cet élève ne veut pas » ? .... Oui ☐ Non ☐

Suis-je prêt(-e) à mettre en place des stratégies d'enseignement, des outils ayant fait leurs preuves chez les plus petits de maternelle sans infantiliser le jeune :
- expliciter les « allant de soi » .... Oui ☐ Non ☐
- donner à voir (absences d'élèves, repères temporels, etc.) .... Oui ☐ Non ☐
- ménager des pauses dans l'emploi du temps .... Oui ☐ Non ☐
- expliciter les émotions .... Oui ☐ Non ☐
- etc.

Est-ce qu'il m'est possible de me détacher de ma recherche de diagnostic et regarder l'élève avec des « lunettes d'enseignant » qui fondent mon professionnalisme ? .... Oui ☐ Non ☐

Est-ce que je perçois des voies pour agir avec cet élève selon mes compétences professionnelles : parler « enrôlement, critères de réussite » plutôt que dire « il n'est pas motivé, il n'a pas l'air heureux, il est perdu » ? .... Oui ☐ Non ☐

Est-ce que je parviens à cerner les compétences que l'élève n'a pas acquises alors que son efficience « devrait le permettre » ? .... Oui ☐ Non ☐
Est-ce que je prends ce fait comme une traduction de ses troubles psychiques sans me dire que je devrais à tout prix combler ce fossé (ce qui est en dehors de ma propre ZPD !) ? .... Oui ☐ Non ☐

Est-ce que considère que certaines stratégies d'évitement sont comme des remparts qui préservent cet élève d'une mésestime de lui abyssale ? .... Oui ☐ Non ☐

M'est-il arrivé d'émettre des doutes sur un comportement de cet élève un peu comme si c'était un leurre ? .... Oui ☐ Non ☐

Ai-je pris l'attache du psychologue de l'Éducation nationale, d'un professionnel du soin lors de réunion de travail avec la famille pour lever le doute sur d'éventuels bénéfices secondaires ? .... Oui ☐ Non ☐

Si oui, cela me permet-il de cerner le rôle de cette manifestation, la contourner ou l'accepter comme telle ? .... Oui ☐ Non ☐

d'un formateur, d'un groupe de pairs pour réaliser ce petit « état des lieux », d'autres s'y atteleront seuls.

L'état des lieux qui résulte de ce petit questionnaire permet, pour chaque « non », de revenir à l'ouvrage, d'échanger entre pairs sur le point précisé, de tenter un aménagement, d'amorcer une acceptation, même si elle semble *a priori* « contre-nature » (comme poursuivre les apprentissages alors qu'il manque une marche dans la progression normée).

Si j'ai choisi ce chapitre comme « levier de pivot » c'est qu'il permet aux enseignants et aux équipes malmenées, à tout coup, une fois l'état des lieux engagé, d'aller plus avant, de gagner en agilité. Grâce aux exemples et outils qui vont suivre, ils trouveront un écho aux situations difficiles vécues.

L'angoisse : point commun aux troubles psychiques

Une fois que l'enseignant parvient à se « débarrasser » de la recherche d'un diagnostic explicite, plutôt que d'interpréter maladroitement les détresses d'un enfant en souffrance psychique à l'aune de suppositions, il doit prendre à bras-le-corps un commun de tous les maux psychiques : l'angoisse.

Angoisse[5] : nom féminin (du latin *angustia*, resserrement).

1. Grande inquiétude, anxiété profonde née du sentiment d'une menace imminente, mais vague.

- Synonymes : affres – anxiété – épouvante – inquiétude – transes.
- Contraires : paix – quiétude – sérénité.

2. Pour certains philosophes existentialistes, comme Heidegger, expérience fondamentale de l'homme, qui lui permet de saisir la réalité du monde, ainsi que la sienne propre.

3. Sentiment pénible d'alerte psychique et de mobilisation somatique devant une menace ou un danger indéterminés et se manifestant par des symptômes neurovégétatifs caractéristiques (spasmes, sudation, dyspnée, accélération du rythme cardiaque, vertiges, etc.).

Voici donc un étai, sur lequel chaque professeur peut s'appuyer, car relativement assez stable dans la clinique de l'enfant en souffrance psychique : **il est angoissé.** Ne cherchons pas là encore le « pourquoi » qui dépend de la clinique du trouble, mais la manière, le contexte et les manifestations du trouble en classe.

Jamais je n'ai enseigné en unité de pédopsychiatrie à des élèves exempts d'angoisses massives.

Reliée à son expression la plus commune, le fameux *« il ou elle ne peut pas »*, l'angoisse se manifeste sous de multiples formes. Elle s'exprime, se laisse voir, se dévoile, surgit, elle empêche, décuple, pousse, entraîne ce que d'aucuns nommeraient des « bizarreries » :

- des douleurs massives en présence de « bobos » bénins,
- des crises ou une hébétude devant une tâche de premier niveau ou un changement de routine,
- un comportement socialement inadapté,

5. Définition proposée par le dictionnaire Larousse en ligne : https://www.larousse.fr/dictionnaires/francais-monolingue

- des objets tripotés, léchés, cassés, grignotés, émiettés, décousus, étalés, secoués, roulés,
- des surfaces touchées de manière compulsive (murs, pied de chaise, cahiers, t-shirt),
- des lenteurs excessives,
- des déplacements intempestifs,
- un collage à l'enseignant,
- des sautes d'humeur brusques,
- des invectives ou petits gestes menaçants,
- des pertes de matériel répétées,
- un regard perdu dans le vide sur de longs moments,
- des phrases qui se répètent comme « un mantra » devant certaines tâches « j'sais déjà ça », « ça sert à rien », « j'l'ai d'jà fait », « trop facile », sans mise au travail,
- des pitreries non contenues,
- des fuites de l'espace de travail (du cahier, de la table, de la classe, de l'établissement),
- des douleurs réitérées au moment des transitions,
- une voix fluette de tout-petit, une voix « de personnage de dessin animé »,
- des onomatopées en boucle,
- des chansons fredonnées sans cesse, des bruits de bouche persistants,
- des comportements factices comme si l'élève « se donnait un genre d'adulte » alors qu'il est très jeune, « de costaud » alors qu'il semble sensible, etc.

Ces comportements, lorsqu'ils se conjuguent, questionnent l'équipe ou l'enseignant par leur étrangeté. Ils peuvent représenter des indices de la vulnérabilité de l'élève en proie aux troubles psychiques, ce qu'il cherche à fuir ou étouffer, ce qui semble impossible à réaliser de manière apaisée.

Leur point commun est l'angoisse massive vécue ou surgissant dans un cadre scolaire. Angoisse insoutenable pour le jeune et apaisée par le comportement « rempart » qui obstrue la possibilité d'apprendre, mais « soulage » le chaos psychique… ou tout du moins en est l'expression.

Je me souviens dans ma classe en centre médico-psychologique :

- d'élèves angoissés quand ils écrivaient au point de souffrir de douleurs fortes au poignet, à l'avant-bras, voire de crampes,
- d'élèves qui se montraient violents par l'angoisse d'entrer en classe, de passer d'un espace à l'autre,
- d'autres qui avaient besoin de mettre leurs sens en éveil pour supporter les angoisses massives : sentir, « goûter », toucher, regarder de manière inadaptée socialement… créant des bulles sonores autour d'eux,
- d'élèves incapables de segmenter les mots ou de diviser une quantité, de soustraire, angoissés de toute séparation,
- d'élèves qui inscrivaient sans cesse sur papier les mêmes mots erronés – avec la méticulosité de moines copistes – angoissés à l'idée de perdre leur intégrité en modifiant leur écrit,
- d'élèves incapables de recopier plusieurs mots à la suite, angoissés devant la perte de repère de la ligne dès qu'ils lâchaient du regard le modèle,
- d'élèves qui mangeaient tellement les peaux le long de leurs ongles que la douleur les empêchait d'écrire,
- d'élèves qui disaient *« J'l'ai pas fait exprès »* s'ils donnaient une réponse juste, angoissés de se poser dans l'explication d'un processus de résolution de problème,
- d'élèves logorrhéiques qui emplissaient l'espace de leurs mots pour éviter l'angoisse du vide,
- d'élèves en vigilance constante, informés de tout en classe, sans parvenir à distinguer l'important du superflu, angoissés de « manquer quelque chose », incapables de dénouer « le détail » du « général »,
- etc.

Ces exemples font-ils écho à quelques situations vécues dans votre établissement, votre classe ? Quand avez-vous rencontré ces étrangetés ?

....
....
....
....
....
....
....
....
....
....
....
....

Parler d'angoisses massives, se figurer leur étendue est malaisé, car elles sont intimement liées à l'enfant, au jeune. Se redire que l'angoisse naît du sentiment d'une menace imminente, mais vague ne permet pas de l'appréhender. Je vous propose quelques images qui permettent de toucher du doigt l'intensité des émotions qui s'emparent de l'élève en proie au chaos psychique.

À force d'observations en classe en tant que formatrice ou enseignante ressource, de comparaisons, d'échanges avec des soignants, d'écoute d'analyses de cas cliniques, de discussions avec des patients en unité de pédopsychiatrie, je me suis construit une représentation mentale des conditions physiologiques qu'entraînent certaines angoisses massives. En me rapprochant des situations d'angoisse par le biais des *« comme si »* ou des *« comme quand »*, je joue de la comparaison pour approcher la réalité, envisager que les deux formes de part et d'autre puissent offrir une compréhension.

Voici quelques aperçus des angoisses vécues par les enfants en proie aux troubles psychiques au détour de comparaisons :

- pour certains élèves, passer d'un espace à l'autre, d'une pièce à l'autre (entrer en classe, changer de lieu) c'est comme être en *jet lag*, en décalage horaire après un voyage lointain, en perte de repère temporel ;

- pour certains élèves, s'engager dans une tâche scolaire, c'est comme se jeter dans un abîme en saut à l'élastique et ne se sentir « tenu que par un fil », face au vide d'un gouffre ;
- pour certains élèves, appréhender le vide de ne pas savoir c'est comme sauter d'un avion en plein vol... sans être certain de l'efficacité du parachute ;
- pour certains élèves, se confronter à l'erreur c'est comme superposer un sosie de « soi-élève » : le « soi-erreur », comme s'il n'y avait plus de distance entre l'objet et le sujet ;
- pour certains élèves, ne pas se créer de représentation mentale de la consigne c'est comme essayer de comprendre un interlocuteur que l'on entend au téléphone de manière hachée quand le réseau 4G dysfonctionne ;
- pour certains élèves, ne pas avoir d'espace psychique disponible pour entendre les consignes et les faire siennes c'est comme essayer d'entendre quelqu'un qui chuchote quand on souffre d'acouphènes.

On peut cerner ce qu'entraînent ces peurs : des malaises, des sueurs, des maux de tête, des absences, des pertes de concentration, une confusion générale, parfois des nausées, de l'irritabilité, des somnolences passagères. Cependant, le plus souvent, on ne perçoit pas clairement le lien entre le comportement de refus et l'angoisse sous-jacente, d'autant que les pertes de concentration ou de moyens sont souvent masquées par une « diversion » : les bizarreries.

Dans le cas des élèves troublés psychiquement c'est le comportement qui viendra faire rempart. On parlera d'étrangetés, de comportements inappropriés comme je les ai présentés auparavant. Cela ne ressemble pas – à première vue – à une manifestation de l'angoisse, car les étrangetés la cachent ! Diversion assurée et enseignant « déboussolé » !

L'état anxieux est propre à la souffrance psychique. Il peut sembler fort disproportionné par rapport au danger réel, par rapport à ce qui se joue à l'extérieur de l'élève, à la situation scolaire vécue (un changement de lieu, une tâche scolaire)… mais il est en parfaite adéquation avec ce qui se joue en lui, au chaos psychique qui l'envahit.

En tant qu'enseignant, percevoir cette disproportion et traduire le comportement inapproprié en manifestation de l'angoisse permet de poser des actes qui apaisent les appréhensions.

Les comportements inadaptés de l'élève en souffrance psychique forment comme des répliques du tremblement de terre psychique interne à l'élève.

En avoir conscience permet à l'enseignant et à son équipe d'œuvrer ensemble !

Tom

Tom, enfant « malin et pétillant » (aux dires des enseignants et de sa famille) était en 3e année d'école élémentaire. Depuis l'âge de 4 ou 5 ans, Tom avait développé des stratégies d'évitement massif lors des séances de lecture. Dans la classe, avec son maître ou dans la bibliothèque de l'école avec les retraités de *« lire et faire lire*[6] *»*, Tom faisait le pitre, se levait, s'agitait, bousculait les objets et camarades, interpellait à haute voix, finissait les phrases des adultes au grand dam du groupe-classe. Il mettait toute son énergie à empêcher la lecture offerte. Alors, il *« prenait toute la place »* sur les séances sans pour autant se mettre à l'écart, criant, pleurant fort si on l'éloignait.

Anticiper ce temps de lecture était devenu *« un calvaire »* pour l'enseignant, ne sachant plus que faire pour apaiser Tom et lui donner le goût de lire. En équipe, les enseignants sentaient que quelque chose *« clochait »* chez cet enfant. La famille de Tom avait mis en place une prise en charge par un thérapeute.

6. « Lire et faire lire » a été créé en 1999 à l'initiative de l'auteur Alexandre Jardin et de Pascal Guénée afin de développer le goût de lire. Les bénévoles de l'association interviennent dans les écoles, les structures éducatives, en favorisant le lien intergénérationnel.

Ses parents, férus de lecture, furent questionnés. Ils disaient de Tom qu'il agissait de même à la maison, refusait de se laisser conter une histoire nouvelle, mais que – paradoxalement – depuis tout petit... il se promenait régulièrement avec des albums de jeunesse à la main dans l'appartement familial... un mystère.

Suite à cette découverte, l'équipe enseignante se sentit démunie en présence d'une ***étrangeté*** qui venait semer le trouble : il ne s'agissait pas d'un enfant qui n'aimait pas les livres. L'appétence était sûrement là, sinon pourquoi Tom promènerait-il si régulièrement des albums de jeunesse ?

Voici poindre un interstice dans les soubassements professionnels : cet élève ne va pas vers ce qu'il aime !

Ce n'était donc pas **« qu'il ne voulait pas, mais qu'il ne pouvait pas »** ; ce fut le premier pas qui permit à l'équipe de ne pas s'épuiser : il n'y avait pas une volonté de Tom, mais une incapacité de laisser le récit se dire. Moins de pression donc pour l'équipe enseignante : Tom avait certainement compris ce qu'était l'objet-livre, mais ne parvenait pas à en écouter un contenu nouveau.

Ce n'était donc pas en travaillant l'appétence, la motivation que Tom viendrait aux livres...

Grâce à la capacité de l'équipe à rester ancrée sur son métier de base, il fut temps de mettre de côté les suppositions hasardeuses en réponse à la question : *pourquoi Tom ne lisait pas ? Était-ce lié à ses parents, son enfance, sa relation à eux ???* ***Ne pas devenir pseudo***-thérapeute et rester ancré sur le métier d'enseignant : règle première.

L'interstice fut alors repéré : il est ***normalement admis à l'école*** qu'un élève motivé par la lecture s'engage plus aisément dans celle-ci, quand l'histoire est d'abord lue par un tiers puis par lui. C'est cet interstice qui empêchait qu'une action mesurée se mette en place en classe.

L'hypothèse d'une angoisse massive fut posée : à chaque début de lecture par un tiers, Tom était effectivement envahi par l'**angoisse** de l'imprévisible dénouement. Écouter l'histoire page après page jusqu'à son terme le mettait à mal **comme s'il** devait se jeter dans le vide. Il se montrait alors incapable d'affronter la peur de l'imprévu, ses comportements d'évitement permettaient de mettre à distance ce qui l'effrayait.

L'équipe choisit alors de reprendre les bases des classes maternelles bien que Tom ait huit ans. Deux supports furent proposés par l'équipe réunie en conseil des maîtres afin de poser des jalons de lecture, soutenir la création d'un univers de référence pour l'élève, **raconter l'histoire avant qu'elle ne soit lue, résumer, donner des indices de lecture**.

Ils reprirent les travaux de PROG (Mireille Brigaudiot[7]) sur la préparation à l'écoute. Ils décidèrent de jouer avec des marottes issues de l'histoire des saynètes résumant le livre, ils racontèrent le schéma narratif des contes lus : de la situation initiale, ils révélèrent les éléments perturbateurs, les péripéties du héros, les circonstances et la situation finale ! Bref, aujourd'hui nous dirions qu'ils spolièrent le récit, confisquèrent la possibilité d'hypothèse pour Tom.

Ils furent confortés dans ce choix parce que Tom était en difficulté devant un choix à effectuer en classe ou à la maison. Se projeter réactivait des mécanismes de défense tels que la logorrhée, la fuite ou le sabotage de la séance.

Angoisse devant l'inconnu.

« En construisant un « horizon d'attentes » par la présentation de [...] tous les *personnages, en racontant l'histoire, en la résumant et en montrant des images »* l'école, par le biais de « techniques adaptées aux plus petits », offrit à Tom de connaître par avance les « rebondissements » de l'histoire, de s'apaiser face à sa peur de l'inconnu et de s'engager dans l'écoute.

Ce pas de côté travaillé ici en équipe fut difficile à insuffler, ainsi qu'il fut difficile d'enrôler l'ensemble des intervenants, car il demandait de bouleverser les paradigmes :

- se dire que Tom ne pouvait pas, plutôt que ne voulait pas, écouter un récit lu par un tiers,
- se questionner sur Tom et son appétence/empêchement face à la lecture par un tiers et ce qui était « régulièrement admis à l'école...» : « Quand on maîtrise ce qu'est l'objet livre et que l'on a la capacité à faire des inférences, on se lance dans l'écoute active de récits ! »
- percevoir les brèches que cela ouvrait dans les logiques enseignantes sur les progressions habituelles des élèves,
- rechercher quelles béquilles puisées chez les plus petits pourraient répondre à l'angoisse cachée derrière les évitements,

7. Mireille Brigaudiot est à l'origine de PROG : « Construction progressive de compétences en langage écrit, de la petite section au CE1 » – Recherche-action de l'INRP 1995-1998 et publié chez Hachette (2002) sur la compréhension, la production d'écrit et la connaissance du système écrit.

- se questionner sur les critères de réussite shuntés par le trouble de Tom : était-ce faire des inférences, oser faire des hypothèses de sens, comprendre un récit ?

Par ces biais dans les chemins pédagogiques habituels, l'équipe gagna en réassurance, et Tom en apaisement face à la lecture.

Avez-vous repéré chez certains élèves de votre établissement des comportements inappropriés tels que nous les avons décrits ?

....

....

....

....

Pourriez-vous maintenant interroger cette « bizarrerie » à la lumière d'une angoisse massive sous-jacente : c'est-à-dire sans devenir « pseudo-thérapeute », utiliser des « comme quand » ou des « comme si » face à une tâche scolaire précise ?

....

....

....

....

De l'angoisse à la réassurance

Quatre champs peuvent être convoqués par l'enseignant en classe pour réassurer l'élève à partir de ce qu'il perçoit. Ces champs peuvent être des pistes de travail pour l'équipe enseignante de la même manière. Il est vrai que du cheminement proposé découlent des hypothèses d'actions nées – comme en pédagogie active – d'un tâtonnement expérimental et non de certitudes sur l'agir professionnel. Ces hypothèses me semblent, par expérience, pouvoir être validées à la lueur de l'angoisse massive que l'on découvre « sous » le comportement rempart de l'élève.

Dans le cheminement proposé, poser des hypothèses est facilité parce qu'en amont il y a eu – seul en suivant le parcours proposé ici ou par le biais de formations ou d'un accompagnement – la prise de conscience des axiomes de métiers, des postulats, des possibles interstices nés de la présence d'étrangetés dans le comportement, la cognition, les relations interpersonnelles ou sociales de l'élève.

Bref : un pas après l'autre !

Je m'appuie, pour fonder un agir enseignant face aux troubles psychiques temporaires ou installés, sur les travaux récents de Bruno Egron (2019) dans le domaine du handicap mental. Il va sans dire que le trouble psychique tel que je l'ai décrit ne relève pas de l'inefficience mesurée par des tests psychométriques, mais de l'impossibilité de mobiliser une compétence cognitive, exécutive, affective en situation de classe. Comme je l'ai expliqué précédemment, les empêchements massifs des élèves troublés psychiquement peuvent ressembler – en classe – à certains comportements nés de déficiences légères.

Il ne s'agit pas ici, en tant qu'enseignant, de prendre de front le comportement troublé, mais de prendre de front l'angoisse massive à l'origine de ce comportement. On agit un peu comme si en lieu et place du trouble (inhibition, violence, blocage, refus de s'engager, bizarrerie, etc.) on ciblait explicitement l'angoisse de l'élève en milieu scolaire. Encore une fois, non comme un thérapeute, mais en tant qu'enseignant : il ne s'agit pas de cerner l'angoisse comme le ferait un professionnel de la clinique psychiatrique, je l'ai longuement décrit. Il s'agit de se demander – en tant qu'enseignant – quelle est la sphère impactée par la réassurance que l'on veut prodiguer en se basant – c'est ici ma proposition – sur les travaux de Bruno Egron.

Avoir le souci de soi

Pour cela il y a – avant tout – à prendre conscience de l'enseignant que l'on est, car c'est cela dont il s'agit : prendre soin de soi-enseignant dans une relation pédagogique et didactique troublée, chaotique. L'enseignant doit avoir le « souci de soi ».

L'ignorance de « soi-enseignant » rend impossible le soin que l'on doit porter à la pratique de son métier. Il faut se connaître soi-même dit Pascal et nourrir avec une infinie bienveillance le souci de soi, se rapprochant ainsi de l'*epimeleia* de Platon.

Cheminons ensemble :

Disons qu'il est des styles d'enseignants (les styles ne s'excluant pas les uns les autres) et que de ces styles naîtra l'action la plus juste au regard du trouble émergeant en classe : « juste » au sens d'adaptée à ce que l'enseignant est en tant que professionnel. Une action serait juste parce que portée par un agir professionnel reconnu, éprouvée par l'enseignant lui-même et adaptée à l'angoisse massive du jeune.

La proposition de cheminement se renforce si l'enseignant perçoit sa manière toute personnelle d'établir un lien avec les élèves, ses méthodes de gestion de classe, son rapport à l'apprentissage, son « comportement didactique ».

Il s'agit pour cela qu'il prenne un petit temps d'observation de ce qu'il a proposé en classe les deux semaines précédentes : était-il plus centré sur la matière et les programmes, et/ou sur les apprenants et de quelle manière cela s'est-il traduit dans les dispositifs de classe proposés ?

J'ai construit quelques profils d'enseignants à partir de mon expérience d'accompagnement et de formation des enseignants en classe, ces profils permettront de suivre le cheminement proposé : il est des enseignants…

- **A : attachés à l'art des disciplines**. Ils s'appuient sur la didactique, la construction des savoirs en étapes, sont attachés au programme, ils proposent des démarches inductives ou déductives, des démonstrations : *les enseignants didacticiens ;*
- **B : attachés à l'enfant, au jeune en devenir**. Leurs classes comportent des coins *cocooning*, l'emploi du temps des

espaces de parole, on y fait des pauses de régulation, des temps de méditation parfois : *les enseignants éducateurs ;*

- **C : attachés au groupe-classe coopératif**, aux partages de temps collectifs, aux projets de vie de la classe, aux temps forts, aux exposés et débats comme moyen d'apprendre : *les enseignants-méthodes actives ;*
- **D : qui cherchent à développer l'esprit critique de leurs élèves**, la capacité à travailler en groupe : *les enseignants citoyens ;*
- **E : vers qui les élèves viennent spontanément** exprimer leurs souffrances, ils savent mettre des mots sur les petits maux : *les enseignants affectifs ;*
- **F : qui savent agir en ateliers**, en groupes de besoins et évaluent les élèves dans ce cadre : *les enseignants logistiques ;*
- **G : que la recherche motive** et qui modifient leurs supports et méthodes en fonction des avancées scientifiques : *les enseignants savants.*

Il ne s'agit simplement que d'esquisser des tendances professionnelles qui serviront à appréhender les situations psychiques malmenées.

À chaque enseignant son style en fonction de son rapport aux savoirs, à l'élève et à la participation de l'élève au savoir !

> Prenons l'exemple de Marine, enseignante en deuxième année d'école élémentaire. Marine a un profil A principal et D-G associés. Pour définir son profil, elle a, dans un premier temps, lu les profils de A à G, souligné ce qui lui correspond au quotidien dans chacun (verbes, adjectifs, groupes nominaux, etc.), validé cela avec ce qu'elle a proposé en classe depuis deux semaines.
>
> Cette connaissance de soi-enseignant lui permet de choisir les leviers les plus adaptés pour Félix, élève ayant des troubles internalisés, tout en respectant ce qui lui est moins coûteux en énergie, car elle est habituée à travailler en A, D et G (*enseignant de profil didacticien, savant et citoyen*).

Tableau 3.1. Grille de Marine

	A	B	C	D	E	F	G
A : didacticien				X			X
B : éducateur							
C : méthode active							
D : citoyen							
E : affectif							
F : logistique							
G : savant							

Et vous, quel serait votre profil ?

	A	B	C	D	E	F	G
A : didacticien							
B : éducateur							
C : méthode active							
D : citoyen							
E : affectif							
F : logistique							
G : savant							

Cela se vérifie-t-il dans vos préparations et vos choix en classe ces deux dernières semaines ?

....

....

....

Si ce n'est pas le cas, il est préférable de reprendre la grille et de l'annoter en fonction de la réalité de terrain des deux dernières semaines.
Quel est votre profil maintenant ?

....

....

....

....

Cet écart entre ce que l'on souhaite et la réalité de terrain peut être source de tension et de fatigue : mieux vaut se baser sur un « soi-enseignant » du quotidien qu'un « soi-enseignant » à atteindre dans l'idéal.

Par exemple, un enseignant peut souhaiter un profil idéal A/C/D et percevoir dans ses dernières semaines un profil A/D, voire A : c'est ce dernier qu'il devrait prendre pour étalon : il est le plus solide pour agir face aux troubles psychiques de l'élève à court terme. En effet, lorsque les attentes et la réalité ne concordent pas, cela peut créer des dissonances cognitives liées à la valeur que l'enseignant accorde à « son profil idéal ». Il vaut mieux accepter la cohérence liée à la réalité de terrain : *« depuis deux semaines – en raison de l'état de fatigue, de la programmation, des contraintes – j'ai mis en évidence tel profil qui correspond à mon état psychique actuel, mes capacités. C'est ce profil que je vais utiliser pour aider l'élève. »*

Ainsi, l'enseignant s'appuie sur son profil présent, cela lui assure une sécurité : il n'y a pas à développer un autre profil au risque de saturer.

Pour acquérir une certaine puissance à agir face aux situations qui se présentent, il a à solidifier ses appuis… ceux-là mêmes qui sont perceptibles en ce moment, ceux qui sont réguliers, que l'enseignant peut convoquer sans effort supplémentaire.

Les travaux de B. Egron en lien avec les profils déterminés

Dans le cadre de ses travaux sur le handicap psychique, Bruno Egron a formalisé une grille d'observation pour les enseignants. Elle est construite autour de six pôles dont j'ai extrait les aménagements qui me semblent en adéquation avec les besoins spécifiques des élèves ayant des troubles psychiques installés ou temporaires.

En reprenant les éléments de la grille d'Egron au regard des troubles et non des handicaps psychiques, j'ai construit des pistes de travail pour soulager le mal-être des enseignants. L'idée est de percevoir le pôle qui est impacté chez l'élève certes, mais aussi en contrepoint les pôles que l'enseignant – « naturellement » – convoque dans sa pratique. Relier les deux en considérant les angoisses des élèves permet d'apaiser les tensions nées du trouble psychique en classe, car cela facilite l'action.

Les pôles proposés par Egron comportent des « items observés en classe » (26) qui sont reliés à des « besoins éventuels des élèves » (86). Par exemple l'item « mémoire » s'il est impacté chez l'élève peut être relié à trois « besoins éventuels » de l'élève : un « besoin de support de mémoire (agenda, guide, mémento…), un besoin de technique de mémorisation ou un besoin de temps d'automatisation ».

Pour atteindre un certain apaisement d'une situation de classe heurtée par les troubles psychiques, je pense que l'enseignant peut agir en direction d'un des quatre pôles suivants (parmi les six) inspirés des travaux de Egron[8] et adaptés à la fois à notre propos (les troubles psychiques temporaires ou installés) et à la nécessité d'agir

8. Egron (2018) détaille six pôles :
- le fonctionnement cognitif général (comportant 6 items reliés à 17 besoins éventuels) ;
- le fonctionnement psychoaffectif (comportant 4 items reliés à 18 besoins éventuels) ;
- le fonctionnement socioaffectif (comportant 3 items reliés à 9 besoins éventuels) ;
- la relation aux apprentissages (comportant 5 items reliés à 19 besoins éventuels) ;
- le fonctionnement sensori-moteur (comportant 5 items reliés à 18 besoins éventuels) ;
- les conditions de vie familiale (comportant 3 items reliés à 5 besoins éventuels).

« vite » pour l'enseignant, tout en respectant son état de stress ou de fatigue :

- **le fonctionnement cognitif général de l'élève** : ses troubles mnésiques et d'attention, ses inhibitions, blocages et lenteurs cognitifs, son incapacité à s'orienter dans le temps ou l'espace, le manque de cohérence dans les propos, sa compréhension littérale du langage ;
- **son fonctionnement psychoaffectif** : sa mésestime, l'expression inadaptée de ses émotions, sa difficulté à agir seul ;
- **son fonctionnement socioaffectif** : son respect aléatoire des règles de vie de groupe, la frustration qui en découle, le développement de comportements socialement inadaptés, son isolement ;
- **sa relation aux apprentissages** : son incapacité à se défaire des détails pour généraliser, à prioriser, ses empêchements à convoquer des apprentissages récents malgré une efficience cognitive, à faire des analogies en situation scolaire, son incapacité à faire des choix, poser des hypothèses.

Chacun des quatre pôles ou (sphères) est relié à des besoins d'élève.

Au regard d'une situation d'élève que l'enseignant souhaite apaiser, il sera nécessaire qu'il travaille sur ces trois temps :

1. Questionner chacun des quatre pôles.
2. Pour chaque pôle, repérer les besoins éventuels de l'élève.
3. Puis – parce qu'il a une idée de ses propres comportements didactiques et pédagogiques – actionner le levier de « réassurance » correspondant **à la fois** à l'élève **et** à son profil enseignant actuel, déterminé par le test précédent (« les styles d'enseignants »).

J'ai construit ce dernier point – essentiel à mes yeux – car il permet d'établir une stratégie gagnant-gagnant fondée sur la connaissance de soi-enseignant et les hypothèses de besoin de l'élève en proie aux souffrances psychiques. Chacun pouvant en tirer un gain corrélativement équitable :

- l'élève ayant alors des besoins pédagogiques reconnus, nommés dans un langage scolaire, dont la satisfaction lui permettra d'accéder aux savoirs malgré ses angoisses ;
- l'enseignant pouvant agir sur un levier :
  - relatif à son comportement pédagogique habituel (son style d'enseignement),
  - dans un environnement connu (supports de classe habituels, dispositifs déjà présents dans son emploi du temps) sur lesquels il peut et sait agir avec les élèves « ordinaires »,
  - propres aux routines et habitudes de la classe, à ses stratégies de savoir-faire enseignant,
  - en ayant auparavant pris soin de rechercher ses interstices (liées à ses valeurs habituelles et qui sont ici mises à mal par le trouble psychique),
  - en étant pleinement habité par son identité d'enseignant (son costume), sans changer de casquette pour un autre profil ou un autre métier (les fameux « pseudos »),
  - en restant connecté à ce qui fonde son action : le pari de l'éducabilité.

... Aligné quoi !

Il peut pour cela utiliser le graphique circulaire de la figure 3.1, page suivante. Il reprend les quatre pôles que j'ai choisis, définis comme directions d'agir ou sphères impactées chez l'élève, ainsi que des besoins spécifiques prélevés parmi les items proposés par Bruno Egron.

Pour faciliter l'action enseignante, j'ai désigné, parmi ceux de B. Egron, vingt-quatre besoins qui me semblent spécifiques aux troubles psychiques temporaires ou installés. La sélection de ces vingt-quatre « besoins-leviers » a été confirmée lors d'une réunion

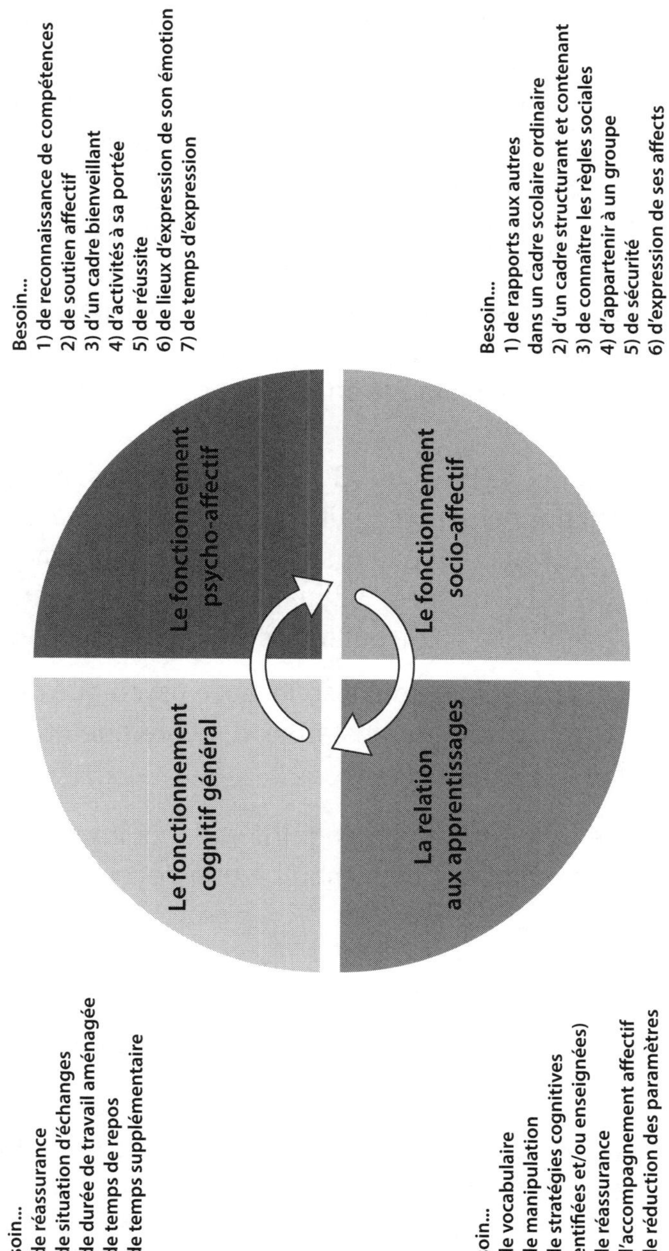

Figure 3.1. Besoins essentiels des élèves troublés psychiquement relatifs au pôle convoqué

de travail entre enseignants spécialisés exerçant en psychiatrie infanto-juvénile en 2019, validant ainsi mes hypothèses pour des élèves dont les compétences cognitives sont préservées, mais qui présentent des troubles psychiques empêchant l'apprentissage. La plupart sont assez explicites comme « besoin de temps de repos » ou « de manipulation » d'autres demandent une traduction dans le réel de la classe, ce que je ferai en fin de ce chapitre.

Certains profils d'enseignants confèrent une aptitude à travailler avec leurs élèves l'un ou l'autre des quatre pôles ou sphères : agir à partir de cette aptitude permet d'éviter la perte d'énergie pour agir à court terme, elle réduit le risque de fatigue accrue, permet de tenir sur la longueur. L'enseignant gagne en endurance au gré des séances qu'il propose.

Les enseignants de style A ou G ont des facilités à agir sur la sphère du fonctionnement cognitif général et de la relation aux apprentissages, ceux de style B sur le fonctionnement psycho et socioaffectif, etc. Le tableau 3.2 page suivante présente ces « facilitateurs d'agir » face aux troubles psychiques des élèves.

Quelle que soit la pathologie ou la souffrance psychique du jeune élève, qu'elle soit temporaire ou installée, il existe quelques traits communs, comme :

- une sorte d'empêchement cognitif variable en intensité et hétérogène qui pourrait ressembler à une déficience légère,
- une angoisse massive,
- une mésestime de compétences,
- une incompréhension régulière des « allants de soi ».

C'est à l'enseignant de cerner les besoins éducatifs particuliers de l'élève à partir de ses observations et échanges avec les collègues (je reprendrai ce point dans les chapitres suivants). En tout cas, il lui faut poser des hypothèses puis – en connaissance de cause – agir sur la sphère qui lui est la plus proche. En effet, chacun des quatre

Tableau 3.2. Facilitateurs d'agir : liens entre styles d'enseignement et sphères convoquées

Style d'enseignement	**Sphères régulièrement convoquées dans la pratique de classe**
A : les enseignants didacticiens	Fonctionnement cognitif général La relation aux apprentissages
B : les enseignants éducateurs	Fonctionnement psychoaffectif Fonctionnement socioaffectif
C : les enseignants« méthode active »	Fonctionnement socioaffectif La relation aux apprentissages
D : les enseignants citoyens	Fonctionnement socioaffectif La relation aux apprentissages
E : les enseignants affectifs	Fonctionnement psychoaffectif Fonctionnement socioaffectif
F : les enseignants logistiques	Fonctionnement socioaffectif Le fonctionnement cognitif général
G : les enseignants savants	Le fonctionnement cognitif général La relation aux apprentissages

sphères ou pôles porte en lui un apaisement des traits communs présentés ci-dessus.

En agissant sur les besoins de l'élève – tout en respectant l'inclination première de l'enseignant – il est possible, par exemple, de rendre accessibles les situations d'apprentissage par le biais de la **réduction des paramètres** de la tâche (choix des nombres, de lignes de texte, d'étapes à franchir, etc.) ou de proposer des **activités à la portée de l'élève** qui sont dans deux sphères différentes. Cela permettrait à la fois d'apaiser *la relation aux apprentissages,* mais aussi d'accueillir les difficultés liées au *fonctionnement psychoaffectif.*

Le besoin de l'élève troublé de **ne pas être stigmatisé tant par la difficulté scolaire que par les aménagements afférents** peut être considéré par l'enseignant dans la *sphère socioaffective* par le biais de **l'appartenance à un groupe-classe** (lui donner par exemple, à chaque fois une place, un rôle dans les activités de groupe), mais aussi dans les **situations d'échange** autour des procédures erronées afin de se sentir élève, ce qui relève du *fonctionnement cognitif général.*

Apporter un cadre sécure à l'élève peut prendre différentes formes et toucher différentes sphères : **une durée de travail aménagée** et institutionnalisée – écrite sur l'emploi du temps de la période, **des lieux d'expression** dans les conseils de classe (les « Quoi de neuf ? »), **des temps de repos** planifiés et anticipés, **l'accès au matériel de manipulation mathématique** pour soulager la mémoire, etc.

Redire les allants de soi peut passer par une reformulation des consignes en reprenant les B.A.-BA qui ne sont plus consistants chez l'élève, comme si l'enseignant traduisait : les lieux, les tâches, les étapes dans les tâches, **le vocabulaire associé**, les personnes concernées (groupe-classe, binômes, individus), la place de l'enseignant, le temps passé. Cela peut aussi se traduire dans des référentiels accrochés au mur pour guider l'élève dans les étapes de travail et alléger sa charge mnésique. **Le cadre est alors contenant**. Ici, les deux pôles de la relation aux apprentissages et au fonctionnement socioaffectif sont invités.

Parce qu'il semble étranger parfois à ce qui est « scolaire », l'élève est parfois considéré comme un enfant en souffrance qu'il faut accueillir avec bienveillance plutôt que comme un élève qui « doit des comptes à l'apprentissage » (sic !) : face à cette dérive, **l'accompagnement affectif** de l'enseignant qui dédramatise les situations d'apprentissage en usant des *« comme si »* et *« comme quand »* est un bon levier quand l'élève dit *« j'comprends rien »* de manière réitérée. On trouvera dans ce contexte des photos de moments de classe ou des affiches qui sont autant de référentiels sur lesquels appuyer la memoire et apaiser l'angoisse de l'élève. C'est aussi dans ce champ que l'on trouve l'évaluation critériée de ses compétences avec ses points d'appui, même s'ils sont petits. Dans ce cas, le pôle *psychoaffectif* et celui de la *relation aux apprentissages* font levier.

Les aménagements du champ « affectif » concernent à la fois un cadre d'enseignement sécure, le rapport aux pairs, le rapport à l'enseignant. Lorsque le cadre est explicite, l'élève sait « à quoi s'en tenir » : il n'y a pas d'aléa majeur dont il faudrait s'inquiéter (plus besoin d'être sur le « qui vive ») : les règles sont précises, les temps d'expression des affects normés, la possibilité de s'extraire du groupe est balisée tant sur le lieu que sur le temps possible. Il est parfois mis en place des temps dédiés à **l'expression des affects** qui sont décalés dans le temps : un temps hebdomadaire avec le directeur de l'établissement, l'enseignant lui-même, parfois le conseiller d'éducation. Ce rendez-vous hebdomadaire fait figure de repère et apaise le quotidien. Sont convoquées dans ce cas les sphères *psycho* et *socioaffective.*

L'aménagement d'un cadre bienveillant, contenant et structuré est idéal pour calmer les angoisses de l'élève mis à mal par le chaos psychique : il peut alors anticiper ce que sera l'heure suivante, la discipline enseignée, **les stratégies cognitives** demandées, les procédures (même si l'élève ne le conscientise pas ainsi) Il repérera les lieux et espaces dédiés pour apprendre en classe, les coins « ressourcement ». **Les règles sont établies** et parlées, les sanctions mises en place dans ce cadre : ce qui évite l'incompréhension et l'interprétation des sanctions comme étant de la « toute-puissance enseignante ». Les pôles *socioaffectifs* et *relation aux apprentissages* répondent alors en écho au besoin d'apaisement des angoisses.

Enfin la fatigabilité peut être prise en compte par du **temps supplémentaire** pour une tâche scolaire ou une pause dans l'espace de la classe ou l'école, une prise en charge par l'enseignant d'une recherche d'outils, d'un crayon, mais aussi par la proposition de **tâches à la portée de l'élève,** qui ne demandent que peu d'engagement cognitif. Les réussites associées permettent à la *sphère psychoaffective,* mais aussi à la *relation aux apprentissages* d'être prises en compte.

Chacune des quatre sphères est impactée par le **besoin d'échange** : nulle nécessité d'échanger prioritairement sur les affects, les émotions si l'on n'est pas – en première intention – un enseignant « éducateur » ou « affectif », il est tout à fait possible d'échanger sur le **vocabulaire** à connaître pour comprendre la tâche scolaire, le projet, la **stratégie cognitive** adaptée à l'apprentissage, le soutien aux tâches exécutives. Communiquer en deux sens : l'élève pouvant par exemple s'exprimer sur une difficulté, s'exprimer au travers des arts dans une activité de groupe, l'enseignant pouvant exprimer en verbalisant à haute voix, une procédure, une perception, une hypothèse.

Reprendre la main sur ce que l'enseignant sait de lui – avec son style propre – permet de « basculer » dans la sphère professionnelle les manifestations de la souffrance des élèves : agressivité, impulsivité, gestion difficile des émotions, sentiment de détresse, colères, symptômes anxieux, repli social, inhibition, agitation, passivité… Il s'agit de ne plus se laisser envahir par la détresse de l'enfant ou du jeune, mais de considérer chaque fois que possible que l'élève exprime des besoins issus des quatre sphères ou pôles et que chacune peut correspondre à une sphère privilégiée liée au style de l'enseignant.

Agir ainsi dans un premier temps permet de replacer l'élève en souffrance au cœur de l'action pédagogique. Garder son costume d'enseignant et – ce faisant – cheminer vers la pleine santé !

Chapitre 4

« Accueillir, observer puis décaler »

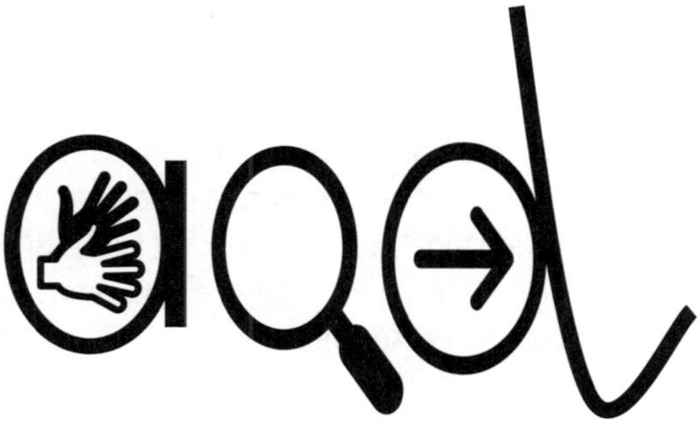

Décaler[1] **:** verbe transitif.

1. Changer l'équilibre, l'aplomb de...
2. Déplacer en rompant l'alignement, la régularité.

La logique AOD est une étape clef du cheminement proposé. Plus technique, elle déploie pratiques et conseils pour l'enseignant et son équipe. Je vous propose d'entrer dans la démarche par un conte métaphorique...

Il y a 5 ans de cela, Pénélope, une *« amie dans le bien »* à qui j'exprimais ma lassitude face à une situation de vie complexe me conta une histoire dont je n'ai retrouvé ni l'auteur ni l'origine. Elle

1. Définition proposée par le dictionnaire de l'Académie française en ligne : https://www.academie-francaise.fr/

ajouta ensuite : *« arrête de tourner et virer ainsi, de t'agiter en tous sens, ralentis ton pas et tu y verras plus clair ».* Ce tendre avertissement me guide encore aujourd'hui. Avec d'infinies précautions, il me semble d'une grande proximité avec les indications que je pourrais donner aux enseignants en peine face au désarroi et étrangetés des élèves qui leur sont confiés.

L'œil de l'alligator…

« Au fond du bayou l'alligator avait perdu un œil. Ne distinguant désormais plus bien ombres, proies ou chemins, il chercha l'œil perdu en maintenant ouvert le second. Avançant à tâtons, il épiait, à l'affût, le moindre mouvement de vase. Là où son œil lui avait échappé, il virait pour observer les fonds de l'eau boueuse, remuant la queue d'agacement, soulevant parfois les pierres de colère, demandant – sans vraiment écouter – de l'aide aux animaux du bord de l'eau. Ne différenciant finalement rien, il se disait – tout en nageant inlassablement – que, de toutes les façons, personne de la rive plus que lui ne discernerait le fond.

Il ondulait jour et nuit, perdit le sommeil puis l'appétit, occupé dans l'eau sableuse à recouvrer la vue. Deux lunes passèrent.

Vint sur la rive, à bonne distance, un vieil homme. Amusé, il donna un précieux conseil : « Attends encore ! Le moment n'est pas venu ! »

L'alligator ne saisit pas ce que le vieil homme voulait dire, leva l'œil de mépris et poursuivit sa quête. De passage en passage, ses mouvements devinrent plus lents, car la fatigue augmentait. Il ralentit tant et tant que ses courbes dans l'eau furent moins régulières, et que sa queue, hier agile, bientôt ne frappa plus les flots. À la troisième lune, le vieil homme repassa en riant de bon cœur : « Attends et tu verras ».

Peu après la cinquième lune, l'alligator, sourd aux conseils des ancêtres, s'immobilisa entre deux eaux, paralysé de fatigue.

Dans le calme revenu, on vit alors grains de sable et vase épaisse tomber lentement au fond du marécage.

On dit que le bayou s'éclaircit en une nuit et qu'au petit matin on put distinguer le second œil posé sur une roche tout près de l'alligator moribond : il réfléchissait les rayons du soleil à travers l'eau devenue limpide ».

Quand le trouble psychique s'exprime, le malaise de l'élève se traduit communément par un refus bruyant ou silencieux de s'engager dans la tâche. Ces manifestations anxieuses ponctuent la vie de la classe. « Étrangetés » dont l'enseignant *« se passerait bien »*, signes d'un envahissement psychique, elles sont marquées parfois d'incursions verbales (onomatopées, bruits de bouches, interpellations, etc.) ou praxiques (gestes et mouvements).

Ces expressions psychiques atypiques déséquilibrent bien souvent la progression du groupe-classe.

Chez le professionnel de l'éducation, des sentiments très différents peuvent émerger : empathie, agacement, colère, voire détresse ou appréhension. Au gré de la récurrence des troubles, ils font parfois place au dépit. J'ai repéré dans mes accompagnements que l'évolution lente des sentiments – de l'agacement à la souffrance psychique – est assez tristement ordinaire chez les enseignants. Le malaise qu'elle provoque, bien que très présent, est dissimulé et c'est souvent à ce moment précis que l'enseignant perd ses moyens pédagogiques pour chercher dans la sphère thérapeutique une réponse pédagogique. Je l'ai décrit : seul, cela ne mène à rien de bon. Il faut chaque fois éviter de transformer l'enseignant en « pseudo-thérapeute ».

Malgré la confusion née de la rencontre avec « l'étrangeté », en dépit de la fatigue qui point jour après jour, l'enseignant doit poursuivre le projet d'apprentissage de chacun de ses élèves, car c'est son métier, son rôle : continuer à construire la dynamique du groupe en préservant la partition de chacun des membres.

Un regard clair sur la situation scolaire entachée par les troubles est nécessaire pour apporter une réponse ajustée. Or, à l'instant du trouble émergent, les questions du professionnel s'entrechoquent en créant une relative cacophonie pédagogique : « *Quelle activité prioriser dans l'immédiateté, quel geste professionnel adopter dans l'instant, que privilégier dans la dualité individuel-collectif : l'élève ou le groupe ?* »

À ce moment précis où le rythme de classe dissone, le professionnel de l'éducation opère irrémédiablement un choix, même si – je l'ai observé bien des fois – il ne s'en rend pas compte, tant il est lui-même à demi aveuglé :

- poursuivre la séquence d'apprentissage tant bien que mal, feignant d'ignorer le trouble en amplifiant la voix ou le geste,
- s'approcher de l'élève plus au moins discrètement en l'incitant à mettre le pied à l'étrier ou... à terre, essuyant généralement un refus sévère,
- sévir et/ou expliquer à nouveau, craignant de laisser le reste du groupe s'éparpiller,
- entrer dans des argumentations avec l'élève en usant d'un grand nombre de mots – *là où les circonstances appellent une diététique sémantique !* – tout en tentant, simultanément, de *« reprendre »* le groupe.

Difficile en tant qu'observatrice de ces situations heurtées de cerner l'intention pédagogique de l'enseignant qui s'agite en tous sens, se contredisant parfois dans les choix qu'il opère dans l'instant d'une classe agitée.

Se pose alors la question de la variable d'ajustement dans ces situations récurrentes, aux contours flous et chaotiques.

S'il souhaite sortir de cet engrenage épuisant, l'enseignant doit avant toute chose s'extraire de l'instantanéité, ralentir et *« laisser le sable tomber au fond du bayou »*.

Quand il se sent perdre pied, s'approprier la logique A O D offre de se protéger de *« l'inquiétante étrangeté »* qui se révèle en classe et faciliter le retour aux apprentissages. Anticiper plutôt que subir.

La démarche s'inspire en partie du processus initié par Marshall B. Rosenberg (1999) – dans son ouvrage, *Les mots sont des fenêtres (ou bien ce sont des murs...)* –, elle a pris de l'épaisseur au fil de mon parcours professionnel.

Suivant une chronologie ternaire, AOD est un processus que l'enseignant saura développer sur un temps assez court, seul, ou accompagné d'un formateur, d'un intervenant extérieur ou d'un pair attentif.

Technique, il suppose une progression par paliers en s'appuyant sur les exemples cités au gré du chapitre qui en facilitent l'appropriation :

Palier A

Prendre le temps d'ACCUEILLIR sans agir dans un petit temps d'introspection.

Palier O

Définir des espaces courts d'OBSERVATION dans sa classe sans agir directement sur le trouble.

Palier D

Agir dans sa classe en mettant en place des outils concrets amenant à se DÉCALER de l'immédiateté tout en soutenant l'élève dans son appréhension de la réalité.

La logique AOD – que j'ai maintes fois conduite sans la nommer ainsi – soutient la capacité de discernement de l'enseignant malmené. Il tend de la sorte vers une relative clarté d'esprit. Avec plus de légèreté, il peut œuvrer de nouveau dans un agir-enseignant sans occulter jamais les difficultés psychiques de l'élève.

La démarche proposée dans ce chapitre peut être conseillée en premier lieu assez vite à un enseignant en souffrance, avant peut-être celles proposées aux chapitres précédents sur les interstices, les styles d'enseignement ou les sphères impactées par le trouble psychique. Pour qui a plus de temps, elle peut s'inscrire dans la chronologie de l'ouvrage.

AOD est une démarche opérante vers un mieux-être. Elle permet, assez vite, une fois passée la stupéfaction de l'apparition des troubles en classe, de discriminer ce qui se joue pour l'élève **sans** toutefois – je l'ai dit – interpréter la situation psychique.

La mise en place d'actions concrètes procède dès lors d'une finalité plurielle : engager l'élève dans la situation d'apprentissage ou la vie de classe et diminuer la tension lors des situations anxiogènes pour l'enseignant comme pour le jeune.

AOD a été conçue en appui sur les travaux de la CNV (communication non violente) et ma connaissance de l'enseignement en pédopsychiatrie. Elle suit les directions du mouvement intégratif en psychologie. Il s'agit pour moi, au travers de cette proposition, de décloisonner les approches afin d'offrir un accès systémique à la situation douloureuse : accepter l'influence psychanalytique dans le « D » du « décaler » et l'approche plus expérientielle de la communication non violente et des capacités psychosociales[2] dans le « A » et le « O » « d'accueillir et d'observer ».

J'ai fondé la construction de la logique AOD sur mon expérience d'enseignante, de formatrice dans et hors de l'Éducation nationale (en conduite de projet et dans l'école inclusive) et de chargée de mission auprès des conseillères techniques (médecine et handicap) du recteur de Nantes. Dans ces divers milieux, j'ai assisté – sans parti pris, mais avec une curiosité aiguë – à deux mouvements intriqués en France, concernant la détresse psychique et l'accès à la santé mentale : une inscription des compétences psychosociales dans le champ de l'éducation[3], la diminution de l'approche psychanalytique dans le soin psychique. Depuis plus de 20 ans, chacun de ces domaines s'est vu questionné et contredit. Il n'est pas rare

2. « Développement des compétences psychosociales des enfants et des jeunes : un référentiel pour favoriser un déploiement national » 14 et 15 décembre 2021, en ligne – dont les travaux de classification des CPS par Béatrice Lamboy (Docteure en psychologie, chercheuse associée en prévention et promotion de la santé (Laboratoire interuniversitaire de psychologie, université de Savoie). Les documents sont téléchargeables sur le site de Santé publique France https://www.santepubliquefrance.fr

3. « La démarche EPSa », impulsée en 2020 dans les établissements scolaires et écoles en France sous l'égide du ministère de l'Éducation nationale et de Santé publique France.

cependant aujourd'hui de rencontrer des médecins pédopsychiatres (d'approche psychanalytique) adoptant dans leur pratique les démarches psychoéducatives reliant les avancées scientifiques de chaque école de pensée. Pour qui travaille près d'eux, il émane de leur relation médecin-patient une ouverture d'esprit qui ne renie jamais ses fondements psychanalytiques.

Cette double influence – psychanalytique et expérientielle – m'a permis d'intégrer la démarche AOD aux pratiques professionnelles de terrain en alliant :

- le respect de la subjectivité des souffrances psychiques de chacun, élève comme enseignant,
- l'accès au symbolique, base des outils proposés,
- une démarche concrète pédagogique adaptée à la temporalité de la classe.

Rejoindre les deux acceptions psychanalytique et expérientielle en reconnaissant leur interdépendance et leurs propriétés permet à l'enseignant de répondre aux enjeux à court terme d'une année ou d'une période scolaire.

Dans la praxis professionnelle, la démarche AOD est chronologique : l'enseignant suivra d'abord A « accueillir » puis O « Observer » et enfin D « Décaler ». Dans ce chapitre, je présente en premier lieu le D, car il ne saurait être question d'emprunter un chemin sans en saisir la destination.

La démarche AOD dans son ensemble demande, il est vrai, un petit temps de mise en place : environ deux à trois semaines d'engagement pour l'enseignant en simultané de la gestion de classe, seul ou mieux : accompagné d'un formateur ou d'un pair bienveillant.

Si cet intervalle de réflexion, d'observation et d'action offre un ostensible gain d'efficacité à moyen terme (d'une période scolaire[4] à l'autre par exemple), il a, à court terme, quelques incidences :

- un ralentissement des progressions de classe (une sorte de temps de latence dont je reparlerai, notamment dans les temps « Accueillir » et « Observer »),
- un alourdissement temporaire de l'agenda lié à un ou deux rendez-vous à l'étape « Décaler »,
- un sentiment de frustration chez l'enseignant qui n'agira pas **directement** sur l'expression du trouble.

Décaler

Afin d'appréhender les trois éléments de la logique AOD, il n'est pas besoin d'adopter une approche psychanalytique des événements surgissant de part et d'autre dans l'intime de l'enseignant ou de l'élève.

Cependant, pour accueillir l'influence psychanalytique de mon propos, je dirais que l'impératif de décalage (troisième étape et finalité de la logique) naît de l'urgence à « scinder les choses » dans une situation scolaire ébranlée et opaque. Pour l'enseignant en souffrance, il y a nécessité de faire un pas de côté pour ne pas sombrer : en un mot **décaler** !

Concrètement, à la troisième étape (D) de la démarche A O D, l'enseignant va créer et placer au cœur des situations d'enseignement/apprentissage un ou plusieurs « objets-substituts » dont je donnerai des exemples. Ces outils feront tiers dans la relation chahutée.

4. En France, l'année scolaire est de 36 semaines réparties en 5 périodes de 6 à 11 semaines, séparées par les congés scolaires.

La nécessité du décalage

En écoutant attentivement les récits des situations malmenées par le trouble psychique en classe, j'ai repéré que la détresse infusée de part et d'autre déplace la relation enseignant-apprenant vers une relation *intuitu personae* : c'est-à-dire qui considère les personnes et non les fonctions qu'elles remplissent. Cela, je l'ai explicité dans les précédents chapitres : la perte des « costumes » entraîne un glissement dans une ornière où chacun se perd.

Pour l'enseignant déstabilisé, le mécanisme « de décalage » va agir comme un appui, un support afin qu'il ne s'effondre pas : un contrefort pour qu'il reste mur porteur !

Pour l'élève, l'outil-substitut illustre la demande de l'enseignant : il lui donne corps et lui confère une sorte d'impartialité. L'outil dégage l'élève d'une perception subjective pour tendre vers une certaine « neutralité » objective des conventions et consignes scolaires. La matérialisation de la demande enseignante par un outil, qui fait référence pour chacun, suspend le chahut de la relation *intuitu personae* malmenée et l'on perçoit en classe une relation « enseignant/élève » plus apaisée.

Cet objet-substitut à l'œuvre dans le « décalage », je l'ai appelé *« objet référentiel de décalage ».* Il offre de surseoir à l'immédiateté et fait tiers dans le temps et l'espace d'apprentissage. En mettant un terme à l'escalade de la confrontation, il rompt le lien malmené et fait cesser les face-à-face où ressentiments, blocages et angoisses s'affrontent.

Un premier principe à la source de l'utilisation *des « objets référentiels de décalage »* est l'idée que l'élève en souffrance psychique ne peut mettre en route ce que demande la situation d'apprentissage ni mettre à distance ou séparer/distinguer la situation de la personne qui la met en œuvre.

Un second principe, en parallèle, est que l'enseignant, à la fois malmené et engagé dans le processus d'apprentissage, sollicite bien souvent avec force son intentionnalité de voir le jeune agir, progresser, essayer, apprendre : il insiste ! Cette bienveillante intentionnalité se traduit dans les mots, la tonalité ou la prosodie de la voix, la gestuelle de l'adulte qui impulse, engage, enrôle l'élève dans les activités scolaires. Si les appuis verbaux ou gestuels de ce projet ont toutes les chances de faciliter l'enseignement dans les situations *« ordinaires »* de classe, ce n'est pas toujours possible avec les troubles psychiques. En effet, il est déroutant de constater

– et de nombreux enseignants l'ont éprouvé – que plus l'intention de l'enseignant est pressante dans la relation d'aide, plus l'élève en souffrance semble se recroqueviller, voire majorer les manifestations de son trouble !

Lorsque j'observe ce « phénomène » en classe, je me dis souvent qu'on dirait deux toutes-puissances, lion de Némée ou taureau de Minos qui, combattant Hercule, poussent et freinent quand il y aurait juste à *« déplacer en rompant l'alignement, la régularité »* du face-à-face, bref… faire un pas de côté, **décaler**.

En établissant un « objet référentiel de décalage » (ORD) comme matériel habituel de classe, l'enseignant propose/impose un troisième élément au cœur de la relation enseignant/élève et se libère du face-à-face. D'un point de vue psychanalytique, il s'agit – *à moindres frais* – de tiercéiser, c'est-à-dire de faire remplir une fonction symbolique à un objet matériel qui fait consensus dans la communauté éducative autour de l'élève. Chacun s'y référera.

Ce lien enseignant/élève diffère du précédent, emmêlé et difficile : en dessinant une tangente bien droite, une route de traverse, l'ORD choisi par l'enseignant permet à chacun de s'écarter du mouvement habituel chahuté.

En installant un objet-substitut comme on installe une œuvre in situ pour modifier la perception de l'espace, l'enseignant crée un support de classe qui, ajusté à l'élève, agit en deux sens qui se renforcent mutuellement :

- il étaye l'action de l'enseignant face au trouble psychique de l'élève. Il épaule l'enseignement,
- il crée un « faisant office de » qui met de l'ordre *versus* le chaos psychique interne de l'élève. Il apaise l'élève.

En observant l'agencement des objets référentiels de décalage – ORD – j'ai remarqué que se dessine, par leur biais, un point d'arrêt dans le processus malmené d'apprentissage, que je traduirai ainsi : *« Tout n'est pas possible en classe dans l'immédiateté. »* Ni résoudre une crise, ni être au chevet de l'élève en laissant le groupe-classe en autonomie, ni accepter les propos ou gestes violents, ni justifier chacun de ses actes en tant qu'adulte enseignant…

Cependant et fort heureusement, si ces stratégies de décalage dessinent des limites – bornes ou frontières – elles suscitent une ouverture, un passage vers les acquisitions scolaires[5].

C'est donc de *continuum* dont il faut ici parler : les objets que sont les ORD forment des ruptures et des outils de continuité dans l'espace et le temps de l'apprentissage.

Désamorcer, tout en prenant soin de l'élève en souffrance, créer un obstacle, une contrainte symbolique à l'expression du trouble, offrir les conditions d'un meilleur fonctionnement psychique en classe : ce sont les clauses du contrat proposé par les ORD !

Ainsi, un outil-substitut bien choisi déplace le lien maître/élève et le rend plus sécure. Un double effet bienvenu dans l'espace classe et l'espace psychique.

Rachid

Rachid est un enfant de dix ans et demi. Lorsqu'il arrive dans la classe de Flore il est tantôt mutique tantôt extravagant. Il n'hésite pas à toiser l'enseignante de son regard perçant, alternant moments de silence, d'abattement et de défiance. Il malmène les situations d'apprentissage, refusant parfois d'écrire, se levant sans demander la permission. *« Les paroles de l'adulte semblent glisser sur lui »*, dit son enseignante. *« Il n'en fait qu'à sa tête ! Impossible de savoir s'il se mettra au travail, et pourquoi quand il ne s'y met pas. On dirait que rien n'a de prise sur lui »*, explique-t-elle. Devant certains exercices, il prend sa tête entre ses mains, dit à haute voix *« j'comprends rien ! »*, referme son cahier. Quand elle s'assoit près de lui, il détourne le regard, repousse sa main si elle écrit sur ses fiches. Si elle part, il se lève ou s'allonge sur sa table. *« Il n'a pas souvent le bon matériel quand chacun sort ses affaires. Il semble perdu ! J'ai envie de l'aider, mais il disqualifie ce que je propose. J'ai l'impression d'avoir à faire à un tout-petit et pourtant parfois il me fait peur ! »*. Elle dit de lui : *« on dirait qu'il mène la danse »*. Flore perçoit de

5. Cela sera fort utile à moyen terme pour enseigner à partir des quatre sphères que sont le fonctionnement psychoaffectif, socioaffectif, la relation aux apprentissages et le fonctionnement cognitif, telles que je les ai décrites au chapitre précédent.

rares moments pendant lesquels il se montre attentif ; alors, tout son corps se penche sur la tâche comme s'il voulait éviter les distractions. *« Il n'accepte pas les remarques, il n'accepte pas non plus les compliments, c'est difficile ! Cependant, certaines disciplines scolaires comme l'histoire de France et l'étude des espaces géographiques l'enthousiasment… Il lit souvent des documentaires dans la bibliothèque de l'établissement. »* C'est ainsi que la décision avait été prise le trimestre passé, en équipe d'enseignants, que Rachid serait accueilli en classe supérieure deux heures par semaine en histoire et en géographie. Cela se passait plutôt bien et permettait à Flore, à Rachid et à la classe de *« souffler un peu »*. Nous sommes en février 2017.

En mai 2021, un adolescent attend à la sortie de l'école au portail. C'est Rachid, il vient dire bonjour à Flore précisément puis… la remercie de lui avoir donné un cadre de travail quand il était petit. Aujourd'hui, il est entré en formation en maison familiale rurale dans une section paysagisme. Il se souvient de *« ce qu'il lui a fait vivre »*. Il va plutôt bien maintenant. Elle s'étonne de ce retour presque amical, elle qui avait eu l'impression d'avoir rigidifié la relation à force de décalages, d'outils construits, autant d'aides nécessaires à chacun pour ne pas sombrer. À l'époque, elle s'était sentie dépossédée du lien affectif avec ce jeune élève et voilà qu'il revenait plutôt souriant et… en la remerciant !

À l'époque, lorsque Rachid était en quatrième année d'école élémentaire en France, l'équipe enseignante avait – l'année précédente – alerté la famille sur la progression constante des blocages et comportements inadaptés de Rachid en classe. Élève plutôt en réussite dans les apprentissages – même intermittents – il n'avait pas bénéficié du soutien d'enseignants spécialisés à l'école. La psychologue de l'Éducation nationale avait observé Rachid en classe, s'était entretenue avec ses parents, l'avait rencontré sur des petits temps scolaires. Les perturbations de Rachid avaient amené la famille à consulter un thérapeute en centre médico-psychologique. Rachid serait accompagné ainsi pendant 3,5 ans. L'année où Flore l'avait dans sa classe, j'avais proposé – en tant que formatrice – d'aménager le cadre en multipliant les repères faisant consensus auxquels Flore se référait pour ne pas prendre Rachid « de front ». Il s'agissait de faire référence à la loi, la norme, « l'établi » pour désamorcer les conflits, dénouer les rigidités, mettre de l'objectivité dans ce qui se jouait. Ainsi face au chaos psychique, il y avait une formalisation qui dégonflait les processus d'interprétation dont se jouait habilement Rachid : *« Tu m'as pas expliqué, tu m'avais dit que... c'est de ta faute, tu ne m'aimes pas, c'est toujours pareil, ça sert à rien ! J'suis nul, etc. »*

Quand en mars 2017 l'enseignante met en place un « plan de travail individuel » pour Rachid avec des exercices numérotés, des temps plus libres écrits et formulés clairement, des temps de créativité balisés, elle borne le champ des possibles : elle donne un travail à l'avance (la semaine). Rachid, comme les autres élèves, a – sur un temps donné (45 min par demi-journée) – ce temps « plan de travail ». Il coche ses activités au fur et à mesure. Il y a des règles écrites au mur qui s'imposent à tous dont lui : choisir deux ou trois activités par jour dont deux en français ou en mathématiques.

Bien que ce soit Flore qui indiquait en début de semaine le travail à fournir individuellement, c'était le « plan de travail » qui s'imposait à Rachid comme un « petit contrat » faisant référence. Ce petit document, établi comme objet extérieur à soi-enseignant et à soi-élève, faisait lien entre Rachid et Flore dans l'apprentissage. Il désamorça plusieurs colères et blocages. Se jouait alors une symbolisation essentielle dans le dedans-dehors, sujet-objet qui dédramatisait les situations bloquées.

Grâce à la présence de cet objet-tiers, le fonctionnement « habituel » de l'expression du chaos en classe trouvait une limite immediate :

Rachid, la tête entre les mains – « j'y arriverai jamais. »

Flore – « Je vais regarder ce qui est écrit sur ton plan de travail. Que veux-tu dire par "je n'y arriverai pas" : l'illustration de ton carnet de lecteur ? L'entraînement sur les fractions ? Ou l'entraînement sur les opérations posées, montre-moi ! »

Rachid – regardant le plan... : « Ça » (il montrait la ligne « entraînement sur les fractions »).

Flore : – « Ce n'est donc pas tout le plan de travail, c'est une ligne du plan de travail ! Demain je regarderai ce que tu as fait. Je vais inscrire ton nom sur le petit groupe de besoin "fraction" pour mardi prochain.

Ce petit plan de travail sur lequel Flore et Rachid s'appuyaient pour échanger à propos du travail à fournir est un exemple d'objet référentiel de décalage, un « ORD », gage d'un compromis nécessaire.

Comme ce plan de travail, la plupart des ORD sont des outils assez simples de mise en œuvre[6]. Ils sont formalisés dans un cahier, sur un affichage au mur de la classe, sur le tableau principal ou annexe. Parfois, ils prennent la forme d'une petite boîte à objets, d'une boîte à mots, d'une liste collée sur le coin d'une table d'élève, d'un planning, d'un signe tracé…

S'ils diffèrent par leur forme, ils ont en commun leur matérialité. Ils renvoient irrémédiablement à une temporalité (date, durée, chronologie, étapes) et – ce qui est agréable – à très peu de moyens.

L'essentiel sur les objets référentiels de décalage (ORD)

En disposant un ou des « objet(s) référentiel(s) de décalage » dans les situations d'apprentissage heurtées, l'enseignant soutient habilement le travail psychique de l'élève, comme une béquille aide à la marche et la boussole à la juste direction. Ces objets référentiels de décalage sont performants quand l'enseignant souffre d'avoir « *l'impression de tourner à vide* ».

Ainsi les ORD assurent une « mission » d'apaisement des tensions en classe :

- ils luttent – c'est une absolue nécessité – contre le face-à-face « soi-enseignant démuni » / « élève en souffrance psychique », en créant du tiers ;
- à ce moment précis où l'élève se place en retrait de l'activité scolaire, ils viennent – à l'image de panneaux signalétiques ou de *flashcards* – soutenir ce que le jeune ne peut convoquer comme représentation (une règle de classe, une convention scolaire, un ordre dans les tâches, un repère spatio-temporel) ;
- ils limitent très régulièrement le débordement, l'épanchement irrépressible des étrangetés ;
- neutres et impartiaux, ils facilitent le retour vers l'activité scolaire ;

---

6. Assez simple pour Flore, qui avait déjà utilisé cet outil dans le cadre de remplacements quelques années auparavant, en école ouverte.

- ils tissent bien souvent un lien entre l'enseignement et l'élève sans affrontement ;
- ils disparaissent, parfois à la demande de l'élève, quand il n'en sent plus le besoin.

Parce qu'il appuie son geste professionnel sur un « objet référentiel de décalage », l'enseignant – ancré dans une logique AOD – soutient la capacité de l'élève à surseoir à ses actions, à les retarder ou les prévoir. Il limite l'impulsivité, l'instantanéité et soutient la régulation de la frustration. Cet étayage est profondément adapté aux difficultés des élèves en souffrance psychique pour lesquels se projeter dans l'avenir (même immédiat) est limité, voire inaccessible.

Les objets substituts que sont les ORD sont l'outil majeur du D de « Décaler », troisième palier de la démarche AOD *(accueillir, observer puis décaler)*.

Cahier des charges des ORD

Ils créent de la clarté cognitive dans les situations malmenées quand ils répondent à ce petit **cahier des charges** :

- un objectif par ORD,
- une fonction d'adaptation à l'environnement,
- une reconnaissance du trouble ou de ce qui est empêché chez l'élève,
- une fonction de reproduction du comportement attendu dans la situation scolaire.
- une institutionnalisation de ce que dit, demande, exige l'enseignant ou l'enseignement.
- une aide pour l'enseignant comme l'élève à différer une réponse immédiate, trop souvent empreinte de sidération chez l'un et d'expression du chaos chez l'autre.

Un objet référentiel de décalage – ORD – est dit efficient dès lors qu'il est **concret, visible, palpable** et qu'il vient en lieu et place d'une pensée implicite ou d'un face-à-face élève/enseignant.

L'opérationnalité d'un ORD se mesure à la définition que l'enseignant en fait. S'il parvient à l'expliquer en une petite série d'actions courtes, alors il a le champ libre pour l'instituer comme prototype de béquille psychique !

J'ai formulé dans le tableau 4.1 plusieurs séries d'actions relatives aux ORD efficients dans le domaine des difficultés psychiques temporaires ou installées surgissant en classe. La liste n'est pas exhaustive.

Tableau 4.1. Série d'actions relatives aux ORD

Montrer/Cacher	Matérialiser/Donner à voir/Compter
Présenter/Parler/Indiquer/Pointer	Cocher /Dater/Entourer
Lister/Pointer/Dire	Décompter/Comparer
Représenter/Marquer/Compter	Surligner/Repérer/Afficher
Afficher/Cocher/Barrer/Reporter	Inscrire/Écrire/Dater/Se projeter

Par leur simplicité, les ORD ont parfois des airs de médiocres outils au vu du chaos psychique de l'élève et des soubresauts provoqués par ses étrangetés en classe.

Les soupçonner d'inefficacité serait une première inclination.

Rien de tel. Les ORD qui viendront assez naturellement se mettre en place après les étapes un et deux – « Accueillir » et « Observer » – sont de petits systèmes qui, seuls ou combinés, offrent une détente dans les crispations nées des situations chahutées. Parce qu'ils offrent des moyens simples, des méthodes courtes, ils sont relativement rapides de mise en œuvre. Il faut voir les ORD comme de petits pas de court terme, efficaces[7].

Une fois l'objet référentiel de décalage choisi, construit et testé en classe, l'enseignant fixera deux rendez-vous de cinq à quinze minutes ayant pour fonction **d'institutionnaliser** l'ORD, ce qui est essentiel dans les souffrances mentales. Ces rendez-vous confèrent une portée symbolique fondamentale dans le cas des troubles psychiques. Le premier rendez-vous sera planifié avec un adulte

7. Accueillir plus sereinement, sur le long terme, les troubles psychiques en classe nécessite une démarche plus longue que la seule logique AOD. La démarche complète englobe les propositions des autres chapitres de cet ouvrage.

élevant l'enfant (famille, famille d'accueil, éducateur de l'aide sociale à l'enfance), le second avec un représentant de la direction de l'établissement (directeur, conseiller principal d'éducation, chef d'établissement, coordonnateur) – chacun en présence de l'élève. Cela permet d'établir une responsabilité partagée dans la mise en œuvre des ORD.

Afin d'aborder les troubles psychiques en classe dans la logique AOD, il faut, pour l'enseignant et son équipe, respecter la chronologie de la démarche : d'abord, dans un temps de latence, **A**ccueillir et **O**bserver puis mettre en place un ou plusieurs ORD, outils concrets de **D**écalage. Ce sont les temps A et O qui permettent de choisir le juste objet référentiel de décalage, celui que requiert la situation. L'ORD, comme outil concret de décalage, n'arrivera qu'après.

Pour cela, l'enseignant devra, dans les premiers temps A et O, ralentir le pas, cesser de s'agiter en tous sens au risque, comme l'alligator de Pénélope, de ne plus rien percevoir du tout !

Accueillir

Sans entrer dans un temps thérapeutique, mais cependant dans une éthique du *care*, il est des moments où l'enseignant doit apprendre à discerner en lui les mouvements, les émotions suscitées par la présence des souffrances psychiques en classe.

Accueillir ce qui se présente en se donnant des objectifs atteignables. C'est le premier couplet de « l'**A**ccueillir ».

Tout comme en conduite de projet, il y a un bref diagnostic à établir pour soi-enseignant en tant que co-porteur du projet d'apprentissage de ce jeune : l'enseignant partage avec l'élève ce projet, il n'en a pas l'entière responsabilité. En d'autres termes, l'enseignant doit accueillir le fait qu'il ne peut agir **que** sur un temps donné, en lien avec ses pairs co-équipiers enseignants et les adultes « gravitant » avec et autour de l'élève. C'est le second couplet de « l'**A**ccueillir ».

Annah

Débordé de toute part par le blocage d'Annah, Paul voyait l'élève qui était en classe depuis quatre mois s'éloigner de la norme attendue. On lui avait dit qu'elle était réservée, lui de son côté, repérait une élève produisant peu, ne levant pas la main, ne répondant pas aux questions, le regard souvent ailleurs. Pour Annah, les années d'école primaire touchaient à leur fin et une orientation en classe ordinaire au collège semblait improbable. Le père d'Annah souffrait de troubles psychiatriques installés entraînant une incapacité de travail. Annah était suivie par un psychologue clinicien et « l'école » se disait que cela relevait de l'intime de la famille, le divorce de ses parents semblant au cœur de son effacement en classe. *« Bref, rien à voir avec la « Chose scolaire » ! »* Paul repérait chez cette jeune fille des moments d'ouverture dans les transitions (dans le hall, la cour, le couloir), un goût prononcé pour la culture japonaise perceptible dans ses vêtements, son « style » travaillé. Paul disait qu'il oscillait entre *« faire comme si de rien n'était »*, poursuivre la classe sans se différencier ou *« mettre les pieds dans le plat »*. Entre non-agir et agir, il s'épuisait en conjectures. Les deux premières périodes scolaires passèrent. Annah était si loin des attendus qu'il semblait à Paul qu'il devenait lui-même *« responsable du mal-être de cette jeune fille »*. Les consignes qu'il donnait lui semblaient comme des actes de *« violence ordinaire »* en classe. Il revenait souvent vers elle, expliquait une tâche, réduisait la longueur des exercices, allongeait le temps, désignait un tuteur en classe… son voisin ou sa voisine. Quand il donnait des devoirs, il hésitait : serait-elle chez son père, sa mère ? Fallait-il en donner à Annah ? Faire comme pour les autres de la classe ou différemment, au risque de pointer du doigt ses difficultés devant le groupe ? Des sentiments négatifs semblaient l'envahir, il se disait aussi qu'il n'était *« pas responsable de la situation »*, qu'elle perdurait. Dans ces moments-là, il prenait du recul… puis, dans le quotidien de la classe, il ne pouvait s'empêcher de s'inquiéter pour elle et de chercher comment agir.

Prendre conscience de ce qui se joue chez l'enseignant dans une situation complexe consiste à sérier un ou plusieurs événements très récents en micro-événements, afin de détailler le global d'une situation. Pour Paul, on pouvait lister quatre instants précis de classe où il s'était senti particulièrement mis à mal :

- « quand j'ai donné un exercice sur la proportionnalité à faire à l'ensemble de la classe lundi matin »,

- « quand j'ai évalué jeudi soir dernier le travail d'Annah en mathématiques »,
- « quand je pense à son orientation l'an prochain »,
- « quand je l'ai vue, le regard dans le vide, tripoter des objets pendant deux longs moments dans la séance de sciences physiques, hier, alors qu'elle était enjouée l'instant d'avant, dans la cour avec l'une de ses amies ».

Quatre moments clefs, précis, pas plus !

Accueillir signifie ici donner hospitalité à l'émotion vécue par Paul pour qu'il discerne ce qui se joue en lui-enseignant avant de mettre en œuvre un ou plusieurs objet(s) référentiel(s) de décalage : modérer le pas au lieu de s'agiter en tous sens !

Le recueil de données correspondant à la situation professionnelle de Paul fait l'objet du tableau 4.2 (page suivante).

Quelques points d'appui initient la réussite de ce petit exercice pour avancer dans le discernement, la prise de conscience :

- choisir une à quatre situations de classe centrées sur un apprentissage, une progression, chacune semblant empreinte du trouble psychique de l'élève. Ces situations-déclencheurs font référence le plus souvent à un conflit, une tension, un blocage de l'élève face à la tâche, une inertie ou un comportement que l'enseignant perçoit comme socialement inadapté ;
- ne pas conglomérer les événements ni agglutiner les différents ressentis enseignants faisant référence à différentes situations. Éviter toute généralisation : se contraindre à sérier les événements ;
- faire référence à des situations précises et suffisamment récentes pour se remémorer aisément le ressenti.

Cette petite gymnastique d'**A**ccueil dialogué en quatre temps *(« Situation précise », « Sentiment associé », « Ce qui me manquait », « Ce qui manquait à la situation »)* permet à l'enseignant sur quelques

Tableau 4.2. La situation de Paul

Situation précise	**Quand j'ai donné un exercice sur la proportionnalité à faire à l'ensemble de la classe lundi matin.**
Sentiment associé	Je me suis senti navré (tristesse) et un peu inquiet (peur) – Je me suis dit : « Elle ne va pas s'engager dans l'exercice. »
Ce qui me manquait	Mon besoin de justice n'est pas comblé : « Elle n'y arrivera pas et c'est moi qui crée le malaise chez elle. »
Ce qui manquait à la situation	**Qu'Annah puisse travailler un peu de tout, que ce soit clair entre nous, qu'elle essaie !**
Situation précise	**Quand j'ai évalué jeudi soir dernier le travail d'Annah en mathématiques.**
Sentiment associé	Je me suis senti déçu (tristesse) et las (tristesse) – Je me suis dit : « À quoi bon, elle n'aura rien écrit ou presque. »
Ce qui me manquait	Mon besoin de sérénité n'est pas satisfait.
Ce qui manquait à la situation	**Qu'Annah, moi et l'institution, sa famille sachions quels sont les critères d'évaluation, que ce soit explicite pour ne leurrer personne !**
Situation précise	**Quand je pense à son orientation l'an prochain.**
Sentiment associé	Je me sens plein d'appréhension (peur) – Je me dis : « Mais quelle est la solution pour elle ? »
Ce qui me manquait	Mes besoins de confiance et d'appartenance à un groupe ne sont pas comblés : je me sens seul face à son orientation.
Ce qui manquait à la situation	**Que mes collègues regardent la situation et m'aident à l'évaluation précise de ses compétences ! Qu'ils me rassurent.**
Situation précise	**Quand je l'ai vue, le regard dans le vide, à tripoter des objets pendant deux longs moments dans la séance de sciences physiques hier alors qu'elle était enjouée l'instant d'avant, dans la cour avec l'une de ses amies.**
Sentiment associé	Je me suis senti démoralisé (tristesse) et furieux (colère) – Je me suis dit : « C'est incohérent, ce comportement… elle en rajoute ! »
Ce qui me manquait	Mes besoins de « communion » avec le groupe-classe et d'attention ne sont pas comblés.
Ce qui manquait à la situation	**Qu'Annah sache qu'elle peut « s'évader », mais pas tout le temps !**

jours d'amorcer une réflexion qui participe à l'engagement de l'élève par la suite.

Le tableau 4.3 (page suivante) se veut un facilitateur des quatre temps de l'« Accueillir ». Il offre à l'enseignant – dans un temps de latence défini – de développer les perceptions singulières des ressentis dans une situation de classe brouillée. Il peut être photocopié, surligné par l'enseignant et reproduit pour chacune des situations accueillies.

« Accueillir sans agir » est un mouvement en quatre temps :

1) Situation précise

2) Sentiment associé

3) Ce qui me manquait

4) Ce qui manquait à la situation

Le passage du temps 1 « la situation précise » au temps 4 « ce qui manquait à la situation » se fait par un recueil réflexif et ouvert des sentiments et besoins de l'enseignant. Ils peuvent être repérés à l'aide des petites listes proposées, dans un entre-soi avec un pair, un formateur, mais aussi en petit groupe de partage d'expériences, voire seul.

Le mouvement « d'Accueillir sans agir » permet le passage d'une situation vécue à une situation dont on étudie le manque. Il permet d'objectiver la situation.

Il se met en place – pour qui accepte ce pas de côté – un mouvement de conscientisation. Se dévoilent un ou plusieurs sentiments associés. Il n'y a pas à en chercher une multitude.

J'ajouterai que les manques localisés (pensées-éclairs et besoins à l'étape 3) associés aux sentiments (étape 2) se repèrent le

8. Pour approfondir les compétences émotionnelles, il est possible de se référer aux travaux d'Ilios Kotsou, docteur en psychologie et maître de conférences à l'Université libre de Bruxelles, chercheur associé de la chaire Paix économique, mindfulness et bien-être au travail de Grenoble École de Management.

Tableau 4.3. Les quatre temps de l'« Accueillir »

Situation précise	**Quand, je… : précisez le jour, le lieu, la situation entre l'élève et l'enseignant dans ce contexte.**
Sentiment associé	Afin de discerner rapidement l'écho du trouble sur l'instant, il est possible d'utiliser les trois premières des six grandes familles de sentiments issues des travaux d'Ekman et Fries en 1976 (la colère, la peur, la tristesse, la joie, la surprise ou le dégoût)[8] et de pointer le sentiment qui semble surgir sur le moment : - **colère** : vous sentiez-vous agacé, plein d'aversion, contrarié, dérangé, exaspéré, excité, fâché, grognon, en rogne, navré, ulcéré, vexé, hors de vous, mécontent, irrité ? - **peur** : vous sentiez-vous inquiet, affolé, terrifié, surpris, déboussolé, effaré, tendu, tracassé, craintif, apeuré, sur la défensive, plein d'appréhension ? - **tristesse** : vous sentiez-vous maussade, mélancolique, désarmé, écœuré, peiné, renfermé, vide, désabusé, consterné, anéanti, atterré, bouleversé, déçu, effondré, las ?
Ce qui me manquait	Sur le moment, une petite phrase vient à soi très précisément, une « pensée-éclair » qui exprime assez clairement – quand on la traduit – ce qui manquait à l'enseignant pour éprouver de l'apaisement. « Je me suis dit : « ...» Voici quelques exemples, puisés dans des échanges en communauté éducative par des psychologues de l'Éducation nationale avec lesquels j'ai travaillé il y a cinq ans, qui me semblent pouvoir éclairer ce que sont les « pensées-éclair » en situation heurtée : - « Il pourrait faire un effort », « Quel cinéma », « C'est trop long », « Ça dure depuis trop longtemps », « C'est déjà plié », « J'en peux plus », « Il répète cela à chaque séance de mathématiques », « Nous sommes au même point que la semaine dernière », « Ça n'avance pas », « Je ne comprends pas où il veut en venir », « Ça va être encore de ma faute », « De toute façon, c'est moi qui décide », « Je n'ai aucun soutien », « C'est à lui de le faire », « Et ça nous mène où ? », « Ça part en vrille, je reprends la main », « Ça veut dire quoi ce comportement ? », « Mais pour qui il se prend ? », « Oh zut ! je n'aurais pas dû aller si loin », « J'aurais mieux fait de me taire », « On peut dire qu'il y a du progrès ? » ou « On peut dire qu'il y a du progrès ! », « La mauvaise foi ! Prends-moi pour un imbécile », « Ça va aller jusqu'où cette escalade ? »

Tableau 4.3 (suite)

Ce qui me manquait (suite)	Dans la difficulté d'enseigner dans la situation décrite quels besoins enseignants ne vous semblent pas satisfaits ? J'ai regroupé les besoins en quatre familles : - les besoins liés au métier que l'enseignant a choisi (son soubassement identitaire, les responsabilités issues de sa fonction), - les besoins liés à l'exercice du métier en classe (dans la conduite de classe, la gestion de groupe, l'engagement de la cohorte), - les besoins liés à l'exercice du métier dans la situation d'apprentissage (dans le triangle didactique tel que nous l'avons décrit) - Les besoins liés à l'exercice du métier dans l'école (dans la communauté éducative). Dans chaque famille, l'enseignant peut cerner des besoins non comblés : de reconnaissance, de sécurité, de communication, d'être compris, d'écoute, d'accomplissement, d'appartenance, de bienveillance, de stabilité, de tranquillité, de paix, de créativité, de liens, de joie, de faire autorité, d'être respecté, de simplicité, de douceur, d'attention, de confiance, d'échange, de maîtrise, de soutien, d'humour, d'espace pour lui, de liberté, de paix, de clarté, de dynamisme, de décontraction, de gaieté, d'être rassuré, de réconfort, de reconnaissance, de légèreté, de fierté.
Ce qui manquait à la situation	**Il faut ici se focaliser sur l'élève et percevoir le manque en termes d'apprentissage, d'engagement ou de persévérance. L'enseignant peut utiliser la phase déclenchante suivante : « Que l'élève puisse... »**

plus souvent à différentes échelles (l'apprentissage, la relation, la classe, l'école).

> Quand, en étape 4, Paul pointe ce qui manquait aux quatre situations qu'il avait choisi d'évoquer, il souhaite :
>
> - « Qu'Annah puisse travailler un peu de tout, que ce soit clair entre nous, qu'elle essaie ! » ;
> - « Qu'Annah, moi et l'institution, sa famille sachions quels sont les critères d'évaluation, que ce soit explicite pour ne leurrer personne ! » ;
> - « Que mes collègues regardent la situation et m'aident à l'évaluation précise de ses compétences ! Qu'ils me rassurent » ;
> - « Qu'Annah sache qu'elle peut « s'évader », mais pas tout le temps ! ».

Or si ces quatre pistes restent dans le domaine de l'engagement oral, il n'est pas d'apaisement possible. De ces quatre manques, doivent émerger des pistes concrètes et matérialisées d'outils de forme « objet référentiel de décalage ».

D'expérience, dans le cas des troubles psychiques en classe – notamment dans les troubles internalisés – il n'est de manque, à l'étape 4 de « l'Accueillir », qui ne résiste à la matérialisation d'un support pragmatique, tangible et décalé des sujets (élève et maître) : des traces, des marques, des jalons, des repères, sous forme d'objet référentiel de décalage…

Là encore – comme pour l'alligator de Pénélope – il faut entendre les conseils du vieil homme *« Attends encore ! Le moment n'est pas venu ! »*

Observer

Chaque « objet référentiel de décalage » – finalité de la courte démarche AOD – s'adapte à ce que présente l'élève comme trouble : un empêchement, une manie, un usage, une habitude, une entrave en parfait décalage avec la norme ou les conventions scolaires et sociales établies. L'ORD vient s'ajuster à ce qui fait effraction dans le cours de la classe et des apprentissages. Il ne remplace pas les aménagements préconisés dans le chapitre précédent. Il participe à l'aménagement d'un cadre bienveillant, contenant et structuré et répond aux angoisses massives impactant le fonctionnement psycho et socioaffectif. Il structure certains apprentissages et apaise les tensions entachant le fonctionnement cognitif général, mais ne saurait répondre à l'ensemble des besoins de l'élève en souffrance psychique. Il est une réponse partielle à ce qui fait effraction en classe.

Dans le temps de latence proposé, disons la seconde semaine après le temps A ou dans les dix premiers jours en parallèle du temps A, l'enseignant se met en retrait plusieurs minutes par demi-journée (ou par cours s'il est professeur de collège) pour considérer avec une fine attention ce qui se joue en classe pour l'élève troublé. Il observe ce qui fait effraction.

Il ne s'agit pas de rester immobile dans une situation de crise, mais – dans les moments de « répit », « d'empêchement », de « manie habituelle ou d'inaction de l'élève » – de guetter des indices : ce que l'élève touche ou tripote, déchire, mâche, ce qu'il regarde ou ne regarde pas, ce qu'il écoute, ce qu'il « dit de ce qu'il ne peut pas », ses mouvements, sa posture, ses déplacements.

Cette investigation peut être celle de l'enseignant ou d'un professionnel extérieur à la classe, un pair, à condition qu'elle se réalise sans interprétation et se répète sur deux à trois temps dans la phase d'observation.

Dans l'idéal, comme pour Flore et Rachid, l'observation d'un psychologue de l'Éducation nationale en classe puis l'entretien qui a suivi ont permis ce pas de côté. Pour Paul et Annah, c'est un formateur spécialisé dans l'adaptation scolaire et le handicap qui est venu. J'ai rencontré des équipes enseignantes qui demandaient l'observation d'un professionnel du centre médico-psychologique de proximité, d'un enseignant-ressource de la circonscription, d'un intervenant d'un centre de soin adossé à l'école. C'est parfois un collègue-enseignant de l'équipe qui assure ce rôle.

Lorsqu'il n'y a pas de professionnels pouvant réaliser cette petite étude en classe, il est possible pour l'enseignant de travailler par ateliers répartis en domaines de compétences : proposer à une partie de la classe des tâches demandant peu de présence enseignante et observer soi-même l'élève en continu ou par intermittence dans les moments d'atelier.

Cela suppose de ne pas s'engager sur de nouveaux savoirs complexes et/ou coûteux en temps sur la période hebdomadaire d'observation. À la mise en place d'un objet référentiel de décalage, il est préférable que l'enseignant freine momentanément les apprentissages de classe, d'où le ralentissement dans les progressions que j'ai annoncé au début de ce chapitre.

Le prérequis à cette « mise à distance » de l'enseignant est que le besoin de sécurité du groupe-classe soit assuré, c'est-à-dire que le jeune ne mette en danger quiconque ou ne se mette en danger. Dans ces cas, il y a – avant toute chose – à établir un protocole dont nous parlerons dans un chapitre suivant.

Pour expliciter ce qu'est ce temps d'observation des empêchements, des inadéquations de l'élève troublé en classe par l'enseignant ou un tiers, j'ai rapproché les conceptions des sciences de l'éducation et de la MBSR[9]. Cela m'a permis de consolider les bases de la logique AOD issue de mes recherches et de mon expérience dans l'enseignement spécialisé.

Sans entrer dans le détail, je dirais que du côté des sciences de l'éducation, j'appuie mon propos sur ce que serait l'observation en classe issue des écrits de Sensevy : décrire ce qui se voit dans *« une sémantique familière de l'action*[10] *»*. C'est-à-dire ôter toute conceptualisation à ce qui s'observe en classe. Décrire ce qui se voit. Examiner avec attention.

9. MBSR (*Mindfulness based stress reduction*) est une approche créée par Jon Kabat-Zinn, fondée sur la méditation pleine conscience expérimentée dans des cliniques aux États-Unis d'Amérique et développée en Europe depuis plusieurs dizaines d'années pour diminuer la douleur. Elle a vu des prolongements dans la MBCT (*Mindfulness based cognitive* therapy) reliée aux thérapies cognitives.
10. Gérard Sensevy est enseignant-chercheur au centre de recherches sur l'éducation, les apprentissages et la didactique. *Le sens du savoir. Éléments pour une théorie de l'action conjointe en didactique*. Bruxelles : De Boeck, 2011, 796 p.

Du côté de la MBSR, je dirais aux enseignants ou professionnels observateurs de se laisser porter par les mots de Roger Keyes, historien d'art, dont le poème « Hokusai dit » est cher actuellement à de nombreux praticiens MBSR :

Hokusai says look carefully.	Hokusai dit : « Vois attentivement »
He says pay attention, notice.	Il dit : « Fais attention, observe »
He says keep looking, stay curious.	Il dit : « Continue de regarder, reste curieux »
He says there is no end to seeing [...]	Il dit :« Il y a toujours quelque chose à voir » [...]

En étant attentif aux petits faits, en portant attention à ceux dont on repère les troubles psychiques par ailleurs, on peut – comme Pierre – observer Hyacinthe torsadant les plastiques des couvertures de ses cahiers en rouleaux de plus en plus fins, y mettant une forte attention, sorte de Derviche tourneur sur la scène des apprentissages.

Comme Pierre en classe, l'observateur (enseignant, pair ou partenaire de l'école) pourra surprendre :

- Tommy découpant les franges de son jean et les fils dépassants de sa trousse, les feuilles de son classeur en bandelettes,
- Karoun coloriant ses doigts puis bientôt sa main,
- Marielle déposant de petits objets sous sa trousse, affolée qu'ils ne restent pas alignés, et reproduisant cet alignement plusieurs fois par jour,
- Émilie mangeant discrètement de la colle molle, l'étalant sur les bords de sa table et la chaise,
- Arsène l'œil rivé sur la pendule ou la montre, épiant les autres pour anticiper la fin d'un travail, faisant sans cesse de petits bruits en tapotant son matériel,
- Nina aux prises avec deux petits aimants de manière récurrente, battant des mains en fin de rotation,
- Cassiopée cumulant les petits objets manipulés puis cachés, parfois dans sa bouche ou le revers de son pull,

- Josée toujours en arrière sur sa chaise, inerte en attente, tortillant ses cheveux, disant « ah oui ! » chaque fois que l'adulte l'interpellait, comme si elle se réveillait,

- Jason se déplaçant en parallèle de l'enseignant de sa classe (à bonne distance chaque fois, donnant l'impression d'errer et pourtant, étonnamment, à distance réglée *« comme du papier à musique »*),

- Camille imitant chaque élève repéré par elle comme réussissant en classe et souvent... en décalage d'un temps, produisant des coq-à-l'âne,

- Nathan incapable de maintenir une attention dès lors que l'adulte parlait au groupe-classe et non à lui directement,

- Fabrizio, engagé tambour battant dans chaque exercice puis abandonnant rapidement la tête sur son cahier,

- Enzo, si brutal parfois, assis les yeux fermés dans le temps d'écoute musical,

- Baptiste chantonnant pendant les passations de consigne principalement, produisant des onomatopées pendant les activités scolaires,

- Hector rangeant chaque crayon par couleur, chaque cahier au cordeau sur sa table, discrètement, mais à longueur de séance,

- Dimitri courant en classe brusquement avec moult mouvements de bras, sans jamais heurter un objet, un enfant ou une table,

- Ignace entrant en classe en suivant chaque jour le même chemin, revenant vers le calendrier et bloqué de longues minutes devant un petit tableau blanc, jadis planning de la classe, qui n'était plus rempli depuis 2 mois...

...Autant d'obstacles à l'apprentissage pour des enfants atteints de troubles psychiques.

Ici, la manifestation comportementale est fort inadaptée à la norme scolaire. Cependant, elle revêt une fonction adaptative pour l'élève en souffrance psychique. Cette manifestation peut être la traduction sensible d'une vive tension interne entre angoisse et mécanismes de défense : une sorte de « mode survie » en quelque sorte pour l'enfant ou le jeune. Les pédopsychiatres ou psychologues avec lesquels j'ai travaillé en considèrent la visée symbolique : celle de venir en place et lieu d'une impossible représentation en mots de ce qui se joue chez l'élève, d'un affect ou d'une nécessité de liaison.

L'observateur – l'enseignant, un collègue ou un partenaire – constatera que, dans ces situations réitérées, le regard de l'élève décroche de ce que l'enseignant ou la situation demande d'attention et, qu'en parallèle de ce décrochage, le jeune est tout absorbé à sa tâche (qui elle, n'est pas scolaire !). On pourrait dire qu'il est actif dans son comportement-obstacle à l'apprentissage.

C'est la répétition des comportements-obstacles ou l'étrangeté d'une attitude qui sera un indice dans un premier temps puis, dans un second temps, une piste d'aménagement pédagogique. Ces relevés auront du sens parce que le comportement-obstacle est reproduit chez un élève par ailleurs angoissé, ne parvenant pas à s'engager ou persévérer dans les activités, présentant des inhibitions et autres manifestations contrecarrant l'apprentissage.

Les élèves dont il est question ici sont au centre des questionnements des équipes enseignantes. D'aucuns sont suivis par des thérapeutes, accompagnés par le psychologue de l'Éducation nationale, les membres des réseaux d'aides de l'école ou inscrits sur liste d'attente d'un centre médico-psychologique. Il s'agit, ici, de chercher – pour un enfant dont on sait ou distingue par ailleurs qu'il est troublé psychiquement – des indices qui aideront l'enseignant à construire les outils utiles à son apaisement et son engagement.

Démarches d'AOD

Parce que le comportement-obstacle est itératif, l'objet référentiel de décalage permet l'anticipation du geste (ou non-geste) de l'apprenant. Il émerge d'une description de situation-problème réitérée, de sa traduction dans un fait récent de la classe (étape 1 de « l'**A**ccueillir »), de la mise au jour des sentiments associés chez l'enseignant (étape 2 de « l'**A**ccueillir »), des besoins révélés chez l'enseignant (étape 3 de « l'**A**ccueillir ») et des besoins liés à la situation (étape 4 de « l'**A**ccueillir »).

Parce que ces ORD sont mis en place sur une période assez longue (plusieurs semaines) ils ont une fonction organisatrice : le cadre assure suffisamment de stabilité pour être un repère acceptable. C'est cependant un étai transitoire qui est prioritairement circonscrit à l'espace dans lequel le trouble a vu le jour et dans une interaction précise. Évitons tout formalisme qui nuirait à l'authenticité des relations, une fois la compétence acquise (norme scolaire ou sociale).

Karine et Nohan

Nohan était arrivé en mai dans la nouvelle école de son quartier. Karine, enseignante en 3e année d'école élémentaire, savait qu'il bénéficiait d'un soutien thérapeutique pour des symptômes d'angoisse très présents à son domicile et des nuits agitées… rien de plus. Elle s'inquiéta rapidement : Nohan développait une extrême lenteur dans sa mise au travail, parfois il ne produisait rien. Plusieurs fois par semaine, il pleurait sans qu'elle n'en distingue les causes. Il la sollicitait énormément, posait moult questions, un peu comme s'il se voyait seul en classe, ne levait pas la main pour prendre la parole et interpellait : *« C'est bientôt fini ? », « Il reste combien de temps ? », « On est quel jour ? », « On fait quoi après »* ? Karine s'efforçait de répondre avec calme, lui demandant d'attendre, de différer ses questions. Alors, Nohan se bloquait, râlait un peu et lançait un *« de toute façon j'comprends rien »* à la cantonade. Les réponses que Karine apportait avec bienveillance semblaient ne jamais suffire, comme s'il ne voyait pas ce qu'elle voulait expliquer, exprimer ou indiquer. À ses collègues, Karine dit son impression d'être régulièrement comme *« coupée dans son élan pédagogique »,* ajouta les doutes qui la tenaillaient de plus en plus sur ses compétences d'enseignante, sa capacité à gérer le groupe, à accueillir les élèves *« hors norme ».* Elle trouvait la situation *« usante et sans fin ! »,* se sentant *« un peu au bord du gouffre ».*

Tableau 4.4. La situation de Karine

Situation précise	**« Quand, j'entends Nohan, pour la 3ᵉ fois de la matinée, me questionner pour demander l'heure de fin de l'activité alors que je suis concentrée pour expliquer à toute ma classe la technique de l'addition posée en colonnes. »**
Sentiment associé	« **Je me sens** agacée d'être "coupée dans mon travail d'enseignante" et démunie, car je sais qu'il vit des moments difficiles. Je dois l'aider pour qu'il se sente bien en classe malgré tout et qu'il se raccroche à mes explications. »
Ce qui manque à l'enseignant à ce moment précis	« **Je me dis** : "mais ce n'est pas vrai, je ne vais pas passer mon temps à lui donner l'heure, il peut patienter comme les autres, non ?... Non !... Et si les autres en font autant par mimétisme, je deviens quoi moi ? » »
	« Mon besoin d'être reconnue comme adulte enseignante sur qui l'élève peut s'appuyer en confiance n'est pas rempli. » « Mon besoin de solidité en tant qu'enseignante, pour assurer l'avancée des apprentissages de tout le groupe-classe n'est pas satisfait, je ne me sens pas respectée. » « Mon besoin que Nohan écoute les explications et s'engage dans la compréhension de l'addition n'est pas assuré, je n'ai pas l'esprit tranquille. »
Ce qui manque à la situation décrite	**« Que Nohan puisse décaler son questionnement sur le temps qui passe ou la date pour écouter les consignes ou leçons, qu'il n'ait pas besoin de toujours me demander. »**

L'équipe se mobilisa après que Karine l'eut alertée. Une réunion d'équipe éducative fut fixée après les vacances suivantes afin de croiser les regards entre les professionnels de l'éducation, le thérapeute et la famille de Nohan. Élise, l'une de ses collègues qui partageait le même niveau d'enseignement, vint en classe à deux reprises pour compléter les observations de Karine et l'assurer de son soutien. Pendant ce temps, la directrice prit la classe d'Élise. La solidarité de l'équipe était forte. Des éléments recueillis, elle baliserait ce qui « dysfonctionnait » puis en équipe de cycle elle définirait ce qu'elle partagerait avec sa famille et les membres de la communauté éducative autour de Nohan.

Élise confirma l'extrême vigilance de Nohan, son incapacité à différer une demande, sa difficulté à gérer la frustration de ne pas se repérer dans le temps et les activités de la classe. Cette difficulté semblait le plonger dans un profond désarroi, répétant à l'envi *« j'suis nul»*. Perdu dans sa recherche de sens et la toute petite estime de ses compétences, Nohan semblait ne pas parvenir à se faire une image mentale des demandes enseignantes ou des conventions de classe. S'ajoutait à cela, une énigmatique « passion » pour les horloges et calendrier : Nohan les observait beaucoup, parfois même pour chercher une réponse en mathématiques ou en vocabulaire !

Ces observations avaient le mérite de soutenir les premières impressions de Karine et de la rassurer. À moyen terme, ces indices indiqueraient des axes d'aménagements pérennes. À court terme, ils permettaient de choisir un instant clef commun à Karine et Élise pour dérouler la première étape de « l'**A**ccueillir » de la démarche AOD. Élise et la directrice soutenaient Karine dans cette construction, elles choisirent de tester les objets-substituts avant la réunion d'équipe éducative.

En croisant les observations et la démarche proposée, plusieurs ORD ont été mis en place avec une certaine efficacité en classe, à partir de la quatrième étape appelée *« Ce qui manquait à la situation décrite »*.

Le tableau 4.5 montre les objets référentiels de décalage construits pour pallier le manque de jalons temporels repéré.

Par des modifications à petite échelle (tableau, timer, calendrier, agenda, etc.) et une série de verbes d'action (inscrire, montrer, etc.), Karine attirait chaque fois l'attention de Nohan sur un troisième élément extérieur à chacun et qui faisait référence.

Les objets référentiels de décalage créés permettaient d'échapper à la relation malmenée en créant un espace de partage tiers. L'ORD, devenu support d'attention, créait comme une focale vers la tâche à accomplir : un objet-référentiel distant du soi-enseignant et du soi-élève, pointé cependant dans un geste « d'attention conjointe[11] ».

11. « L'attention conjointe est considérée comme un changement d'engagement attentionnel qui signe la flexibilité mentale par l'alternance du regard vers deux destinations, cible et adulte » (Perra et Gattis, 2010 cités par Aubineau, L., Vandromme, L. et Le Driant, B. (2015). L'attention conjointe,

Tableau 4.5. Les objets référentiels de décalage construits

À Nohan revint la tâche d'entourer sur le calendrier de la classe le jour en entrant en classe, un time-timer[12] sur sa table mesurait le temps restant pour une tâche de mathématiques ou de français.	**Entourer-Repérer.**
L'enseignante utilisa un espace dédié sur le tableau pour écrire le planning par demi-journée. Ce serait aux élèves de venir cocher le travail réalisé et d'annoncer l'activité suivante à tour de rôle.	**Repérer/cocher.**
Chaque vendredi Karine « recevait » Nohan dix minutes pour échanger sur ses difficultés ou réussites de la semaine. Ce rendez-vous hebdomadaire fut inscrit sur le calendrier de Nohan et glissé dans l'agenda pour 6 semaines.	**Inscrire/Dater/Se projeter.**
Sur sa table de travail : deux horloges en papier avec des aiguilles et des précisions : l'heure de la récréation, l'heure de fin de journée scolaire. Une horloge pour le matin, une pour l'après-midi. Chacune cachée ou découverte selon la demi-journée concernée.	**Montrer/Cacher**
Lorsque Karine repérait que l'élève semblait regarder longuement « ailleurs » autour de lui, elle montrait du doigt la tâche inscrite sur le tableau en l'interpellant doucement.	**Indiquer**
Au besoin, elle mettait en marche le timer pour 10 ou 20 minutes, déplaçait les aiguilles en accompagnant toujours le geste d'une verbalisation. « Tu vois : je mets le temps restant, on est là dans le travail ou la journée, je te montre ».	**Montrer/Parler/Indiquer.**

quarante ans d'évaluations et de recherches de modélisations. *L'Année psychologique, 115*(1), 141-174, https://doi.org/10.3917/anpsy.151.0141

12. Outil visuel ressemblant à une petite horloge ou un réveil, mesurant pour maximum 60 minutes le temps restant d'activité. Fonctionnant souvent avec une pile, il est posé sur le bureau de l'élève ou aimanté au tableau de la classe. Le professionnel tourne une clef pour donner le temps attribué à la tâche. Un sablier ou une clepsydre peuvent tout autant être utiles puisqu'ils conjuguent mesure du temps et matérialisation d'une quantité de matière qui diminue au gré du temps qui passe.

L'attention de Nohan augmenta dès les premières semaines, se fixa quelque peu par le pointage régulier du temps et des tâches à effectuer.

En classe, il y avait des allers-retours réguliers entre :

- l'objet (timer, plan de travail) et la tâche,
- l'élève/l'objet et la tâche,
- l'enseignant/l'objet et la tâche,
- l'enseignant/l'objet et l'élève.

Ainsi se dessinaient des axes du triangle didactique « Enseignant », «Élève », « Savoir » et Karine se rassurait : il lui était plus facile d'enseigner au groupe-classe sans être démunie face aux troubles de Nohan.

Pour appuyer la portée symbolique des ORD, Karine présenta deux fois les outils : une première fois aux parents de Nohan lors d'un court rendez-vous à la sortie de la classe (en préambule de la réunion à venir cinq semaines plus tard avec l'équipe de soin, la directrice et les parents de Nohan), une seconde fois à la directrice de l'école, en quelques minutes, en présence de Nohan. Ainsi l'élève saisit-il que les aménagements temporels faisaient autorité et consensus. Ils lui offraient un cadre contenant.

En « conseil des maîtres », un plan d'intervention pour la période scolaire à venir fut établi avec l'aide des collègues de Karine. Signé des parents, il devint nécessité l'année suivante avec un autre enseignant.

De son côté, Nohan développa des qualités attentionnelles de régulation et d'action dirigée. Ses besoins de réassurance dans le domaine des apprentissages et cognitifs furent partiellement satisfaits par ces béquilles temporelles. L'année suivante, une demande de compensation à son entrée au collège lui permit de bénéficier d'un accompagnateur scolaire (nécessaire à la labilité de Nohan et à ses ruptures de pensées relevées par les experts du soin).

Adélaïde et Mathis

Adélaïde était une jeune enseignante qui exerçait en milieu spécialisé, non par choix initial, mais par le jeu des mutations et des postes restés vacants suite aux recrutements des enseignants aguerris. Forte d'un enthousiasme éducatif, elle releva le défi avec le soutien de ses collègues et du conseiller pédagogique de la circonscription de l'Éducation nationale dont elle dépendait. Elle bénéficia de l'attention de formateurs spécialisés dans les troubles, adaptations et handicaps pour l'épauler et l'aider à acquérir des gestes professionnels ajustés. C'est ainsi que nous avons travaillé ensemble. Nous étions en décembre et après trois mois d'enseignement, Adélaïde était épuisée, pleurait souvent, travaillait beaucoup pour apprendre à la fois les réflexes du milieu ordinaire et ceux de l'enseignement spécialisé. Il lui était assez aisé – malgré son état de fatigue – d'aider les élèves ayant des handicaps cognitifs, car sa clarté de pensée – naturelle – et sa grande organisation apportaient à son enseignement une portée explicite très solide.

Cependant, c'est Mathis qui l'interpellait le plus. Son comportement venait ébranler les postulats d'Adélaïde sur le fait que tout problème avait sa ressource pédagogique. Il était accueilli dans le dispositif du fait d'un écart à la norme scolaire de deux années suite à des difficultés de santé ayant entraîné un absentéisme massif dès le plus jeune âge. Il conservait des troubles encoprétiques dont les odeurs ne semblaient pas le gêner. Cela nécessitait une prise en charge médicale et psychologique régulière. S'ajoutaient des somatisations importantes que l'on disait liées à des angoisses massives. Les réunions concernant la scolarisation de Mathis avaient lieu deux fois par an. La prochaine ne serait pas avant trois mois.

Les observations en classe des formateurs et du conseiller pédagogique montraient que Mathis semblait comme *« étranger à l'école »*, se comportait en classe sans que les conventions ne soient intégrées, regardait régulièrement dans le vide, parlait à haute voix à l'un ou l'autre sans repérer les règles du collectif. Adélaïde se sentait *« hors du jeu »,* car les troubles psychiques de Mathis n'avaient pas de nom dans le dossier qu'on lui avait transmis : insécurité, besoin de réassurance, incapacité à se concentrer, univers *« bien à lui »,* inquiétude des professionnels, compétences cognitives visiblement altérées par la succession traumatique des divers événements de santé dès le plus jeune âge… Elle avait des données sur ses compétences en mathématiques ou en français quand il avait pu être évalué. C'était la seconde année que Mathis était dans le dispositif inclusif de l'école, à 45 minutes de chez lui en taxi matin et soir.

Adélaïde avait mis en place un planning quotidien qu'elle présentait le matin au moment de l'accueil des élèves en classe. Mathis arrivait souvent pendant ce temps, notamment en raison des retards des transports ou après cet accueil quand il avait des prises en charge psychologiques ou médicales sur le temps de classe.

À partir de ces observations, elle suivit le cheminement suivant pour mettre en place les ORD nécessaires (tableau 4.6).

Tableau 4.6. Le cheminement d'Adélaïde

Situation précise	**Quand, jeudi matin dernier, nous avons étudié un nouvel album de jeunesse choisi par Mathis, je parvenais à capter son attention sur le « long terme » tout au plus cinq minutes, alors qu'il n'y avait que quatre élèves avec moi. Comme souvent lorsque je l'interpelle, il me regarde en disant « ah oui » avec un petit sourire, on dirait que ça lui passe « au-dessus ».**
Sentiment associé	Je me sens tracassée par ses fuites de la réalité et consternée, car cet album, je l'ai choisi en fonction de ses centres d'intérêt ! Je me sens vidée.
Ce qu manque à l'enseignant à ce moment précis	Je me dis : « Il ne va rien apprendre avec moi, mais de quoi souffre-t-il vraiment ?» J'ai besoin de me sentir fière de réussir à lui apprendre quelque chose et d'être rassurée sur ma pratique de classe, mes choix pédagogiques : que les enfants soient un minimum attentifs.
Ce qu manque à la situation décrite	**Il faudrait que Mathis repère quand il décroche ou pas des situations sans que je sois obligée de lui dire à chaque fois ; que ça ne me coupe pas dans ma gestion du petit groupe-classe ou en atelier.**

L'outil-planning qu'Adélaïde avait mis en place pour la classe a été facilement transformé en ORD en le dupliquant et en le collant sur le coin de table de Mathis chaque jour. Ainsi quand Adélaïde l'interpellait, elle pouvait s'approcher de lui, cocher au fur et à mesure ce qui était passé, barrer au besoin, inscrire une flèche à côté si le travail devait être reporté. **Afficher/Cocher/Barrer/Reporter.**

La collègue, accompagnatrice des élèves, en soutien du dispositif, faisait de même. Quand Mathis arrivait en classe, son petit planning faisait office d'étai.

Ce visuel permettait au moins pour Mathis de « planter le décor » et de repérer s'il vivait une séance de mathématiques, de français ou autre.

Dès que Mathis scrutait le tableau à la recherche d'une information, Adélaïde faisait le lien entre le planning de classe et celui sur son petit bureau : elle pointait, cochait ou reportait.

Fut ajoutée à droite sur le grand tableau **une ligne verticale** dessinée chaque demi-journée avec l'initiale de Mathis au-dessus. Cette initiative fut prise après qu'il lui eut dit : *« J'fais pas exprès de bugger... j'peux pas m'en empêcher »*. Lorsque Mathis « décrochait », Adélaïde – avec bienveillance – l'appelait et en un même temps coupait la ligne en effaçant avec son doigt un petit morceau d'un centimètre environ. Le soir, ensemble, ils comptaient les « égarements » en dénombrant les ruptures de ligne : l'objectif était d'en avoir le moins possible. **Tracer/Représenter**. Après quelque temps, ils parvinrent à deux « coupures » par demi-journée, ce qui était un bel exploit ! Adélaïde ôta la ligne après les congés d'hiver. C'est Mathis qui lui demanda de la tracer de nouveau... *« Ça m'aide bien, tu sais ! »*.

Margot et Bryan

Bryan bousculait les chaises, les tables en se déplaçant en classe, faisant tomber les crayons, ajoutant de grossiers commentaires à chacun de ses carambolages. Maintenu en dernière année d'école maternelle du fait d'une inadaptation et de retards massifs, il avait développé une attitude sous deux versants : l'un dans les traits d'un garçon à qui « rien ne faisait peur », invoquant et pratiquant la bagarre, tumultueux, prenant des risques peu mesurés, l'autre révélant plutôt des attitudes fruits d'une certaine immaturité, développant des chagrins pour de petits faits – émotions « disproportionnées » aux yeux des enseignants. Souvent en collage et en rejet des adultes de l'école, son comportement questionnait. Il avait « épuisé » deux enseignantes qui s'étaient considérablement investies dans sa scolarité dans les classes passées. Ce sont des symptômes d'énurésie secondaire qui amenèrent la famille à consulter un thérapeute, suite à un examen clinique médical et à l'avis des services de la PMI (protection maternelle et infantile). En situation d'échec à l'école, Bryan refusait d'écouter les consignes « en entier » et face à l'erreur, restait mutique de longs quarts d'heure, rendant souvent ses enseignantes *« responsables de ses contrariétés »*. Accueilli en groupe pédagogique en hôpital de jour en pédopsychiatrie, il développa les mêmes comportements, « profitant » ainsi de ce que procuraient ses attitudes : une stratégie d'évitement bien rodée. Margot, son enseignante dans l'unité de soin, évoqua avec lui ses bousculades, qui gênaient le petit groupe d'élèves à l'hôpital de jour, en s'appuyant sur le règlement de la classe : *« Chacun a le droit de travailler dans la tranquillité. »* Si Bryan voyait que cela pouvait gêner les élèves, il semblait ne pas repérer les chocs répétés. Quand Margot lui en faisait la remarque, il développait des colères allant parfois même jusqu'à taper du pied dans les meubles, jeter du matériel au sol.

L'enseignante s'en était aperçue suite à un temps d'observation : il ne reconnaissait pas ses torts, car il semblait ne pas percevoir ses bousculades réitérées. On l'entendait dire : *« C'est pas moi ! », « C'est pas vrai », « J'lai pas fait exprès », « C'est tombé tout seul »,* quand il chutait ou faisait chuter un objet de classe en se déplaçant. Après des échanges multiples et parfois houleux, il fallait se rendre à l'évidence : Bryan ne discriminait pas ce qui posait problème, pris dans sa vitesse de déplacement en classe.

Margot évoqua cet événement en petit groupe d'échange de pratique avec quelques enseignants spécialisés. Sa démarche réflexive à partir d'une observation partagée fut la suivante (tableau 4.7) :

Tableau 4.7. La démarche de Margot

Situation précise	**Quand Bryan s'est déplacé lundi matin en classe pour chercher les étiquettes de questions pour notre « Quoi de neuf ? » et est tombé bruyamment parce qu'il a heurté une chaise, je lui ai dit : « Encore ! Tu peux te décaler un peu et éviter ce bruit ? »** **Cette chute a déconcentré le reste du groupe une nouvelle fois et il a boudé longuement.**
Sentiment associé	Je me suis sentie contrariée et dérangée, un peu consternée.
Ce qui manque à l'enseignant à ce moment précis	« Je me suis dit : «Je n'ai qu'à lui retirer cette responsabilité et le droit de se déplacer, mais quid de son autonomie ? Il est avec moi en groupe thérapeutique et pédagogique pour progresser… moi aussi je dois prendre le risque d'être dérangée, comme son enseignante de classe habituelle ? Non ?» Mon besoin d'accomplissement comme enseignante en unité de soin n'est pas comblé.
Ce qui manquait à la situation	**Que Bryan puisse se rendre compte qu'il se déplace en faisant du bruit très souvent – voire à chaque fois – et que l'on puisse en discuter ensemble sans qu'il ne se fâche !**

L'objet-référentiel de décalage fut **une boîte de grosses perles cylindriques posée entre lui et Margot sur chaque séance ainsi que deux petites barquettes** (**Matérialiser/Donner à voir/Compter**).

Chaque fois que Bryan se déplaçait dans la salle de classe en produisant un choc, une perle rouge était déposée dans une barquette, chaque fois qu'il se déplaçait à bon escient et sans geste brusque, une perle verte était déposée dans la seconde. Discrètement et en même temps que les activités habituelles du groupe, *« c'est ce que je vois »*, disait son enseignante.

Bryan – qui affectionnait relever des défis – aimait compter les perles en fin de séance. Margot avait tracé un tableau sur la dernière page de son cahier d'entraînement : les scores en perles rouges et vertes étaient comptabilisés. Elle le voyait dénombrer de temps en temps ses *« perles de déplacement »,* car il aimait les manipuler (d'où leur forme cylindrique pour ne pas rouler trop facilement). Par le biais des perles, Bryan semblait moins éprouvé par les « reproches ». Son impuissance à gérer sa fougue en classe diminua du fait de la matérialisation physique des réussites et des erreurs. Chacune prenait corps, pouvait être objectivée : il se parlait « nombre de perles, nombre de chocs ». Les bousculades cessèrent de croître, les bruits afférents diminuèrent et l'ORD ne fut pas prolongé. Quatre mois suffirent à Bryan pour s'en passer, quatre mois pendant lesquels il put maîtriser ses gestes perturbateurs de déplacement et profiter de cet apaisement pour travailler un peu plus. L'objet référentiel de décalage lui a offert une alternative : agir conjointement avec l'enseignant en s'appropriant pas à pas les normes scolaires.

Dans ce cas précis, l'ORD fut temporaire et circonscrit à l'espace du groupe pédagogique et thérapeutique en centre médico-psychologique. Certains outils de type ORD sont parfois testés en classe avec succès et repris en petit groupe de prise en charge avec des enseignants spécialisés de l'école (le « réseau d'aides spécialisées aux élèves en difficulté ou RASED », en France) et réciproquement : ils passent d'un espace à l'autre.

Il est souhaitable de les déployer sur plusieurs semaines en classe puis de les abandonner du fait des progrès du jeune élève. D'autre fois, il semble utile de les inscrire d'une année sur l'autre dans un projet d'aménagement individualisé pour l'élève. D'expérience, ils excèdent rarement les six mois de scolarité sur une même année scolaire ou sur deux, du fait de la plasticité cérébrale[13] des jeunes en souffrance psychique et de la préservation de la plupart de leurs compétences cognitives.

Sébastien et Inès

Sébastien, enseignant à la fois de quatrième et cinquième années d'école élémentaire, avait pris le temps d'observer Inès l'an passé. Elle *« lui menait la vie dure »*, disait-il. Ses compétences étaient en dents de scie. Elle rendait parfois copie blanche, écrivait très lentement, crispée sur son crayon. Il se disait d'elle en salle des professeurs qu'elle était *« lente », « n'avait goût à rien »*... que *« c'était lourd de l'avoir en classe » !* Cependant, en avril de l'année précédente, en voyage scolaire, elle avait semblé *« légère »*, plutôt investie, aimant les jeux de société et les petits challenges.

En classe, dès le matin, Sébastien avait repéré qu'Inès ne s'engageait qu'« en décalé » dans les activités, à la suite de maintes sollicitations qui finissaient par les agacer tous les deux. Cela était devenu gênant récemment, quand deux camarades de classe s'étaient à leur tour permis de solliciter Inès avec de petites plaisanteries. S'il prenait le temps de passer près d'elle et de reformuler la consigne, elle semblait comme *« se réveiller »*, lui souriait et commençait son activité, lentement certes, mais avec application ! Il lui était impossible de venir près d'elle aussi régulièrement au cœur du groupe de trente-deux élèves répartis en deux niveaux. Alors il l'interpellait et certains se moquaient.

Sébastien s'était aperçu qu'Inès avait une image d'elle très écornée : elle se voyait élève « incompétente ». Le mois précédent, lors de travaux en petits groupes encadrés par Sébastien, elle avait répondu fort justement à une série de questions en ajoutant *« j'ai dit ça comme ça, j'en sais rien, c'est du hasard»*, se dénigrant en déniant ainsi tout savoir-faire ou compétence. Petit à petit, Inès avait cumulé un an et demi de retard dans les apprentissages scolaires en français et en mathématiques.

13. Vida., C. (2012). La plasticité cérébrale : une révolution en neurobiologie. *Spirale, 63*(3), 17-22, https://doi.org/10.3917/spi.063.0017

La question d'une aide humaine l'accompagnant en classe s'était posée, mais Inès semblait avoir des compétences cognitives préservées. C'est ce qu'avait précisé le psychologue de l'Éducation nationale qui l'accompagnait sur de petits temps individuels. Elle était donc empêchée – *« on ne sait par quel trouble psychique »* – et présentait une mésestime abyssale de ses capacités scolaires.

Le schéma suivant pouvait se dessiner au cœur de la logique AOD (tableau 4.8) :

Tableau 4.8. Le cheminement de Sébastien

Situation précise	**Quand, mercredi matin, je lui ai demandé par trois fois de se mettre au travail alors qu'elle « rêvait » depuis vingt minutes, elle n'avait écrit que la date sur son cahier de mathématiques.**
Sentiment associé	Je me suis senti plein d'aversion, tendu et désabusé.
Ce qui manque à l'enseignant à ce moment précis	Je me suis dit : « Elle pourrait faire un effort bon sang ! Ça dure depuis trop longtemps, ça veut dire quoi ce comportement ? Je ne vais jamais réussir à évaluer ses compétences. » Mes besoins de communication avec mes élèves et de maîtrise des apprentissages scolaires ne sont pas satisfaits.
Ce qui manquait à la situation	**Qu'Inès puisse repérer qu'il faut s'engager dans le travail et qu'elle le fasse sans sollicitation verbale.**

Le premier ORD choisi fut simplement **l'inscription au tableau du planning par ¼ de journée ou ½ journée**. À tour de rôle, les élèves responsables venaient cocher le travail effectué et annoncer le prochain : cela semblait *« sortir quelque peu Inès de sa léthargie »* et permettait à Sébastien de se désengager du lancement d'activité (même s'il s'en portait garant). **Inscrire/cocher/responsabiliser.**

Puis venait le défi individuel, présenté à Inès dans un entretien. Quand Inès s'engageait au début d'une activité, **une petite croix était inscrite sur une ardoise, sinon un trait oblique marquait le non-engagement**. Parfois, Sébastien n'avait qu'à regarder Inès et l'échange des regards suffisait à *« la lancer »*. Une première période de quatre semaines fut testée avec un certain succès. **Compter/tracer.**

Puis Sébastien ajouta au défi d'engagement les enjeux de savoir : il lui expliqua les critères de réussite des activités. C'était écrit sur son cahier chaque fois que possible : *« Ce travail sera réussi si Inès s'engage dans l'activité seule et que... »* La dernière partie comportait des éléments d'apprentissage, des contraintes de consignes auxquels **il associait chaque fois un nombre** (phrases, taille d'exercice, erreurs acceptées). **Montrer/Compter.**

Ainsi, le dialogue sur l'évaluation du travail s'appuyait sur des critères tangibles d'investissement, de persévérance, mais aussi d'autres critères issus des programmes scolaires. Inès retrouva une certaine estime de ses compétences. Bien que de petit niveau, ses capacités étaient présentes, matérialisées par des quantités associées aux consignes. Elle se voyait un peu plus élève en classe.

Ces objets référentiels de décalage permirent à Sébastien d'aller pas à pas vers l'évaluation des compétences d'Inès, qui put bénéficier au collège d'une classe d'enseignement adapté plutôt que d'un dispositif d'inclusion accueillant les élèves en situation de handicap (ce qui avait été une hypothèse travaillée avec la famille l'année passée au vu de son *« inertie cognitive »* en classe).

Amir et Aglaé

Aglaé avait passé sa petite enfance en centre de réadaptation du fait des conséquences d'un handicap d'origine périnatale. Malgré les doutes sur son efficacité cognitive du fait d'un retard de développement moteur marqué, elle avait repris une scolarité en milieu ordinaire peu avant le début de l'école élémentaire, sans retard d'âge. Elle présentait en classe des ruptures de pensée, des blocages dans certains processus logiques, qui étonnaient, compte tenu de la finesse de son raisonnement à l'oral en littérature de jeunesse. Sa vivacité d'esprit détonnait avec ses longs moments impromptus où elle tripotait ses lèvres le regard perdu, disant qu'elle réfléchissait. Impossible pour Amir, son enseignant de 3e année d'école élémentaire, de repérer à l'avance si ce geste annonçait une réflexion ou une *« évasion »*. Lui demander de cesser semblait maltraitant... Parfois, elle arrêtait ce geste puis roulait entre ses doigts un fil qui dépassait de ses vêtements, un morceau de tissu apporté de chez elle, un bout de plastique. Ce n'est que sur ses copies ou ses cahiers *« après coup »* qu'Amir savait si elle avait été *« concentrée ou échappée »*. Seul indice : la succession de ses petits gestes dans une matinée ou un après-midi. Quand ils s'enchaînaient, Amir sentait qu'Aglaé « partait ». À cela s'ajoutaient des angoisses massives dans les moments de récitation (tables d'addition ou poésies) allant jusqu'à la suffocation d'Aglaé. Amir l'avait évoqué avec son enseignante de l'année passée et les collègues du service de soin qui intervenaient quelques heures par semaine en classe auprès elle. Les récitations avaient été allégées alors qu'Aglaé performait à l'oral dans les débats de classe, une prise en charge avec un enseignant spécialisé une fois par semaine permettait un travail sur son rapport à l'erreur.

Un soir, Amir avait rangé le casier d'Aglaé et découvert une multitude de petits morceaux de feutrine, papiers, lainages, plastiques doux, rugueux ou bosselés. Surpris, tracassé, il se dit *« pris en étau entre la volonté de la laisser vivre ses besoins sensoriels et la nécessité qu'elle apprenne en étant le plus souvent attentive »*. Son besoin de faire au mieux son métier était mis à mal.

L'ORD vint d'une demande d'Amir à Aglaé : *« Voici une boîte, peux-tu ranger les petits morceaux de tissus ou plastiques dedans plutôt qu'ils ne tombent au sol, se glissent dans tes cahiers et s'accumulent dans ton casier ? »* Surprise, Aglaé crut tout d'abord à une sorte de sanction : le maître, d'autorité, lui confisquait ses « biens » ! Amir perçut immédiatement sa crainte, décida d'être authentique vis-à-vis d'Aglaé :

« Quand je te vois tripoter des objets en classe, je ne sais pas si tu te concentres ou si tu rêves, cesses d'écouter ou travailles. Je suis mal à l'aise pour te l'interdire, car il me semble que tu en as besoin. Voici ce que je te propose. Fermons cette boîte, créons une ouverture au-dessus, ajoutons des tissus, des plastiques, des morceaux sensoriels dedans, ce sera leur place. Donnons-lui un nom. » « Boîte à s'échapper » fut le nom adopté. Plusieurs fois par matinée ou après-midi un petit signe sur le planning au tableau (une marque verte servant de repère) signifiait la possibilité de fourrer sa main dans la boîte à la recherche délicieuse de sensorialité pour Aglaé. Quelques minutes à chaque fois, mesurées par un timer discret.

Ce qui manquait à la situation c'était un balisage dans le temps et l'espace de ce besoin de sensorialité. L'ORD l'offrait ! Aglaé s'empara de l'ORD, demanda parfois plus de temps, dit parfois son refus de l'utiliser quand elle ne le souhaitait pas. Ils décidèrent en lien avec ses parents et la directrice de l'école que cela prendrait le temps qu'il faudrait pour s'en passer.

Rebecca et Antoine

Rebecca avait créé pour Antoine, très agité, des « Jokers de déplacement », un par demi-journée de classe, matérialisé par un petit carton. Quand il le souhaitait, il présentait son Joker et déambulait librement dans la classe, il revenait ensuite à sa table, plus apaisé. Cet ORD évitait la réitération des interpellations d'Antoine à haute voix – *« On sort quand ? »* – et ses gesticulations de plus en plus prononcées quand il *« voulait »* que la récréation se rapproche. Du fait d'une maladie invalidante déclarée deux années auparavant, Antoine présentait des troubles mnésiques temporaires. L'équipe médicale avait précisé à l'école que la perte de repère temporel n'était pas liée à un dysfonctionnement du système nerveux central ou périphérique, mais le fait de troubles psychiques liés à des angoisses massives.

Marielle et Dorian

Marielle avait posé sur la table de Dorian – qui souffrait de troubles psychiques installés ralentissant son inhibition comportementale – une feuille à carreaux pour qu'il écrive les questions qu'il se posait sur l'organisation de la classe, car sa curiosité *« envahissait »* l'espace classe très régulièrement. Ce petit papier devenait chaque semaine l'ordre du jour d'un temps de réunion fixé au jeudi après-midi pendant vingt minutes lors des travaux en atelier pour le reste de la classe. Un rendez-vous institutionnalisé, repérant, contenant. Il avait fallu à Marielle cheminer :

– choisir une situation heurtée où elle avait eu l'impression de perdre pied,

– ressentir la colère et la culpabilité d'être en colère envers un enfant en grande fragilité,

– s'écouter dire secrètement « ça part en vrille, je dois reprendre la main... »,

– puis décrire ce qui manquait à la situation d'apprentissage pour Dorian.

En quelque sorte, traverser les quatre temps de « l'**A**ccueillir » après un temps de latence de quelques jours où elle avait observé Dorian.

Dans cet exemple, comme dans les précédents, les ORD dessinent un détour, « un faisant office de » ou un instrument qui a pour fonction de décaler dans le temps et l'espace ce qui se joue et fait effraction dans l'immédiateté de la classe.

Il agit **pour** l'enseignant qui se sent au bord de la défaillance.

Il agit **pour** l'élève aux prises avec une perception erronée, voire absente des enjeux et conventions scolaires.

Perles, plans de travail, boîtes, listes cochées, autant d'objets-substituts qui donnent l'illusion d'une apparente simplicité en première intention.

Chacun cependant est un précieux allié pour apaiser les douleurs d'un lien d'apprentissage dénoué entre l'enseignant démuni par l'étrangeté des manifestations psychiques et l'enfant envahi par le chaos psychique. Ces objets-substituts endossent le rôle d'appuis psychiques en toute simplicité pour l'élève comme pour l'enseignant : ils font structure, cadre, ossature. Intrinsèquement, ils sont reconnaissance des besoins de l'élève heurté et de l'enseignement malmené.

Ils revêtent des propriétés qui – à première vue – ne correspondent pas à leur nature : petits papiers, traces sur un tableau, perles comptées, boîtes à objets, horloges de classe. On pourrait simplement se dire : ce ne sont que de petits outils de classe ! Or, dans l'appréhension morcelée du monde, ils matérialisent pour l'enfant angoissé, une continuité là où, dans les troubles psychiques, la discontinuité est résistante. Empreints de marques spatio-temporelles, ils sont inscrits dans l'espace de la classe et entrent dans une chronologie : l'enseignant se réfère à eux, en reparle, les évoque. Ils deviennent lieu de mémoire, trace mnésique d'un comportement que chacun souhaite ajusté à l'activité. Grâce à leur discrète présence, c'est l'environnement qui exerce une activité de maintien sur l'élève déstabilisé. Tels des estampilles, les ORD marquent une symbolisation naissante, dont l'absence est symptôme du trouble…

L'objet référentiel de décalage : un couteau suisse…

L'objet référentiel peut être esquissé en autant de modèles dès lors que l'enseignant s'autorise à inventer des solutions qui matérialisent ce que la psyché de l'élève lui refuse actuellement du fait de sa détresse psychique. Il vient en lieu et place d'un défaut de symbolisation. Il comble, agit un peu comme le créateur de concepts : les concepts du temps qui passe, les conventions sociales, les implicites scolaires, la capacité à surseoir, à relier la tâche à la discipline scolaire. Formulation de l'implicite scolaire et social extérieur à l'élève et au maître, il est une référence objective et représente la demande de l'enseignant.

Par les critères explicites de réussite indiqués par le maître et les nombres associés, le petit monde scolaire gagne en signification pour un élève troublé psychiquement comme Annah, Inès, Bryan. Ainsi l'élève ne se perd plus systématiquement en contradictions internes. L'incertitude est limitée : il gagne en sécurité. Le comptage dans les petits défis (nombre de perles, nombre de trous dans la ligne dessinée au tableau) offre à l'élève heurté psychiquement une situation achevée qui est nécessaire à son besoin de clôture cognitive. Parfois, comme pour Aglaé, il circonscrit les étrangetés en limitant leur déploiement dans le temps ou l'espace. La manipulation d'objets référentiels de décalage permet bien souvent d'échapper à l'envahissement psychique : ils remplissent une fonction momentanément empêchée du cerveau concepteur de l'élève.

Dans la majorité des cas rencontrés, leur utilisation entraîne une prise de conscience chez l'élève et une nette mise à distance chez l'enseignant : le comportement attendu et nommé trouve sa traduction dans un tracé usuel de la vie de la classe, à portée de l'élève, tracé ou mis à disposition pour lui.

Il offre alors à l'adulte le répit nécessaire à la conduite de classe et évite qu'il ne s'épuise – comme beaucoup me l'ont confié – à reformuler des exigences scolaires qui *« glissent »* sur l'élève en proie au chaos interne. Il facilite ainsi la reprise d'une dynamique enseignement/apprentissage. Son inscription dans le temps et l'espace offre une stabilité, une possibilité d'apaisement. Ce petit document coché, nommé, ce rendez-vous pris, ce document pointé à deux créent un espace où les rôles de chacun – maître comme élève – émergent du chaos. Par là même, il redonne à l'enseignant une posture d'instituteur au sens littéral, une autorité : l'ORD initié par l'adulte établit, instaure, institutionnalise ou encourage de petits pas pour réengager l'apprentissage malgré les troubles psychiques.

Il est cependant une condition essentielle à la mise en œuvre d'ORD, finalité de la logique AOD « Accueillir, Observer puis décaler » : que l'enseignant s'engage à écouter en lui l'écho du trouble sur l'instant, les « pensées-éclairs » qui surgissent malgré lui, qu'il découvre avec curiosité ce qui manque pour apaiser la situation. Prendre grand soin de soi-enseignant, puiser la force de se dire *« c'en est fini de l'immédiateté, du chaos sans limites, des passages à l'acte qui sidèrent »* et... agir !

Ralentir le pas afin d'y voir plus clair...

S'entourer de pairs...

Chapitre 5

« Contradictions »

Contradiction[1] : Nom féminin.

1. Action de s'opposer à ce que quelqu'un affirme. [...]

2. Le fait de se contredire, d'avancer des idées inconciliables, d'éprouver des sentiments incompatibles, de tenir des propos incohérents. [...]

3. [...] Rapport entre deux termes qui s'excluent, dont l'un est la négation de l'autre. [...]

4. [...] Rapport d'opposition dont on tire un effet de style. [...]

Jusqu'à ce chapitre, chacune des contradictions mises au jour au cœur de cet ouvrage se caractérisait par des heurts ou des étrangetés à l'origine de blocages que gommaient les pistes pratiques et démarches proposées :

- inhibitions et reprises du processus d'apprentissage,
- fatigues et apaisements,
- interstices dans les soubassements professionnels et clarté cognitive,

1. Définition proposée par le dictionnaire de l'Académie française en ligne : https://www.academie-francaise.fr/

- troubles psychiques impalpables et matérialités des objets référentiels de décalage (ORD).

Aucune opposition n'échappa à la règle : les termes ne s'excluaient pas. À la mise au jour de l'un répondait – comme un balancier – un cheminement ou une action concrète balisée dans le temps pour l'enseignant comme le formateur qui l'accompagnerait.

Dans la pédagogie des souffrances psychiques, il y a une cohérence cependant difficile à construire, car elle ne repose pas sur une découverte dont la connaissance engage un pas de côté. Elle ne s'appuie pas non plus sur un choix comblant un besoin non satisfait ou sur une compétence empêchée, comme je l'ai présenté dans les chapitres précédents. Elle tient – comme un funambule entre deux tours – sur un équilibre délicat.

Si j'en saisissais la difficulté au quotidien dans ma pratique de classe, de formatrice ou d'enseignante-ressource, c'est la lecture des travaux de Thomazet et Mérini[2] (2014, 2019) qui m'apporta l'éclairage nécessaire et rassurant. Je l'ai adapté à la problématique de la scolarisation d'enfants psychiquement malmenés et je l'ai validé : l'enseignement auprès d'élèves en souffrance psychique temporaire ou installée renforce les **dilemmes** ordinaires de l'enseignant et des équipes !

L'enseignement auprès de ce public fragile accentue les doutes pédagogiques. Les alternatives semblent parfois se multiplier à foison dans les choix du professionnel au quotidien : dans les préparations de classe, les progressions à moyen ou court terme ou les décisions imminentes d'aménagement du cadre. S'observent régulièrement deux inclinations chez l'enseignant confronté au chaos psychique de l'élève : un sentiment d'empathie grandissant et une volonté de tenir le cadre d'apprentissage. Naît de ce tiraillement un fort dilemme – appelé *« dilemme de l'aide »* – berceau de

2. Thomazet, S. et Mérini, C., (2014). Le travail collectif, outil d'une école inclusive ? *Questions vives, recherches en éducation, 21.*
Thomazet, S. et Mérini, C. (2019). Vers une société inclusive : des liens nécessaires entre formation, pratique et recherche, *La nouvelle revue, 85*, 103-119.

contradictions entre des visées pédagogiques louables et tout à la fois opposées et associées :

Faut-il privilégier « l'élève savant » ou « l'élève réussissant » ?

Les recherches que j'ai menées en 2019 et 2020 sous la direction de Florence Lacroix[3], aboutissent non pas à une réponse dichotomique, mais à une réponse bigarrée dont les variations de ton offrent des tendances incluant des marges d'erreur. Ces travaux ont influencé mon regard sur les souffrances enseignantes face aux troubles psychiques de leurs élèves et plus largement sur les équipes, les directeurs d'école ou chefs d'établissement.

Dans la pratique, les variables sont telles, dans les inadaptations des élèves troublés psychiquement, qu'il serait maladroit de privilégier une acception : l'élève savant *versus* l'élève réussissant. Il est erroné, voire inefficient, de privilégier l'un au détriment de l'autre : il faut, dans la mesure du possible, jouer des deux partitions. Au regard de chacune, s'attacher à impulser des actions concrètes et explicites pour qu'existe l'enseignement.

Dans les programmes d'enseignement français, « lorsqu'il apparaît qu'un élève risque de ne pas maîtriser les connaissances et les compétences indispensables à la fin d'un cycle », l'enseignant doit mettre en œuvre une série de mesures, d'actions qui seront « formalisées dans un document qui précise les objectifs, les ressources, les types d'actions, les échéances et les modalités d'évaluation ». Autrement dit, contractualiser, institutionnaliser les aménagements rapprochant l'élève des savoirs et de la norme d'apprentissage.

Au cœur de ce que serait une école inclusive, les besoins éducatifs particuliers émergent de la nécessité d'aménagements dans une école dite ordinaire. Il s'agit pour l'enseignant d'élaborer des réponses possibles pour chaque élève *« bien au-delà de la notion de*

3. Florence Lacroix est maître de conférences en sciences de l'éducation, rattachée au laboratoire CREN (Centre de recherche en éducation de Nantes).

handicap », afin de créer les conditions de réussite de la scolarité pour tous.

Or il n'est pas certain que les aménagements conduisant à *« l'élève réussissant »* coïncident avec les aménagements engageant « *l'élève savant* » !

Faut-il alors que l'enseignant se centre sur l'élève en souffrance psychique ou sur les savoirs de l'élève ?

Comment se positionner sans se contredire entre le respect des savoirs à enseigner, en étant fidèle aux prescriptions, et le « *confort ou plaisir d'apprendre* » de l'élève malmené ?

« En abordant l'analyse du travail dans son quotidien « ordinaire », nombre de travaux ont pu pointer l'existence de contradictions amenant l'enseignant à prendre des décisions au cœur de logiques contradictoires » (Ria *et al.*, 2001, cités par Thomazet et Mérini, 2014). Être éveillé à ces logiques contradictoires permet de se dégager d'une culpabilité naissante dans les situations heurtées : il existe une multitude d'options, d'aménagements selon les centrations définies.

Parfois, nous le verrons, un aménagement s'appuie sur une centration, d'autres fois il oscille entre les deux directions que sont celle « *du style élèves savants* » et celle « *du style élèves réussissants* ». Dans le premier cas, l'aide est considérée comme devant être légère et rapidement abandonnée au profit du respect du programme. Dans le second cas, l'enseignement se distancie plus volontiers des programmes pour privilégier le bien-être des élèves : *« diminution du niveau d'exigence, aménagement du groupe-classe, de l'organisation du temps, des formes évaluatives, du matériel ou des charges de travail ».*

Cependant, tant qu'il n'a pas idée de cette contradiction intrinsèque à l'art d'enseigner aux plus vulnérables, l'enseignant peut perdre en lisibilité professionnelle, en cohérence d'ensemble (« *se tromper de costume* » ou se sentir *« pseudo »*). Si cela s'avère fâcheux d'un point de vue individuel et professionnel – j'en ai abondamment parlé – cela l'est tout autant au regard de la communauté éducative qui ne sait plus bien à qui elle a à faire. Pire, elle se demande parfois – et je l'ai bien des fois entendu – si l'enfant est toujours considéré comme élève apprenant...

Afin de répondre à la souffrance psychique, il ne suffit pas d'œuvrer pour que *« l'élève se sente bien à l'école »*, il faut être bien conscient du dilemme inhérent à l'enseignement et poser des actes précis, en pleine adéquation avec l'un ou les deux pôles séparément ou concomitamment.

Se partager cette vérité à la manière d'un mantra ou un leitmotiv permet de gagner en clairvoyance : face aux troubles psychiques, il n'y a pas à choisir ni occulter un pan ou l'autre, « l'élève devra être **et** savant **et** réussissant » et l'ensemble des aménagements devra concorder en ce sens de manière explicite. Même à tout petit niveau, même de manière bigarrée, même humblement, même à tout petit pas.

Cela amène trois mouvements :

▷ **Premier mouvement**

Les aménagements choisis seront de type « élèves savants et réussissants » dans toutes les proportions possibles... 50/50 %... 80/20 %... 15/85 %...

▷ **Second mouvement**

Les points d'appui dont sont issus les aménagements seront soit ceux de l'élève réussissant soit ceux de l'élève savant. Il n'y en a pas d'autres !

– La raison de la dualité des points d'appui est assez simple. Tout aménagement repose sur deux examens : une observation du comportement inadapté de l'élève en souffrance et une observation de son lien à la tâche qui, lui, est toujours didactique.

– Aucun aménagement n'a de sens scolaire s'il n'a pas comme fondements ou soubassements les apprentissages et l'ambition chevillée « d'élever » l'élève, au sens d'*educere* en latin.

▷ **Troisième mouvement**

Tout aménagement devra être évalué à l'aune des deux axes « élèves savants » et « élève réussissant ».

L'enseignant, seul ou avec l'aide d'un formateur, d'un groupe de pairs, pourra chaque fois apprécier la portée des aménagements choisis au regard de son explicitation des visées : *« avoir soin de »*, *« veiller au bien-être de »* **et** *« donner l'éducation à »*.

En relisant les interviews que j'ai réalisées auprès d'enseignants exerçant en unité de psychiatrie infanto-juvénile[4], je perçois très exactement cette féconde bivalence dans les aménagements. Bivalence ayant ici comme définition : « qui a deux fonctions différentes ».

Elle est fortement présente dans les travaux d'Egron de la même manière.

Elle est régulièrement absente dans les situations douloureuses vécues dans les écoles ayant choisi – parfois spontanément – l'un des deux pôles : *« veiller au bien-être de »* **ou** *« donner l'éducation à »*.

C'est pourtant cette féconde bivalence qui construit la réussite d'une scolarité inclusive dans les établissements scolaires dans lesquels les deux pôles sont présents et partagés de manière explicite vis-à-vis de l'élève et de ses parents.

Mon expérience m'a amenée à évaluer de nombreux plans d'intervention dans des cas bien difficiles pour les équipes enseignantes. J'ai repéré et mesuré leurs succès en termes d'apaisement des situations. Ils tiennent la plupart du temps, pour un élève ayant des troubles psychiques temporaires ou installés, à la présence énoncée de ces deux fonctions portées par l'enseignant et les membres de la communauté éducative.

Les enseignants ayant apprivoisé le *« dilemme de l'aide »* n'opposent pas la centration sur l'élève à celle sur les savoirs :

4. Entretiens réalisés en 2019 au sujet des aménagements pour des élèves ayant des troubles internalisés.

ils les conjuguent, les relient, les apposent, les juxtaposent. En quelque sorte, ils usent d'une grammaire scolairement inclusive !

Découvrir cette contrainte « naturelle » offre une certaine sérénité : enseigner aux élèves troublés psychiquement c'est, au travers d'aménagements, viser **et** le bien-être **et** les savoirs de l'élève, et cela suit, parfois, des logiques qui semblent, à première vue, bien contradictoires !

L'art du balancier

Hector

Hector était un élève peu présent en classe. Hospitalisé au plus jeune âge en service d'oncologie, il bénéficiait depuis d'une scolarité adaptée. La posture bienveillante de la communauté éducative avait établi *« comme un voile »* sur sa situation scolaire, de telle sorte que n'était pas réellement questionnée la présence massive d'accompagnateurs à ses côtés en classe depuis trois ans. Sa vulnérabilité « touchante » avait gommé la mise en cause des compensations.

Il développa, suite au premier confinement, des angoisses massives qui freinaient sa venue à l'école. Les troubles amenèrent la famille, suivant les conseils de son médecin traitant, à se rapprocher d'un pédopsychiatre exerçant en centre médico-psychologique (CMP) pour qu'un avis en équipe interdisciplinaire soit formulé et qu'une prise en charge psychique soit engagée. Hector bénéficia alors de consultations régulières, d'une psychothérapie individuelle et d'un temps en atelier pédagogique hebdomadaire.

Au CMP, la vivacité d'esprit d'Hector étonna, de même que sa capacité à faire des liens et sa pensée créative. Certains de ses sujets de prédilections semblaient bien sérieux pour son jeune âge et surtout terriblement pointus !

Questionnés sur ces sujets, les parents d'Hector expliquèrent qu'il avait appris seul à lire vers l'âge de cinq ans – peut-être un peu avant –, qu'actuellement il *« dévorait »* cinq à six livres par semaine. Il dépassait son grand frère dans bien des domaines. Ils n'en avaient rien dit à l'école, car Hector y était peu présent et parce qu'il n'était déjà *« pas comme les autres du fait de son état de santé »*. *« L'école le protégeait du mieux qu'elle pouvait»*, veillant à son bien-être et *« c'était bien ainsi »*. Cela les rassurait.

Le psychologue du centre médico-psychologique confirma ce qui se profilait : Hector était un enfant angoissé dont la pensée était surefficiente. Il semblait inadapté à l'école, car il n'en avait pas les codes : peu scolarisé et toujours accompagné d'un adulte, il s'efforçait du mieux possible et docilement *« d'entrer dans le cadre »*. La relation d'Hector aux apprentissages était, du fait de sa surrefficience, brimée. Difficile pour cet esprit vif et insatiable de se conformer aux normes d'apprentissage :

- se sentant un peu *« différent »* des élèves de la classe il limitait ses tracés, vérifiait à outrance ce que les adultes en classe attendaient de lui,
- sa pensée divergente l'amenait naturellement à chercher plusieurs solutions à un problème, là où une seule réponse était demandée,
- il tergiversait,
- sa flexibilité cognitive le conduisait assez naturellement à regarder chaque problème sous plusieurs angles, à changer de processus au besoin, à utiliser diverses focales,
- cependant, chaque fois, il se demandait *: « Que veut l'enseignant exactement ?... »*, alors il s'appliquait à l'excès, ne distinguant pas le détail du global, l'important du superflu scolaire.

Ses absences répétées à l'école depuis le plus jeune âge avaient tracé une scolarité en pointillés. Lui n'avait pas une idée bien précise des conventions scolaires : à sept ans, il n'avait été scolarisé, de manière cumulée, que deux années et demie.

La communauté éducative se réunit. Directeur d'école, enseignant référent de la Maison du handicap et de l'adaptation, enseignant de la classe, enseignant du CMP, accompagnateur en classe, famille, psychologue de l'Éducation nationale, psychologue et éducateur arrivèrent à la conclusion d'une inadéquation entre l'aménagement très contenant du cadre scolaire et les besoins d'apprentissages et d'autonomie de pensée d'Hector.

Il fallait *« donner du lest »*, faire venir Hector à l'école plus souvent et lui offrir des temps de découverte. Accepter moins de présence d'un adulte accompagnant en classe permettrait de renouer avec une norme scolaire, car, d'un point de vue somatique, sa santé s'était améliorée.

Enthousiaste à cette idée, l'école passa d'une posture très étayante à une posture privilégiant l'autonomie d'apprentissage. L'accompagnement d'un adulte en classe resta de neuf heures par semaine, mais Hector vint deux fois plus en déjeunant à la cantine un jour sur deux.

La possibilité de fixer un quart d'heure de repos au cours de chaque heure de classe, en plus des récréations fut discutée, pour qu'Hector puisse jouer ou écouter de la musique en fond de classe. Lors de la première réunion, le psychologue avait émis cette idée, mais n'avait pas insisté afin de ne pas empiéter sur les prérogatives enseignantes. Dans « l'euphorie » de la reconstruction d'un cadre scolaire moins discriminant, la proposition d'un aménagement de l'emploi du temps lié à la fatigabilité d'Hector fut assez distraitement entendue... chacun rêvant d'un pas vers la « normalité » ! L'équipe se disait que *« comme Hector devenait un élève comme les autres, il demanderait lorsqu'il serait fatigué »...*

Or Hector ne demanda pas de pause et s'épuisait. En classe, il multipliait les tergiversations au point de ne pouvoir travailler efficacement seul, malgré son efficience cognitive. La pression de la « normalité » fut telle qu'il développa des manifestations de retrait scolaire et ne vint plus en classe jusqu'à la fin de la période suivante.

Sans attendre, l'équipe pluriprofessionnelle et la famille décidèrent d'un rééquilibrage des aménagements du cadre scolaire :

- respecter son besoin de repos permettrait d'optimiser son fonctionnement cognitif général. L'emploi du temps d'Hector serait jalonné de temps de « petites pauses imposées » ;
- l'accompagnateur participerait au bon fonctionnement psychoaffectif d'Hector en proposant en classe des petits temps de défis mathématiques ou de lecture de la presse, c'est-à-dire des activités à sa portée (au-dessus du groupe-classe), inscrites à l'emploi du temps ;
- chaque nouvel apprentissage se ferait **avec** le groupe et non **à côté** du groupe, avec son accompagnateur pour qu'Hector se sente appartenir à la classe ;
- le nombre d'exercices serait diminué : il apprenait si vite que la lecture seule d'une règle lui permettait souvent d'appréhender la notion ;
- Hector profiterait du temps disponible pour venir en aide à ses pairs ;

- chaque semaine, lors d'un petit rendez-vous, son enseignante reprendrait les exigences des situations d'apprentissage : Hector surestimait si souvent les demandes scolaires qu'il fallait être explicite !

Ainsi, face au *« dilemme de l'aide »,* c'est une série de mesures qui se mit en place en préservant chaque fois que possible les savoirs à acquérir **et** le cadre bienveillant visant le bien-être d'Hector : *« diminution du niveau d'exigence, aménagement du groupe-classe, de l'organisation du temps [...] ou des charges de travail ».*

Dans cet exemple se repère facilement le balancier : tantôt vers « l'élève réussissant », tantôt « l'élève savant » puis – et de manière fort ajustée à la souffrance psychique – un camaïeu des deux, en prenant grand soin, chaque fois, de se référer aux apprentissages.

Lina

Lina avait vécu une enfance traumatique. Un placement en famille d'accueil avait été prononcé pour la protéger. Elle avait parlé assez tardivement, souriait peu, le teint très blanc et les gestes lents. Elle avait changé plusieurs fois d'école, avait été un temps déscolarisée. Elle chantonnait souvent en classe des morceaux de refrains en boucle et à petite voix.

L'école se disait qu'il fallait – avant tout – qu'elle se sente bien, qu'elle soit au mieux accueillie *« parce qu'elle n'avait pas l'air heureux ».* Son enseignant de troisième année d'école primaire avait adapté le travail scolaire aux capacités supposées de Lina : des activités essentiellement d'entraînement de niveau bien inférieur à sa classe d'âge, des fichiers « ludiques », des porte-clefs « mémo », sortes de pense-bêtes en conjugaison, grammaire et sur les tables de multiplication.

Consciencieuse, Lina s'exerçait avec souvent de la réussite sur les activités de petit niveau, mais présentait de manière un peu disparate des blocages massifs sur certains champs mathématiques. Dans les temps d'apprentissage ou d'entraînement, elle travaillait « en décalé » du groupe-classe, sur des supports conçus pour des enfants plus petits, avec minutie. Dans les temps collectifs, elle levait rarement la tête, comme si elle était étrangère à la vie du groupe. Elle *« ne faisait pas de bruit ».*

C'est Nathalie, l'enseignante du réseau d'aide, qui alerta l'équipe après avoir accueilli Lina en petit groupe de remédiation en mathématiques. Lina lui dit ne pas *« vraiment faire partie de sa classe »*, car *« les autres élèves se connaissaient depuis longtemps »*. Si elle se sentait *« rassurée »* par le travail de petit niveau demandé, elle ne percevait pas pourquoi elle avait ces *« pense-bêtes »* et ne les utilisait pas. Elle trouvait son enseignant gentil, c'est pourquoi *« c'était pas grave d'avoir du travail de petits »*.

Lorsque Nathalie l'avait questionnée sur son rapport à l'école, elle avait perçu une grande lassitude ainsi qu'une incompréhension des enjeux scolaires, une inappétence, voire un ennui.

Ses observations l'amenèrent à repérer des compétences en « pics et en creux », des pans entiers d'enseignements absents. Par « docilité scolaire » Nina taisait à son enseignant ce qu'elle disait à haute voix en groupe de remédiation : *« Oui oui, j'ai compris, et caetera et caetera, et blablabla et blablabla »*, en repoussant parfois l'aide de la main, comme si elle comprenait vite certains sujets.

En toute bienveillance, son enseignant s'était appuyé sur les anciennes évaluations de Lina, peu renseignées au vu de son absentéisme. Il craignait de la mettre à mal avec des évaluations normées et *« stigmatisantes »* de trop haut niveau.

Il se disait intérieurement qu'elle serait certainement en section d'enseignement adapté d'ici deux années, bénéficierait d'un petit groupe de pairs avec des enseignants spécialisés. D'ici là, il fallait à Lina du temps pour réapprivoiser la classe : il avait alors mis l'accent sur le fonctionnement socioaffectif de Lina en lui donnant une place dans les activités en petits ateliers (hormis en français et en mathématiques où elle semblait très en retard). Même si elle semblait un peu à l'écart, il veillait à ce qu'elle ait chaque fois un rôle, faisant lui-même les petits groupes, restant en proximité au besoin pour qu'elle se sente en sécurité, lui « offrant » parfois le matériel qui manquait... plutôt que de le demander à la famille d'accueil. Il tentait de préserver un cadre sécure en évitant qu'elle soit mise à mal par des difficultés scolaires ou affectives à l'école.

Il était en lien étroit avec la famille d'accueil de Lina et n'hésitait pas à téléphoner, en plus des petits mots dans le cahier de liaison, pour que Lina ait à chaque fois le matériel adapté aux sorties et projets (pique-nique, sac à dos, objets rapportés du « domicile »), il avait aussi proposé de fêter son anniversaire en classe parce qu'il n'était pas sûr qu'elle puisse inviter des camarades à son domicile. Il se disait très touché par cette enfant.

Nathalie demanda un échange entre collègues. En toute bienveillance, elle questionna à haute voix : *« Considère-t-on Nina comme une* ***élève*** *vivant en famille d'accueil ou comme une* ***enfant*** *meurtrie placée en famille d'accueil et par ailleurs scolarisée ? »* Elle exprimait ainsi le *« dilemme de l'aide »* tel que défini peu avant : ce qui était mis en œuvre pour Lina était-il du ressort de *« l'élève savant »* ou de *« l'élève réussissant ».* L'école ne prenait-elle pas une posture – certes estimable – mais éloignée de la norme scolaire ?... Norme peut-être attendue par Lina et perceptible dans le *« oui oui, j'ai compris, et caetera et caetera, et blablabla et blablabla » ?*

Ensemble, ils convinrent de ne pas choisir entre ces deux acceptions, mais d'augmenter la part *« élève savant ».* C'est Nathalie, aidée de l'enseignant de la classe et d'une collègue de l'école, qui fit passer à Lina des tests de positionnement mesurant ses compétences et connaissances précisément. Ils découvrirent que Lina ne percevait pas le sens des multiplications, l'intérêt de schématiser, le nom des nombres entre soixante et quatre-vingt-dix-neuf, mais connaissait quelques tables, gribouillait et comptait sur ses doigts pour répondre à de petits problèmes, connaissait la suite des nombres (sans pouvoir la réciter) jusqu'à 1 000. Ils mesurèrent sur toute une période les acquisitions de Lina en étant très clairs sur l'objectif : cerner ses compétences et adapter la scolarité au mieux.

Un rendez-vous fut pris avec la directrice, l'enseignant, l'éducateur et la famille d'accueil, pour préciser le niveau par matière de Lina.

Le groupe de remédiation fut reconduit. Lina gagna en compréhension du sens scolaire, commença à dire à son enseignant ce qui était facile pour elle ou ce qu'elle ne comprenait pas, *« leva la tête »* et s'intéressa aux projets de classe.

À deux classes, furent organisés des temps d'ateliers par groupe de besoin avec, chaque fois, un objectif, une finalité et un petit projet (défi, construction, lecture à haute voix aux élèves de l'école, semaine des poètes, etc.).

Ses difficultés ou réussites étaient abordées avec l'enseignant une fois par semaine. Jamais n'étaient occultés les attendus scolaires, les critères de réussite ou le niveau escompté. Ces nouveaux aménagements plus structurés, explicites et tout aussi contenants donnaient une place centrale aux apprentissages.

Sur les deux périodes restant avant la fin de l'année scolaire, la directrice consacra à Lina un temps d'échange et d'écoute bimensuel : elle accueillait, en dehors de l'espace classe, incompréhensions et remarques et répondait en explicitant les « allants de soi ». Ainsi, le cadre bienveillant était porté à plusieurs.

Timéo

La directrice d'une petite école de campagne avait demandé l'aide de sa hiérarchie pour accompagner son équipe sur l'orientation scolaire de Timéo.

Timéo, onze ans, vivait seul avec sa maman. À l'école, il avait développé des rituels et des gestes *« pour le moins étranges »* quand il entrait en classe ou changeait de salle, passait de l'extérieur à l'intérieur des espaces ou de la cour. Il avait un comportement *« atypique »,* mais *« n'était pas méchant »,* aux dires de l'équipe. Il semblait avoir compris des notions éparses en mathématiques et en français : on l'entendait répondre *« à la volée »* de manière fort juste, malgré un niveau qui semblait, à tous, très inférieur à la norme scolaire.

Timéo se montrait *« étrange »* dans ses remarques, souvent *« à côté du sujet »* et pouvait parfois s'esclaffer ou rire *« d'un rien ».* Son corps paraissait comme *« rigide »,* il se tenait très droit, ne se salissait jamais les mains, ne laissait pas une miette de gomme sur la table. Sa voix était haut perchée.

Sa maman évoquait de grandes capacités à lire... à la maison. En classe, il lisait assez peu, très lentement, mais sans anicroche. Régulièrement cependant, il détournait le regard devant les longs textes des manuels et exercices écrits ou projetés sur le tableau. Il était assez attentif chaque fois qu'il utilisait les outils informatiques pour s'entraîner avec des logiciels pédagogiques. Sur les cahiers, il écrivait *« gros et de manière lente et crispée ».*

Dans cette école à cinq classes, de la maternelle à l'élémentaire, chacun avait pris l'habitude de lui dire ou montrer ce qu'il fallait faire, engageait sa main pour qu'il prenne un ballon, une trottinette, un crayon, un cahier ou une étiquette : il fallait *« le lancer »* afin qu'il s'engage dans la tâche.

Par habitude et en accord avec sa maman, il ne participait pas aux sorties scolaires avec ou sans nuitée : il suivait trop de rituels à la maison pour s'adapter à la nouveauté.

Petit, face à la frustration née de l'incompréhension des situations scolaires, il avait *« fait de vraies crises, de fortes colères, voire s'était mordu »*. Il avait fallu le tenir à plusieurs reprises avant d'appeler sa maman, qui, pour s'occuper au mieux de lui, avait diminué son activité salariée. Elle venait le chercher à l'école quand les crises se faisaient plus régulières. L'équipe avait noté qu'elle semblait lui traduire le monde lorsqu'ils étaient ensemble, elle expliquait ce qui se vivait autour de lui comme on le ferait pour un tout-petit. Elle l'assistait dans des gestes de vie quotidiens, fermait son blouson par exemple, car il ne distinguait pas le froid ou – en tout cas – ce qu'il fallait faire quand il faisait froid.

Timéo semblait avoir de l'empathie envers les autres élèves, mais les regardait souvent avec étonnement. Jouer avec eux avait été un long processus d'appropriation grâce à la patience de l'équipe, des agents municipaux, des élèves, des autres parents.

L'école était située en pleine campagne et *« tout le monde »* connaissait Timéo ! De la restauration au périscolaire, de la bibliothèque à l'épicerie du petit bourg. *« Il est comme ça »*, entendait-on lorsqu'on mentionnait ses bizarreries.

Les enseignants de l'école avaient pris pour habitude de l'accueillir dans leur classe quand il se montrait trop dispersé, déambulant en classe ou énervé. À l'occasion, il participait à de petits projets avec les plus jeunes de l'école. Il était lecteur et cela faisait de lui un bon partenaire !

Suivi depuis le plus jeune âge par un hôpital de jour en psychiatrie infanto-juvénile, il avait acquis quelques clefs de compréhension du monde, un amoindrissement de ses symptômes d'angoisse, une capacité à être plus adapté avec ses pairs : moins d'étrangetés et d'angoisse et un certain apaisement pour lui et son entourage familial. Cela s'était fait au prix de nombreuses absences scolaires.

Timéo avait été maintenu en grande section de maternelle sans la moindre hésitation de la part de l'inspection de l'Éducation nationale au vu de ses troubles. Sa maman refusait l'idée de handicap pour son enfant, parlait de haut potentiel quand d'aucuns évoquaient des handicaps neurobiologiques, sans qu'un diagnostic ne soit parlé. Les progrès constants de Timéo dans la flexibilité cognitive même menue, la diminution des crises et sa plasticité cérébrale avaient donné à chacun une dose d'espoir. Cependant, Timéo était en quatrième année d'école élémentaire et personne ne l'imaginait, un an et demi plus tard, au collège… en milieu ordinaire… à trente minutes de chez lui !

Les enseignants de l'école ne savaient pas si un diagnostic des troubles de Timéo avait été établi, car la maman disait *« ne rien en savoir »* tout en ajoutant *« ne pas être en accord avec le pédopsychiatre »*. À ce sujet, l'équipe de l'hôpital de jour était restée fort discrète, disant qu'en l'état actuel des choses, poser un diagnostic serait erroné. Il fallait attendre les évolutions psychiques liées à la puberté.

Timéo, assez vif et malin par moment, était *« en dehors du cadre »*, *« différent »* tout le temps. Pour l'équipe enseignante et la directrice, il était grand temps de travailler son orientation avec toute la douceur et la temporalité nécessaires à cette maman. Chacun de l'équipe pédagogique la connaissait et, il faut bien le dire, l'admirait aussi de tant d'abnégation et de tolérance vis-à-vis des troubles de son fils.

Si l'équipe, y compris la directrice actuelle ou son prédécesseur, avait construit un *« cocon »* autour de Timéo *« pour qu'il se sente en sécurité et accueilli »*, il y avait un *gap* très important qui affolait les enseignants du cycle trois : on ne pouvait pas travailler l'orientation de Timéo, parce qu'on ne savait pas quelles étaient réellement ses compétences !

Autrement dit, la communauté éducative – avec une profonde compréhension des étrangetés grâce à la PMI puis à l'hôpital de jour – avait privilégié un pôle sur l'autre : 95 % d'élève *« réussissant »* et 5 % *« d'élève savant »*. Cela avait permis de juguler ses crises, de préserver son cadre de vie, l'école et ses pairs ainsi que… sa maman.

Les dernières évaluations *« sérieuses »* de ses compétences dataient du milieu de la première année d'école élémentaire. Depuis, de manière dispersée, on trouvait dans les bilans trimestriels, quelques « fulgurances » de compétences, l'ensemble évaluant plus les comportements que les acquisitions disciplinaires.

Dans l'équipe de formateurs de circonscription, alertée par l'école, certains connaissaient Timéo, notamment pour lui avoir fait passer en individuel ces évaluations, quand il était plus jeune.

Si Timéo bénéficiait d'un cadre bienveillant et structuré, d'un environnement sécure, rien n'avait été réellement travaillé en appui sur son fonctionnement cognitif, parce que son comportement embolisait l'espace. S'ajoutait certainement aussi la présence parfois insistante de sa maman, qui disait reprendre le travail à la maison et voir – chez son fils – de belles compétences.

Six semaines : c'est la durée qui fut nécessaire à la bascule faisant naître une certaine et saine bivalence, rapprochant Timéo des programmes, des savoirs afin de jalonner un futur parcours scolaire.

Une réunion de travail avait réuni une collègue du cycle précédent, deux conseillers pédagogiques dont l'une connaissant bien Timéo, la directrice-enseignante de l'école, son enseignant et une enseignante de maternelle qui souhaitait participer à la réflexion.

Il fut décidé :

- de recueillir auprès de sa maman les supports de lecture qu'elle disait maîtrisés par son fils (quels qu'ils soient),
- de chercher, compétence par compétence, des exercices sur des logiciels éducatifs ou des applications en appui sur les tests de positionnement de l'Éducation nationale,
- d'utiliser de petits jeux ou objets de la maison qu'il affectionnait pour rendre concrets les exercices des tests et rester dans son cadre de référence.

À partir de ce matériau, les disciplines de français et de mathématiques furent passées au tamis des jeux et exercices aménagés. Tous furent soumis en individuel avec un adulte bienveillant à ses côtés. Les compétences choisies furent exactement celles des programmes. Cependant, les paramètres (nombre, longueur de texte, univers de référence, niveau) étaient réduits : on travailla essentiellement à partir des centres d'intérêt de Timéo pour les énoncés des problèmes, la géométrie, les exercices de grammaire. Timéo répondait à l'oral au besoin ou choisissait parmi des possibles proposés par les « évaluateurs ». Ainsi, on repéra que Timéo avait un petit niveau de cycle deux en mathématiques et de tout début de cycle trois en lecture ; ses compétences en grammaire et en conjugaison correspondaient plutôt aux acquis de deuxième année de cycle deux.

Sa maman fut informée du dispositif construit en amont. Ainsi, elle chemina au fur et à mesure des résultats. L'écart « à la norme » était enfin mesuré et les aménagements – comme le travail en binôme avec un adulte ou l'utilisation de jeux-test sur informatique – amenèrent la maman à considérer que son enfant était un élève ayant des compétences et un écart de deux à trois ans en français et en mathématiques.

On vit alors que Timéo pouvait avoir une relation apaisée aux apprentissages dans ces conditions d'appropriation. La proximité de l'adulte et la médiation des livres et jeux de la maison ou de l'ordinateur lui permettaient d'apprivoiser le cadre scolaire. La présence d'un adulte à ses côtés devint une compensation prioritaire. Il restait alors un an et demi pour poursuivre la réflexion d'une scolarité adaptée en appui sur les savoirs et le bien-être de Timéo.

Amandine

En raison de sérieuses carences familiales, Amandine et son frère avaient été placés deux années en famille d'accueil. Après un temps de rencontres médiatisées et un solide accompagnement social, les enfants avaient retrouvé leur maman qui était, depuis leur retour, bien épaulée par les professionnels de l'aide sociale à l'enfance. Faisant *« du mieux qu'elle pouvait »*, elle avait retrouvé une activité professionnelle. *« Les enfants ne manquaient de rien. »*

Elle semblait cependant d'une grande fragilité : elle souffrait de troubles de la mémoire et ses propos perdaient parfois en cohérence. De ce fait, chaque rencontre scolaire était médiatisée par des travailleurs sociaux qui faisaient des écrits[5] pour *« fixer les choses »*.

Amandine, si pétillante de vivacité dans les conversations de la vie courante ou dans le soutien qu'elle apportait à sa mère, semblait un peu perdue en classe, montrant des signes de fatigue, de rupture de la pensée, de pertes de conscience de quelques instants qui inquiétaient les professionnels de l'éducation. Parfois, elle refusait de se nourrir et avait fait plusieurs malaises. Elle bénéficiait d'un suivi régulier par un psychologue clinicien et de séances d'orthophonie pour des difficultés de langage écrit.

Son frère souffrait d'un retard de développement important et poursuivait sa scolarité en institut médico-éducatif.

Amandine avait été maintenue en troisième année d'école élémentaire du fait de difficultés scolaires… les difficultés sociales *« faisant le reste »* ! Depuis, elle écrivait peu en classe, jouait, dessinait sur des temps courts avec l'accord de l'équipe pédagogique, en appui sur ses besoins de sécurité et d'un cadre contenant.

5. Les travailleurs sociaux rédigent ce qu'on appelle des « écrits professionnels ». Il s'agit de textes mis en forme dans le cadre de leur fonction lorsqu'ils sont au contact des publics qu'ils accompagnent. Ces écrits constituent un pilier du champ clinique de l'action éducative.

La scolarité était adaptée à son niveau scolaire sans vraiment le lui dire afin qu'elle se sente en réussite face aux activités toujours à sa portée :

- elle effectuait en classe du travail de très petit niveau,
- elle avait le droit :
  - de réaliser des bricolages le matin et l'après-midi, à chaque début de demi-journée ou après les récréations,
  - de dessiner lorsque les apprentissages du reste du groupe-classe étaient inatteignables,
- elle ne bénéficiait que d'évaluations positives de son travail sans mise en exergue de ses difficultés,
- elle avait peu de devoirs.

Elle finissait l'avant-dernière année d'école élémentaire et « faisait la brave » face à son psychologue, son éducateur ou la directrice de l'école : *« J'suis hyper forte », « À l'école j'suis douée », « J'ai que des « bien » ou « très bien » »*. Pendant le confinement de 2020 lié à la pandémie du Covid, l'école avait perdu la trace d'Amandine qui n'était pas revenue en fin d'année scolaire avant la dernière semaine de juin. À son retour, ni l'enfant ni sa mère ne semblaient avoir repéré l'importance de ce « trou » dans les apprentissages. *« On va droit dans le mur »*, avait dit la directrice à l'éducateur : *« Amandine n'a pas le niveau requis pour le collège, elle va s'effondrer. »* Elle regrettait presque d'avoir, avec son équipe, décidé de *« diminuer le niveau d'exigence, d'aménager le groupe-classe, l'organisation du temps, les formes évaluatives, le matériel ou la charge de travail »*.

En groupe d'échange de pratiques avec les directeurs d'école de sa circonscription, elle revisita la situation d'Amandine. La plupart des aménagements choisis par l'équipe de cycle semblaient judicieux étant donné la situation sociale et la santé psychique d'Amandine, mais cela l'éloignait de la norme scolaire.

Contrebalancer cet équilibre revenait :

- à rendre plus visible la partie *« élève savant »* des aménagements pour Amandine,
- à présenter cette démarche sans artifice, tant à l'élève qu'à sa mère, en présence de l'éducateur.

En toute bienveillance, le tout petit niveau d'Amandine avait été « dissimulé » par l'équipe depuis un an et demi. L'affaire était fort délicate : il s'agissait de ne pas peiner l'enfant, tout en étant explicite sur ses lacunes.

La directrice était prudente sur ce champ, d'autant que la haute estime d'Amandine de ses compétences était, comme l'avait décrit son psychologue, une sorte de faux-self[6] lui permettant d'exister au monde. Amandine, en vantant ses exploits supposés, en disant *« J'suis hyper forte »*, se soumettait à ce qu'elle imaginait du désir de sa mère ou de l'école à son égard.

En lien avec les professionnels du soin et son éducateur, l'équipe d'enseignants du cycle choisit d'ajouter à chacun de ses entraînements des critères explicites de réussite et, régulièrement, l'écart de niveau avec sa classe, ainsi que les perspectives de progrès. Il n'était plus question de leurrer Amandine sur ses compétences !

Cette juste appréciation permettrait également à la maman de cheminer vers une orientation en section d'enseignement général et professionnel adapté pour sa fille au collège. En parallèle, avec l'enseignant de la classe, la directrice évaluait la pertinence des aménagements mis en place : temps de repos ou de bricolage. Ils diminuèrent au profit d'activités d'entraînement ludique.

Tout en préservant un cadre sécure et contenant, ces choix d'équipe illustrent ce que j'ai décrit comme la « féconde bivalence du dilemme de l'aide ».

Percevoir le dilemme « *Se centrer sur l'élève ou les savoirs ?* » comme une contrainte inhérente à l'exercice du métier d'enseignant, renforcée – je l'ai dit – par la présence des troubles psychiques, permet aux enseignants de gagner en clairvoyance pédagogique auprès de ce public fragile et de prendre, collectivement, des décisions ajustées.

Un dilemme qui peut s'avérer gagnant-gagnant !

6. Le faux-self est une structure psychique qui se développe chez un sujet au regard de l'inquiétude perçue face à un environnement hostile. L'attitude de faux-self permet d'entrer en lien affectif et psychique avec les autres en donnant de soi une image perçue comme étant celle qu'on attendrait du sujet, sans que cela ne soit explicite. C'est une identité d'apparence. Ce concept a été créé par D. W. Winicott, psychiatre anglais (1896-1971).

Du dilemme à la tension

Le métier d'enseignant est une profession « coordonnée », c'est-à-dire, selon moi, creuset d'un faisceau de décisions et d'influences pluriprofessionnelles, hiérarchiques ou coopératives : il y a des délais à optimiser, une action pédagogique à organiser (dans une période, une année, un cycle), des échéances à faire coïncider (orientation, progressions, programmation), des points de vue à relier – ou *a minima* rapprocher – en réunions d'équipe éducative.

Se crée – dans ces temps d'échanges à visée inclusive entre les divers acteurs – un *« espace d'intermétier »* induit selon Thomazet et Mérini par les lois du 11 février 2005[7] et du 8 juillet 2013[8], renforcées selon les chercheurs en sciences de l'éducation par celle de 2019[9] en France. Cet espace est tout à fait symbolique : il se crée chaque fois que les enseignants, éducateurs, psychomotriciens, orthophonistes, thérapeutes, psychologues de l'Éducation nationale, familles, directeurs d'école, services de soin, enseignants référents de la maison du handicap, pédopsychiatres, agents communaux, etc. échangent ensemble pour agir au plus près des besoins éducatifs des élèves vulnérables.

Au sein de l'espace symbolique *« d'intermétier »*, l'activité de chacun est orientée par le métier qu'il exerce.

J'ai participé à l'élaboration, il y a quelques années, d'un programme de formation à destination des directeurs d'école d'un bassin sur la conduite des réunions d'équipes éducatives. Je peux orienter aujourd'hui les explorations de ces travaux sur la réflexion à propos des pédagogies des troubles psychiques.

7. Loi n°2005-102 du 11 février pour l'égalité des droits et des chances, la participation et la citoyenneté des personnes handicapées.
8. Loi n°2013-598 du 8 juillet 2013 d'orientation et de programmation pour la refondation de l'école de la République.
9. Loi n°2019-791 du 26 juillet 2019 pour une école de la confiance.

Lorsque du chaos psychique naît des entraves à l'enseignement, le succès des acteurs à mailler ensemble un filet de sécurité tranquillisant l'élève est envisageable :

- si le métier de chacun (y compris celui de parent !) est visible et reconnu par les autres dans les échanges,
- si les actions proposées sont claires au regard du dilemme de l'aide, c'est-à-dire en appui sur l'un et/ou l'autre des champs *« élève savant » ou « réussissant »* et évaluables à l'aune de critères explicites,
- si les décisions sont mues par le jeu du collectif dans une *« représentation partagée de l'école inclusive »*,
- si les acteurs de l'école perçoivent que les interdépendances entre métiers engagent les professionnels à *« franchir de manière temporaire les frontières de leur organisation et de leurs activités habituelles »*,
- s'ils acceptent, malgré le souhait d'un consensus dans les décisions d'aménagement, que leurs *« stratégies* [...] *restent en accord avec les codes, cadres réglementaires et les genres professionnels de chacun de leurs métiers »*.

Cette fois, il me semble que la nécessité de prise de conscience se déplace quelque peu dans le jeu des acteurs : ce n'est plus exactement à l'enseignant d'être au clair avec les tensions nées de ces franchissements temporaires de frontières, mais au directeur de l'école, au chef d'établissement et à son équipe.

Directeurs, inspecteurs et directions contradictoires

Un certain nombre de directeurs d'école ont endossé leur fonction en amont des lois 2005 et 2013 d'où a émané véritablement le tournant inclusif de l'école en France. Ils se sont adaptés, emboîtant le pas à l'école inclusive – à vive allure parfois – ouvrant les portes des écoles aux partenaires, réunissant les acteurs autour de l'élève en difficulté... toujours au plus près des besoins éducatifs des enfants ou des jeunes, se formant, pilotant tout en exerçant leur métier d'enseignant. Ce remodelage de l'espace scolaire ouvert et partenarial s'est renforcé avec la loi de refondation de l'école en 2019.

Il faut ici pointer que le prescrit institutionnel offre une relative opacité sur le rôle du directeur d'école en France : à la fois pair de ses collègues et leader de son équipe, sans véritable fonction hiérarchique[10].

Son action est régie en ce sens par un référentiel métier (circulaire 2014-163 du 1-12-2014), dont le ministère de l'Éducation nationale français pointe *« les enjeux croissants de la fonction »*.

La *« décision »* de mettre en place un programme d'aménagements pour un élève troublé psychiquement lui revient : cela participe – comme pour tout élève vulnérable – du pilotage pédagogique. C'est alors au directeur d'école ou au chef d'établissement d'impulser la mise en œuvre d'aménagements pérennes au travers des dispositifs de soutien assurant la continuité des apprentissages *« pour les élèves qui n'apparaissent pas en mesure de maîtriser les connaissances et compétences attendues à la fin d'un cycle d'enseignement »*.

Ainsi, « à l'heure de transformations profondes et rapides des systèmes scolaires, la figure du directeur d'école apparaît comme l'une des références, incontournables et sans doute déterminantes, d'une adaptation de l'école à un monde nouveau » (Rich, 2010, cité par Gloméron[11]).

« Interface dans les dynamiques collaboratives de l'école » (Gloméron, 2015), aux prises au quotidien avec la dualité d'être décideur et pair, le directeur d'école exerce sa fonction en faisant levier de ses

10. « Chefs de file de la scolarisation des élèves, le directeur d'école, l'inspecteur de l'Éducation nationale et le chef d'établissement sont au cœur du processus de scolarisation des élèves à besoins éducatifs particuliers [...]. Ils sont les garants de la mise en œuvre des mesures décidées. » Circulaire n° 2019-088 du 5-6-2019.
11. Gloméron, P. (2015). L'action du directeur d'école : entre interface et coopération au sein des différents réseaux fonctionnels. *Biennale internationale de l'éducation et de la formation et des pratiques professionnelles*. CNAM, Paris, juin 2015, https://hal.science/hal-01179860

propres logiques d'actions, ainsi que de celles de son équipe ou des partenaires de l'école.

Naviguer entre ces diverses logiques d'action selon les situations lui permet, simultanément le plus souvent, d'endosser les rôles de pair et de leader auprès de ses collègues. Du grand art !

Dans ma carrière, j'ai eu la chance de croiser des directeurs et directrices d'école, « navigateurs » hors pair, sachant œuvrer avec sagacité dans les situations désordonnées du trouble psychique.

Chacun prenait discrètement et efficacement des postures apaisantes, malgré les contradictions émanant de ce rôle composite et du *« dilemme de l'aide »*... des orfèvres en matière d'accueil des troubles psychiques à l'école !

Il n'est pas question de fixer des jalons à suivre à tout coup – *sinon point de salut* (sic) – mais d'esquisser des profils inspirant facilitant l'apaisement de situations heurtées. En prenant appui sur les vives tensions nées dans les espaces d'intermétier, il est possible d'entrevoir comment le jeu des logiques d'actions, les postures qu'elles engendrent chez le directeur participent aux sorties de crise.

Olga

Olga avait, de manière inattendue, endossé la responsabilité de la direction d'école primaire suite à l'arrêt soudain du directeur pour raisons de santé. Hier collègue, elle devenait – sur proposition de son inspectrice de circonscription – pilote et pair... Elle rencontra d'emblée les partenaires de l'école : centre médico-psychologique, protection maternelle et infantile, intervenants du service de soin, cabinet d'orthophonie et de psychomotricité de proximité, s'enquérant chaque fois des prérogatives de chacun et de la place du secret partagé dans les situations de vie délicate.

Elle institua deux réunions annuelles avec ces partenaires. Ils décidèrent ensemble d'aborder chaque fois une situation clinique anonymisée pour croiser – sans heurt – leurs approches et définir des pistes possibles d'aménagement et/ou d'accompagnement. Elle a été soutenue dans sa démarche par son inspectrice, et se sont joints à eux les enseignants spécialisés du réseau d'aide, le psychologue de l'Éducation nationale, parfois le médecin scolaire dans un temps devenu « temps de formation » annuel[12].

Lorsqu'une situation était au cœur des questionnements, elle mettait en place une réunion avec les partenaires en ciblant les objectifs *« du côté de l'élève savant »* ou du côté *« de l'élève réussissant »*. Bien sûr, elle ne le disait pas ainsi !

Elle priorisait les aménagements en les temporisant : une période, par exemple, pendant laquelle les aménagements permettaient à l'élève de se sentir bien dans l'école – balisée –, un temps de bilan des aménagements – fixé – des pistes à venir – esquissées. Souvent elle mettait face aux objectifs les rôles des partenaires : réassurer, travailler la sphère psycho ou socioaffective, etc. Elle avait fait sienne l'idée que ces enfants « ne pouvaient pas » au lieu de « ne voulaient pas » être élèves, d'ailleurs elle le disait sans retenue aux familles !

Chaque fois que possible, elle prenait sa place en assumant un rôle structurant pour les élèves au psychisme « dégingandé » :

- elle accueillait l'élève dans les temps de crise avec un protocole co-construit avec le CMP et l'inspectrice de l'Éducation nationale, pouvait au besoin contacter directement le pédopsychiatre, le médecin traitant ou le SAMU,
- elle recevait l'élève quand il revenait à l'école après ses prises en charge extérieures et l'accompagnait en classe si son état émotionnel le demandait,
- elle prenait appui sur les familles pour connaître au mieux l'élève et leur reconnaissait – même dans des situations fortement dégradées – leur rôle de parents.

Jamais je ne l'ai entendue utiliser le « me » dont j'ai parlé au début de cet ouvrage : jamais elle ne prenait de manière *intuitu personae* les crises des élèves troublés.

Elle ne considérait pas l'expertise médicale comme la *« déresponsabilis*[ant] *du processus d'aide ». Elle n'imagin[ait] pas l'expertise des*

12. « Le pôle ressource de la circonscription regroupe tous les personnels que l'inspecteur de l'Éducation nationale (IEN) peut solliciter et fédérer pour répondre aux demandes émanant d'un enseignant ou d'une école (conseillers pédagogiques, maîtres-formateurs, animateurs Tice, enseignants référents pour la scolarisation des élèves handicapés, psychologues scolaires, enseignants spécialisés, enseignants itinérants ayant une mission spécifique, etc.). Les personnels sociaux et de santé de l'Éducation nationale peuvent être associés autant que de besoin à son action » (circulaire n° 2014-107 du 18-8-2014).

spécialistes supérieure à la sienne et [...] envisage[ait] que l'aide puisse être aussi une réponse pédagogico-didactique relevant de [sa propre] expertise » Thomazet et Mérini, 2014.

Anne-Élisabeth

Anne-Élisabeth était directrice d'école élémentaire dans la même circonscription qu'Olga depuis dix ans. Il était étonnant de percevoir des similitudes entre leurs postures et gestes professionnels. Cependant, elle avait ajouté un pan très riche – qu'elle avait par la suite partagé avec ses collègues directeurs et directrices du même bassin : elle avait admis fermement l'idée que – en tant que pilote et en lien étroit avec les services de soin – elle pouvait être force de proposition à l'égard de ses collègues enseignants. Elle avait lu des articles et ouvrages sur les rouages des situations heurtées psychiquement et acceptait volontiers *« l'idée de conseil à l'égard de [ses] collègues » (ibid.)* en appui sur ses connaissances, qu'elle reliait – elle le précisait chaque fois – à de nombreuses rencontres avec les pédopsychiatres et psychologues de proximité sur les cas d'élèves.

Chacune avait trouvé habilement le moyen de se détacher quelque peu de la *« tension d'expertise »* mise à jour par Thomazet et Mérini. Par l'ensemble des rencontres régulières avec les interlocuteurs autour des élèves en souffrance psychique, Olga comme Anne-Élisabeth cernaient assez précisément les prérogatives des divers partenaires et acteurs psychiatriques, éducatifs ou thérapeutiques.

De quoi apaiser au quotidien bien des tensions liées aux interprétations sur les actions de chacun, leurs domaines de prédilection ou leurs champs professionnels.

Ghislaine

Ghislaine, directrice d'école élémentaire depuis quatorze années, ajoutait à une posture bienveillante naturelle des propos sans ambiguïté sur les espaces de soin, de parole ou de reprise du cadre (règles et limites). On l'entendait dire qu'il y avait *« des espaces de parole dédiés »* : des lieux pour parler des émotions ou pour aborder la relation aux apprentissages. Elle renvoyait régulièrement certains sujets aux espaces consacrés : au CMP par exemple, au psychologue, aux réunions d'équipe éducative, aux conseils des maîtres, aux rendez-vous famille, voire aux rendez-vous hebdomadaires qu'elle proposait parfois de manière contractualisée aux élèves heurtés psychiquement.

Son bureau était un lieu sécure dans lequel les expériences difficiles des élèves étaient comprises et traduites en termes de conventions, d'attendus scolaires ou de compétences psychosociales. Elle y planifiait les temps d'échanges et de parole de manière périodique et les indiquait à l'élève sur des calendriers *« dédiés également »*.

Elle n'hésitait pas – au besoin – à tracer des schémas en positionnant, sur des branches d'arbres dessinées ou des bulles reliées les unes aux autres, les acteurs en jeu dans le processus éducatif, d'apprentissage, sanitaire et inclusif du jeune troublé psychiquement.

Posés ainsi sur le papier et partagés avec l'élève, ses tracés offraient de la lisibilité à chacun, enseignants, élèves, acteurs de l'école ou partenaires extérieurs.

C'est ainsi que ses gestes professionnels prirent une forme particulièrement contenante et structurante, essentielle en psychopathologie. Sa disponibilité et son accueil sécure faisaient le reste : son action était, pour l'accueil d'élèves en vulnérabilité psychique, un contrefort rassurant. Ne privilégiant aucune acception entre *« élève savant »* ou *« élève réussissant »*, elle semblait avoir apprivoisé le *« dilemme de l'aide »* dans une apaisante posture.

Sylvie

Directrice d'école primaire en milieu rural, Sylvie m'avait dit parler très peu lorsqu'elle accueillait un élève ayant manifesté en classe, du fait de ses troubles psychiques, un comportement socialement inadapté. Elle le recevait d'abord en lui proposant des objets d'apaisement indiqués par ses parents (jouets, livres à thème, dessins, musique écoutée au casque, couverture enveloppante, collage, constructions, puzzles, etc.). Puis après un temps de latence qui ne dépassait pas vingt minutes, elle transformait cette expérience en trois temps.

1. Elle verbalisait :

- l'exceptionnel de cette conduite inadaptée dans le cadre scolaire ou social,
- la nécessité pour l'élève, les camarades, l'enseignant que l'enfant sorte de classe pour préserver l'intégrité de chacun,
- l'impression de confusion pour les adultes.

2. Elle émettait des hypothèses : étais-tu en colère ? Surpris ? Mal à l'aise ? Triste ? Effrayé ? Elle utilisait des albums ou des photographies présentant les émotions. Elle parlait de ce que percevaient les adultes, de ce qui s'acceptait ou non en classe ou en société.

Les deux premiers temps de son propos permettaient à l'élève de percevoir ce qui avait fait effraction en classe et qui, du fait de l'étrangeté, de la réitération ou de la surprise engendrée, questionnait ou inquiétait les adultes.

Au travers des mots qu'elle posait sur ce qui avait surgi, Sylvie offrait à l'élève un processus d'organisation des pensées qui soulageait quelque peu le chaos psychique. Ainsi les éléments vécus en classe étaient disponibles, ensemble ils pouvaient les penser.

3. Puis, en dernier lieu, Sylvie construisait explicitement le cadre des conventions scolaires qui permettent les apprentissages.

Bénédicte et Pierre

Bénédicte et Patrice, directeurs depuis près de cinq années en réseau d'éducation prioritaire, auraient pu être promus « artisans d'art des temporalités » tant ils repéraient subtilement les temporalisations relatives aux tensions dans les espaces d'intermétiers que sont les réunions d'équipe éducative ! C'est en réfléchissant aux situations qu'ils ont apaisées, malgré l'étendue des troubles des élèves, qu'aujourd'hui j'en distingue la portée salvatrice.

Travaillant avec eux en tant que formatrice, je n'avais pas besoin de les rassurer sur le jeu des juxtapositions temporelles elles leur semblaient comme évidentes ! Ils distillaient cette connaissance dans la reconduite des aménagements, les réunions, les rendez-vous. Ils rassuraient leur équipe chaque fois par ce biais et bien souvent aussi les familles ou l'élève.

Plutôt que de laisser la problématique temporelle à l'état de non-dit ou d'implicite, les deux l'évoquaient, permettant ainsi de décharger l'angoisse, le conflit, les éventuelles frictions entre les participants aux réunions éducatives.

Ponte, Thomazet et Mérini (2012) cités par Thomazet Mérini (2014) distinguent quatre niveaux de temporalisation. Le premier est le temps objectif qui calibre l'activité (horaires et calendrier), les trois autres sont inhérents au jeu des « acteurs » :

- le temps du « je » lié à l'histoire de chacun des professionnels dans la relation d'aide,
- le temps de la mise en forme de la collaboration entre intervenants (le temps du « nous »),
- le temps idéologique (celui du « on ») qui est celui déterminé par le « on » institutionnel qui prescrit les mesures d'aides envisageables.

Ils ne sont *« pas non plus le temps de l'enfant ou de la famille »*.

Dans le cas des troubles psychiques, divers temps se conjuguent à l'école : le temps du soin (temps psychique) réel ou perçu par les acteurs de l'école, le temps scolaire (annuel ou de cycle), celui des aménagements contractualisés ou non, et celui des familles.

Patrice comme Bénédicte expliquaient ou questionnaient les temporalités chaque fois que nécessaire.

Tels des « chefs d'orchestres symphoniques », ils synchronisaient l'ensemble des temporalités de chacun des acteurs en jeu en respectant leur partition :

- les années de développement psychique supérieures à l'année scolaire ou parfois au cycle d'apprentissage,
- la continuité pluriannuelle des prises en charge extérieures à l'école, les ruptures, les enchâssements,

- les points d'étapes liés aux échéances des bilans des professionnels rééducateurs,
- la durée des cycles d'apprentissage, ponctués de petits contrats ou plan d'interventions qui mentionnaient les aménagements sur plusieurs semaines.

Ainsi, chaque enseignant ou partenaire de l'école pouvait saisir l'éventuelle contradiction entre les divers niveaux de temporalité.

Chaque fois, pour l'élève, ces temporalités partagées par les adultes autour de lui avaient un effet soutenant, car leurs dissemblances (durée, continuité, amplitudes) étaient présentées comme des données inhérentes aux pathologies psychiques désorganisantes.

Au cœur des partenariats, Bénédicte comme Patrice se montraient tout particulièrement attentifs au temps du « je » des professionnels dans la relation d'aide : quand avait-elle commencé, y avait-il des discontinuités, des périodes intensives, quand s'achèverait-elle ? Au sein de leur établissement, ils portaient une même attention bienveillante sur le temps du « je » (le plus souvent annuel) de l'enseignant de l'élève, le temps du « je » des intervenants du réseau d'aide, voire d'eux en tant que directeurs.

Quel plaisir de percevoir ces temporalités disjointes acceptées comme une donnée des situations heurtées : un véritable port d'attache pour qui erre psychiquement !

Marie

La principale qualité à l'œuvre dans les gestes professionnels de Marie – directrice d'école élémentaire dans un quartier favorisé d'une grande ville – était la confiance en son équipe. Elle avait une conscience assez fine des *« tensions implicite-explicite »* en jeu autour de la scolarisation des élèves troublés psychiquement.

Pour Thomazet et Mérini (2014), *« la tension implicite-explicite »* consiste pour un enseignant à préférer, au formel, l'informel, afin de préserver les marges de manœuvre de l'aide : il s'ajuste alors aux autres professionnels sans *« le faire apparaître »*. Cela rend de ce fait le travail collectif peu visible.

Or Marie savait l'importance du jeu collectif : chacun tenant un pan du filet de sécurité tissé pour soutenir les apprentissages de l'élève et amoindrir sa chute s'il perdait l'équilibre…

Dans les conversations en salle des maîtres, elle repérait les évocations des petits gestes pleins de bon sens qui aménagent, « l'air de rien », le cadre scolaire des élèves malmenés psychiquement. Elle observait l'un ou l'autre des membres de son équipe, tenant la main d'un élève (déjà grand !) pour entrer en classe, se baissant pour parler à sa hauteur, parlant différemment – lentement ou à peu de mots – comme si – là encore – il traduisait le monde environnant pour que l'élève s'en fasse une représentation mentale et qu'il le comprenne.

La discrétion de ses collègues au sujet de ces « petits » aménagements semblait d'autant plus marquée pour les élèves dont les comportements les questionnaient tous et cela la chagrinait : si elle acceptait volontiers ne pas tout savoir des aménagements en classe, elle tenait particulièrement à valoriser ces petits gestes professionnels fréquents, notamment lorsque l'élève passait d'une classe à l'autre après les congés d'été.

Ces petites habitudes, ces diminutions d'exigence parfois, ces « petits actes » étaient pour elle autant de pistes de différenciation à expliciter ou partager avec les partenaires du soin, le psychologue de l'Éducation nationale et les parents. En échangeant régulièrement avec ses pairs, elle valorisait ce qui pouvait devenir un aménagement pérenne. Elle mettait un point d'honneur à déceler ce que le « bon sens enseignant » avait créé comme aménagement autour de l'élève, dès le plus jeune âge parfois. Elle agissait ainsi surtout pour les élèves dont les vulnérabilités embrouillaient – selon elle – les visées pédagogiques.

Sa démarche consolidait – elle en était certaine – les appuis tant pour favoriser *« l'élève savant »* que *« l'élève réussissant »*. Ainsi, elle faisait son possible pour que soient mis au jour les petites procédures, étayages et outils… un peu à la manière des objets référentiels de décalage.

Elle ajoutait à cela une reconnaissance importante envers les familles ou éducateurs autour de l'enfant : elle savait que bien souvent, les gestes habituels du domicile permettent d'apaiser les souffrances. C'est pourquoi elle les consultait de la même manière : est-ce que l'enfant avait des rituels pour se calmer, des passions, des centres d'intérêt, des habitudes qui le rassuraient ? Avaient-ils rencontré des enseignants qui avaient déjà mis en place, par le passé – même dans les petites classes – des aménagements spécifiques afin d'engager leur enfant dans les activités, afin qu'il ne les rejette pas ?

Cette quête patiente des gestes implicites que chaque membre de la communauté éducative faisait, sans s'en rendre compte ou sans en donner une portée étayante, était utile à la construction des plans d'aménagement de l'école. Cela dessinait autant de pistes à creuser pour réconcilier l'élève et l'apprenance, levait l'implicite, rassurait ses collègues.

Avant d'aller plus avant dans la présentation de l'appropriation du dilemme de l'aide et des tensions inhérentes au sein de la communauté éducative, un petit pas de côté me semble « s'imposer » au lecteur directeur ou directrice d'école, chef d'établissement ou personnel de direction confronté, sur son lieu d'exercice, à l'étrangeté des élèves troublés psychiquement : étudier un cas concret d'aménagement !

À partir d'une situation choisie parce qu'elle questionne, il est possible – assez rapidement – de passer aux tamis A puis B les aménagements afférents aux vulnérabilités psychiques d'un élève :

- tamis A : jauger de la teneur des aménagements proposés dans les écrits relatifs à la situation choisie,
- tamis B : enrichir les aménagements proposés par le biais d'une technique d'optimisation des objectifs poursuivis.

Premier niveau : tamis A

Dans son périmètre d'action, la directrice ou le directeur d'école a en main de nombreux plans d'intervention[13] concernant les élèves en souffrance psychique temporaire ou installée : des bilans, le

13. En France, il existe plusieurs types de plans d'interventions (programmes, projets) catégorisés en fonctions des troubles, pathologies, empêchements passagers, chroniques ou installés et des besoins éducatifs particuliers associés des élèves. À la souffrance psychique sans inefficience mesurée par des tests psychométriques correspond actuellement le PPRE (programme personnalisé de réussite éducative) : https://eduscol.education.fr/1214/mettre-en-oeuvre-un-plan-d-accompagnement-personnalise

livret scolaire, des comptes rendus de réunion, des éléments d'observation des comportements, etc.

Seul ou accompagné, il lui est possible d'analyser les éléments inscrits sur ces documents dans les situations dont il peine à percevoir l'issue en raison du chaos provoqué par les étrangetés et empêchements à apprendre d'un élève.

Le premier niveau de repérage consiste en un simple tri des éléments d'aménagement en deux ensembles : d'un côté ceux qui semblent relever spécifiquement du bien-être de l'élève (*« élève réussissant »)* et de l'autre, ceux qui semblent relever de l'aménagement des apprentissages (*« élève savant)*. CQFD !

Ce tri provoque parfois la surprise, car :

- soit on ne distingue pas clairement de quel axe relève(nt) un ou plusieurs aménagements,
- soit l'ensemble des aménagements tend vers l'un des deux axes.

Rapidement, à ce premier niveau d'analyse, on perçoit en quoi le chaos psychique entraîne une opacité des gestes professionnels, une inclination vers des gestes qui ne relèvent peut-être pas de la posture enseignante (l'influence des « pseudos » ou des « costumes »). Dans le désordre qui s'empare régulièrement de ces situations, il se peut :

- que les plans d'interventions et comptes rendus contiennent une interprétation des symptômes se mêlant aux encouragements ou aux critiques (*sans distinction entre « ce que ne veut pas » et « ne peut pas » l'élève*),
- que l'on perçoive beaucoup d'intentions sans aménagement explicite, matérialisé, tangible : *que l'élève aille vers..., qu'il s'engage à..., qu'il persévère dans..., qu'il respecte..., qu'il ait conscience de...*,

- qu'il n'y ait pas eu de temps d'observation par un tiers dans la classe pour repérer les difficultés, comme je l'ai expliqué au chapitre précédent,
- qu'il n'y ait pas eu de report des aménagements d'une année à l'autre, pas d'évaluation, pas de considération explicite des progrès de l'élève,
- qu'il y ait peu traces de différenciation dans les apprentissages fondamentaux (restées implicites le plus souvent),
- que des pistes soient inscrites, mais ne puissent se définir comme aménagements : ce sont des finalités *« ...que l'élève s'apaise, respecte le cadre, soit moins dispersé, moins violent, moins inhibé »* et non des moyens,
- que l'on perçoive un certain fatalisme : *« Il ou elle est comme ça... »*,
- qu'on ne rencontre pas de point d'appui, d'axe de réussite dans les premières lignes de ces plans,
- que certains aménagements ne soient pas reliés à leurs mode et type d'évaluation, ni temporisés,
- que l'on ne perçoive pas en quoi l'aménagement est nécessaire à l'élève, car il n'est ni rattaché à un empêchement à s'engager dans la tâche, ni à une « bizarrerie », ni à un apprentissage malmené.

Il se dégage bien souvent de cette courte analyse une impression de « hors sol », comme si l'approvisionnement du plan, son « nourrissage » était décalé du **sujet-élève, apprenant en souffrance dans un groupe de pairs**. Les quatre groupes de mots forment ici un syntagme[14] clef de l'école inclusive pour les élèves vulnérables psychiquement dont chacune des parties a toute son importance :

14. Nom masculin. *Linguistique* : groupe de morphèmes ou de mots qui se suivent avec un sens déterminé (ex. relire, sans s'arrêter). *Spécialement* : ce groupe, formant une unité à l'intérieur de la phrase. Syntagme nominal, syntagme verbal. (Dictionnaire en ligne Le Robert, https://dictionnaire.lerobert.com consulté en février 2023.)

- sujet-élève,
- apprenant,
- en souffrance,
- dans un groupe de pairs.

La méconnaissance des troubles psychiques et de leur impact sur l'apprentissage comme sur l'enseignant est l'une des raisons de cette impression de « hors sol ». La lecture des premiers chapitres de cet ouvrage permet de lutter contre ce décalage.

Parfois, par le jeu de la *« tension d'expertise »,* certains enseignants n'imaginent pas non plus qu'il y ait – je l'ai écrit – une réponse pédagogico-didactique aux troubles surgissant en classe, ce qui est une erreur.

Or un premier niveau de réponse pédagogico-didactique est présent quelquefois dans d'anciens écrits, glissé dans des comptes rendus de réunion ou de conseil des maîtres : il faudrait pouvoir le questionner entre pairs sous l'impulsion du directeur. On y découvrirait parfois quelque paramètre ou point d'ancrage établi hier... mais négligé aujourd'hui.

J'ai bien souvent repéré chez des enseignants en plein désarroi une connaissance confuse de ces éléments. Bien qu'informés en début d'année ou en fin d'année scolaire précédente par le directeur ou la directrice d'école, rarement étaient-ils revenus à ces écrits une fois le chaos installé en classe, d'où la perte d'informations clefs soutenant l'apprentissage.

La temporalité du trouble psychique excède l'année scolaire et d'anciens éléments peuvent éclairer la situation actuelle. C'est, à mon sens, au directeur d'école ou à son équipe collectivement de faire le point sur ces éléments, de les questionner en toute bienveillance, de les transformer en pistes d'aménagement le cas échéant, en étant accompagnés parfois d'un conseiller pédagogique ou d'un inspecteur(rice) de l'Éducation nationale, des membres du réseau d'aide de l'école, en lien avec le médecin scolaire.

Se découvre parfois au cœur des écrits quelque pépite que l'équipe peut appréhender avec soulagement : élément de compréhension, critère observable, piste de régulation, essai fructueux, possibilité de rééquilibrer les aménagements, point d'appui ou difficulté qui font le lit d'aménagements idoines.

Second niveau : tamis B

C'est en équipe et en réunion qu'il faut prendre en considération la relation malmenée pour tester des pistes d'aménagements en classe ou dans l'école, sans jamais laisser l'enseignant seul !

Au directeur de prendre sa place de pilote, aux acteurs et partenaires de prendre leur place dans des équipes éducatives où celui qui anime la réunion rapporte ce qui a déjà été tenté, ce qui s'observe, les aménagements catégorisés, les appuis, les difficultés et les temporalités.

Lorsque celui qui mène la réunion est conscient des dilemmes de métier de ses pairs, des tensions possibles dans l'espace d'intermétier, le regard sur la situation mise à mal gagne en entendement à tout coup ! Pour cela, les aménagements doivent être reliés à des objectifs partageables dans l'espace d'intermétier.

> Une technique efficace pour que les objectifs soient partageables et les aménagements enrichis est la méthode S M A R T que j'ai utilisée dès 1996 en tant que consultante et formatrice en conduite de projet… bien avant ma carrière au sein de l'Éducation nationale !
>
> Il s'agit par un moyen mnémotechnique de consolider sa pratique lorsque l'on se fixe des objectifs.

Disons ici que l'enseignant, le directeur et son équipe ont deux objectifs prioritaires :

- l'apaisement de la situation en classe ou dans l'école,
- la reprise des apprentissages pour un enfant en souffrance psychique.

Tableau 5.1. La méthode S M A R T adaptée aux souffrances psychiques

S	*Specific* (Spécifique/simple)	Le couple « aménagement/objectif » devra : - être spécifique à « ce qui manque à la situation » comme décrit dans le chapitre 4, - être propre à l'élève, son fonctionnement psycho et socioaffectif, son rapport aux savoirs, aux apprentissages, son fonctionnement cognitif observés. Voir les travaux d'Egron décrits au chapitre 3.
M	*Measurable* (Mesurable)	Il sera nécessaire de : - questionner : « Comment verrai-je ou verrons-nous que l'objectif est atteint ?», - s'accorder : « Quels critères neutres permettront de mesurer si l'objectif est atteint (sous forme de quantités, proportions, échelles de progrès).
A	*Achievable* (Atteignable)	Ici, les petits pas seront légion : - chaque aménagement tendra vers un objectif accessible pour l'élève, - chaque aménagement tendra vers un objectif accessible pour l'équipe et l'enseignant. Voir : « styles d'enseignement », au chapitre 3.
R	*Relevant* (Pertinent/réaliste)	L'équipe devra être en capacité de cerner de manière intuitive, que : - l'aménagement permettrait d'atteindre un objectif précis, - l'objectif correspondrait effectivement à une situation heurtée observée, - que la situation aménagée se situerait bien dans un contexte d'apprentissage normé. On parlera alors d'un couple « aménagement/objectif » judicieux ! Ici, la pertinence procède du « bon sens ».
T	*Timed* (Temporisé)	Les objectifs et aménagements dédiés seront planifiés : - délais, durée, période, échéances seront inscrits sur un document sous forme de plan d'aménagement, tableau de synthèse, calendrier ; - un temps de bilan sera posé en amont de la mise en place des aménagements.

Afin d'éviter *« d'avancer des idées inconciliables »* ou du moins de faire avec ce qui semble contradictoire et qui fait tension, la méthode SMART[15] apporte de l'objectivité à la démarche d'aide « pédagogico-didactique ».

Dans les pistes principales mises au jour au sein des plans d'interventions pour un élève en souffrance psychique, le couple aménagements/objectifs, devrait être S M A R T :

- **S**pecific, **M**easurable, **A**chievable, **R**elevant, **T**imed (voir tableau 5.1 ci-contre) ;
- c'est-à-dire : simple et spécifique, mesurable, atteignable, réaliste et temporisé.

Ce petit pas de côté effectué, reprenons le fil de notre ouverture aux dilemmes et tensions d'intermétier que m'ont inspiré les travaux de Thomazet et Mérini.

Il me semble que la juste appréciation de ceux-ci par les enseignants assurant des fonctions de pilotage est gage d'un certain apaisement des situations scolaires mises à mal par le chaos psychique.

J'ai interrogé des directrices et directeurs d'école sur leur vision des aménagements pour certains de leurs élèves suivis par ailleurs par un thérapeute, j'ai rencontré des inspecteurs et inspectrices très investis auprès des équipes dans ces situations heurtées.

Certains de leurs gestes professionnels soutenants ou aidants, dans les cas qui nous intéressent ici, semblent issus d'une juste appropriation :

- des écarts de temporalité entre l'amélioration du trouble psychique, les plans d'interventions et l'année scolaire,
- de l'importance des aménagements duels : à la fois sur les versants « réussissant » et « savant » de l'élève et en appui sur l'un ou l'autre versant,

15. En 1954, P. F. Drucker, consultant en management d'entreprise, conçoit une méthode de pilotage de projets. Ces travaux sur l'identification d'objectifs quantitatifs et qualitatifs ont été repris et modélisés dans l'outil SMART par G. T. Doran en 1981.

- du repérage des tensions dans l'espace partenarial d'intermétier, notamment *« les tensions d'expertise et d'implicite/explicite »*,

- des rôles de chacun des acteurs et partenaires dans le soin, l'éducatif ou la scolarité : en gommant les effets de la *« tension d'expertise »* tout en protégeant les prérogatives de chacun.

Cette clairvoyance, assez présente au sein de leur discours, dans leur façon de mener les entretiens, rassure leurs interlocuteurs.

Lorsqu'on les écoute, on perçoit assez rapidement que l'expression de cette reconnaissance crée comme *« des appareils à penser »* dans plusieurs dimensions : cela rend intelligibles certains blocages, lève des sous-entendus et de ce fait engage à ne pas abandonner.

Cette attitude offre des perspectives de travail aux équipes.

J'ai observé combien cette posture peut être nourrie par les échanges avec les **médecins scolaires** : interfaces entre soin et scolarité, ils parlent un langage commun aux acteurs de psychiatrie infanto-juvénile, aux thérapeutes et aux écoles, ont ce recul sur les temporalités et le dilemme de l'aide. Ils perçoivent très clairement dans chaque situation **et** l'élève en souffrance **et** l'enfant scolarisé.

Leur regard médical sur les situations et le lien à établir avec les familles dans le soin est un appui réconfortant, voire indispensable.

En petits groupes de pairs de directeurs d'école, en formation dédiée, il est possible d'évaluer sa pratique dans les fonctions de direction au vu des troubles psychiques temporaires ou installés des élèves de l'école :

- d'une part **en tant qu'enseignant** utilisant cet ouvrage, le cheminement et les outils qu'il propose jusqu'à ce chapitre,

- d'autre part en se questionnant **en tant que directeur ou directrice d'école,** à partir de la petite grille proposée ci-après (tableau 5.2), qui – en onze questions – aborde les perceptions et les démarches dont nous avons parlé tout au long de ce chapitre.

Tableau 5.2. Grille d'évaluation de pratique

Thème abordé *(Cocher la case quand le thème est abordé)*		**Points d'intérêt, relances possibles pendant l'entretien** *Pour approfondir...*
Parcours professionnel du directeur ou de la directrice	☐	Fonction et/ou carrière hors Éducation nationale ? Exercice dans une école ayant ou non déjà un dispositif type ULIS ?
La perception de la mutation du métier liée au tournant de l'école inclusive.	☐	Frein ou tremplin ?
Comment le directeur/la directrice se porte « garant/e de l'école inclusive » ?	☐	Le rôle de pilote et pair.
Les outils supports des visées inclusives dans l'école : quels dossiers, plans d'interventions, grilles, tableaux... ?	☐	Lieu de « stockage des dossiers», leur disponibilité, leur utilisation au quotidien, leur durée de validité, leur évaluation, etc.
La démarche inclusive de l'école relative à la scolarisation de X, élève ayant des troubles psychiques : plutôt tournée vers l'élève savant ou l'élève réussissant, les apprentissages et/ou le bien-être ?	☐	Possibilité de faire appel à la démarche diagnostique proposée dans ce chapitre à partir de la lecture de plans d'aménagement ou comptes rendus de réunions.
Précision sur le rôle du directeur / de la directrice dans la mise en place d'aménagements pérennes.	☐	Qu'évoquent ces verbes d'action : impulser, être médiateur, proposer, imposer, faire consensus ?
La délicate mise en place de l'alliance avec la famille de X, le rôle de veille du directeur /directrice.	☐	Dans quels lieux sont abordés ces sujets ? Sont-ils partagés en équipe, avec les partenaires ?
Présentation de l'organisation et de la répartition des rôles entre enseignants et directeur/directrice dans une visée inclusive (équipe éducative, écrits de référence, etc.).	☐	Combien de personnes semblent en charge du bien-être de l'élève, des aménagements dans l'école ?
Les limites du plan d'intervention ou des aménagements dédiés pour X.	☐	Les objectifs sont-ils SMART ?
Le partage de pratiques inclusives entre les directeurs/directrices et dans l'équipe.	☐	Quand sont évaluées et présentées à tous les enseignants les mesures issues des plans d'intervention ou aménagements ? Comment cela s'est-il passé pour X par exemple ?
Les difficultés des enseignants face aux troubles internalisés des élèves.	☐	Choisir des thèmes parmi ceux des premiers chapitres sur la souffrance des enseignants.

Ces onze questions offrent de mieux percevoir le jeu de pilote du directeur dans les situations psychiques heurtées. Seul ou dans le cadre d'un entretien, il faut compter une heure de passation afin de prendre le temps de la réflexion et, le cas échéant, de l'écoute active. Des relances sont prévues pour enrichir le propos.

L'idéal, sur un temps de formation collective entre directeurs, est de construire des binômes qui prendront le temps de l'interview croisé pendant qu'un pair attentif – sous forme de schéma, carte mentale, prise de notes courtes – recueillera les points clefs pour les restituer ensuite. Le binôme ou le pair attentif seront présents dans l'échange sans porter de jugement ou faire de préconisations.

Quand le dilemme de l'aide est porté à plusieurs... de l'art d'être pair et leader !

Camille et Laurence

Camille et Laurence, directeur et directrice d'école élémentaire depuis peu, avaient chacun eu une première carrière dans le domaine éducatif. Devenus enseignants à l'âge de 30 et 27 ans, ils avaient conservé de leurs premières années professionnelles une réelle capacité à allier responsabilité des programmes pédagogiques et animation d'équipe. Attentifs aux difficultés de leurs collègues, ils maniaient avec délicatesse et attention la double posture de pair et de pilote au sein de leurs équipes.

Ayant observé leurs gestes professionnels, j'ai repéré dans leurs initiatives et décisions plusieurs facilitateurs offrant :

- de travailler en concordance avec les équipes de soin psychique,
- d'offrir un cadre sécure à leurs collègues enseignants et acteurs de l'école,
- d'agir dans le temps en consolidant les appuis éducatifs plutôt qu'au coup par coup ou dans l'urgence.

Leurs méthodes – dans une posture à la fois de coéquipiers et de pilotes des mesures inclusives – semblaient, dans leurs contextes d'exercice respectifs, fort adaptées aux besoins du travail auprès d'enfants malmenés par des troubles psychiques.

On constatait, du côté du CMP et des partenaires extérieurs à l'école, une capacité de beaucoup d'enseignants de leurs équipes à prendre en considération les troubles et aménagements. Découlait de leurs pratiques inclusives une certaine fluidité construite sur les années précédentes. Ainsi, ils se disaient que c'était bien agréable de travailler avec *« ces écoles-là »* !

Il me semble que, de manière fort naturelle, à différentes échelles, leurs multiples tâches et activités favorisaient l'appréhension des dilemmes et tensions autour de Yohan, Bastien, Hugo, Chléo, Nina, élèves suivis par le centre médico-psychologique de proximité en consultation ou par l'hôpital de jour.

Les habitudes de travail prises par leurs équipes, sous leur impulsion, donnaient à l'ensemble de leur démarche une cohérence qui permit – dans bien des cas – d'accueillir les troubles psychiques, les inquiétudes des équipes, celles des familles, les questionnements autour de la vulnérabilité psychique.

Une fois par an, Camille comme Laurence rencontraient l'un des professionnels du centre médico-psychologique voisin – avec l'accord des parents d'élèves – pour échanger sur les situations d'enfants suivis, les questionnements de part et d'autre. Cela leur permettait d'acquérir certains réflexes, comme celui de ne pas chercher systématiquement le nom du trouble psychique ou le diagnostic, mais de se pencher très sérieusement sur les conséquences des troubles sur les apprentissages.

Ils avaient construit de manière informelle un petit réseau « d'observateurs » de bonne volonté issus du réseau d'aide enseignant dans leur école, des professionnels du soin ainsi que du psychologue de l'Éducation nationale et d'un formateur de la circonscription. Ces acteurs œuvraient de manière ponctuelle pour donner de la lisibilité aux surgissements d'étrangetés en classe et validaient les éléments donnés en réunion aux familles.

Ces petits réseaux avaient, de plus, la capacité, par leurs liens et les échanges réguliers, d'extraire la communauté éducative de toute interprétation hâtive dans laquelle chacun glisse parfois quand les bizarreries, empêchements et inadaptations bouleversent les repères scolaires.

Dans chacun de leurs bureaux, attenant ou presque aux salles de réunion, les dossiers des élèves les plus vulnérables et nécessitant un accompagnement solide étaient classés et à disposition des collègues. Les enseignants recevant l'enfant en classe en avaient une copie après que la situation avait été discutée en équipe.

De grands tableaux récapitulant les accompagnements et les points de vigilance étaient conçus chaque début d'année et travaillés entre collègues : ils étaient incrémentés au fur et à mesure des besoins éducatifs repérés.

À partir des comptes rendus de réunions ou des éléments recueillis auprès de leurs collègues ou partenaires, ils dressaient, chacun au gré des circonstances, un « petit état des lieux » sur l'élève et ses besoins à la rentrée. Ils modifiaient les éléments en fonction des soubresauts psychiques ou améliorations dans l'année. Un peu à la manière d'un *« Quoi de neuf ? »*, les évolutions étaient abordées en début de réunion de conseil des maîtres ou de cycle.

L'inspecteur de leur circonscription avait mis en place un groupe de travail entre directeurs permettant d'échanger sur des situations scolaires difficiles, des outils partageables : c'est dans ce cadre qu'ils avaient accès régulièrement à des articles scientifiques sur l'accueil et les adaptations des élèves à besoins éducatifs particuliers.

S'ajoutait à l'ensemble de ces éléments, une manière assez remarquable de gérer les situations dans lesquelles le trouble psychique des élèves obstruait les visées d'apprentissage : ils maniaient avec discernement dans les situations heurtées – plusieurs « logiques d'action[16] ».

En effet, d'un premier abord contradictoires – nous le verrons – ces logiques d'action peuvent harmonieusement s'allier pour soutenir une démarche inclusive, que les élèves manifestent des troubles « à bas bruit » ou qu'ils soient « *très affectés sur le mode dépressif avec des mécanismes compensatoires à type d'instabilité et d'agitation* » (Marciano, 2011)[17].

Dans une étude intitulée *« l'action du directeur d'école : entre interface et coopération au sein de différents réseaux fonctionnels »* présentée en 2015, Gloméron éclaire le rôle complexe du directeur d'école. Je m'en inspire ici.

16. Les « logiques d'action » citées ici reposent sur les travaux de Gloméron (2015), à partir desquels j'ai construit en 2020 une méthodologie d'analyse d'interviews de directeurs d'école aux prises avec le trouble psychique des élèves.
17. Marciano, P. (2011). *L'étude thérapeutique :un médiateur de soin pour les enfants en échec scolaire*. Toulouse : Érès.

L'un des vecteurs de cette complexité est la multiplicité des *« logiques d'actions »*, des rôles qu'on attribue au directeur, qu'il revendique ou qu'il perçoit : une vingtaine d'items est présentée dans l'étude.

J'ai regroupé en grandes catégories l'ensemble des items de Gloméron. Cette classification tisse un canevas permettant, dans les situations enchevêtrées :

- de mesurer le poids des différentes actions des directeurs, comme pour Camille ou Laurence,
- d'identifier les logiques et sous-logiques qui les sous-tendent,
- au besoin de rééquilibrer l'ensemble.

Dans les actions du directeur d'école, à la fois pair et leader, il existe de grandes tendances ou directions suivies. Elles sont, selon moi, au nombre de quatre : logique de meneur, de médiateur, de logistique et de délégué. On peut se faire une idée de ce que sont ces logiques si on les compare à des vecteurs donnant un sens, une portée aux décisions des directeurs d'école.

Ces quatre vecteurs s'appuient sur la vingtaine de sous-logiques d'action définies par Gloméron[18], que j'ai regroupées et intégrées au besoin dans le leadership des directeurs d'école, c'est-à-dire dans leur fonction de pilote (voir tableau 5.3).

Pour l'ensemble des élèves souffrant de troubles psychiques, la **logique de délégué** du directeur n'a pas d'impact spécifique.

La **logique de logistique** du directeur agit comme pour tout autre élève vulnérable de l'école, avec une attention particulière sur la communication envers la communauté éducative (réunions, aménagements de scolarisation).

C'est aux **logiques de meneur et de médiateur** que les enseignants en charge de la direction de l'école peuvent porter une

18. Gloméron nomme ce que j'appelle les « sous-logiques d'action », « logiques d'actions ». Ma catégorisation a créé des ensembles et sous-ensembles, d'où le glissement sémantique.

Tableau 5.3. Logiques et sous-logiques du directeur d'école

Grandes tendances ou directions suivies par le directeur dans ses actions au quotidien dans l'école	Sous-logiques d'action afférentes dans le quotidien de l'école
Logique de meneur	**Les sous-logiques** *« d'autorité (validation de sorties scolaires par exemple), de responsabilité (sécurité, mise en œuvre des enseignements), de précaution, de priorité (dans la gestion des urgences) et de discernement »* ...que j'intègre dans le leadership (selon la définition de « pilote »).
Logique de médiateur	**Les sous-logiques** de solidarité (avec les collègues), de médiation et de régulation (entre les acteurs), de convergence (de l'équipe et des acteurs).
Logique de logistique	**Les sous-logiques** d'organisation (des moyens), de transmission, d'exécution et de communication (relais des informations institutionnelles).
Logique de délégué *(de l'école au sens large, des collègues, de l'institution).*	**Les sous-logiques** de revendication ou de representation (auprès de la mairie par exemple) ...que j'intègre dans le leadership (selon la définition de « chef de file », porte-parole).

fine attention face aux vulnérabilités psychiques. Ce sont ces deux logiques qui, selon mes observations, sous-tendent au quotidien leurs actions inclusives.

Échanger avec les directeurs d'école sur les aménagements du cadre scolaire, des apprentissages, des compétences ou des difficultés psychosociales des élèves les plus vulnérables permet de percevoir combien la navigation entre les contradictions nées du trouble psychique rend leur double posture difficile. Ils agissent parfois en fonction des événements sans pouvoir anticiper, au gré du tumulte. Je les entends aussi mettre en cause leur légitimité se disant *« qu'ils ne sont que des enseignants » « sans véritable pouvoir hiérarchique »* puis... *« qu'ils doivent cependant exercer au mieux leur responsabilité issue de leur fonction de direction »... « dans une école de plus en plus inclusive ».*

Leurs deux logiques de médiateur et de leader semblent s'affronter. Les questionnements se font encore plus vifs face au chaos du trouble psychique.

Ainsi, les contradictions que vivent les directeurs de par leur fonction, leur place dans l'école, se mêlent au dilemme de l'aide *« soutenir l'élève savant ou réussissant ».*

Tout comme leurs collègues enseignants, ils peuvent être en proie à des souffrances dont les pages de cet ouvrage tentent d'atténuer la portée. Certains suivront le parcours proposé en tant qu'enseignants. S'ajoutent à cela, parce qu'ils sont directeurs ou directrices d'école, des questions aiguës liées aux logiques d'actions qu'ils suivent en tant que leaders, sans véritable pouvoir hiérarchique.

Il n'est pas de posture idéale.

Tableau 5.4. Écueils et points d'appui de la posture du directeur d'école au vu des troubles psychiques

Écueils	Points d'appui
Le directeur est pair et pilote sans véritable pouvoir hiérarchique, ce qui peut fréquemment **mettre à mal sa légitimité à agir.**	Le directeur agit sur un **temps qui est plus proche du temps psychique** que l'enseignant de la classe : plusieurs années versus une année scolaire.
Le directeur est garant du virage inclusif de l'école alors que le **peu de moyens en temps dédié** à son action vient contrecarrer les injonctions ministérielles.	**Le directeur connaît les partenaires de l'école, les membres de la communauté éducative**. Il agit selon les prérogatives que lui confère sa fonction de pilote.
Le directeur est enseignant et se posent à lui les mêmes difficultés que celles décrites depuis le premier chapitre de ce livre.	

Il semble possible cependant de proposer aux enseignants assurant la direction d'école un petit auto-audit de leur action au regard des troubles psychiques. Cette auto-évaluation est possible dès lors qu'ils repèrent, en amont, que leur fonction recèle à la fois des points d'appui et des écueils, comme présenté dans le tableau 5.4.

Je propose aux directeurs ou directrices d'école d'utiliser comme outil d'auto-audit un petit questionnaire construit autour des mises en œuvre d'actions inclusives dans le quotidien de l'école pour les élèves en souffrance psychique (voir « outil d'auto-audit », ci-contre).

Cet outil est un étai **réflexif**. Il peut être utilisé seul, dans une posture d'observation et d'analyse de sa pratique ou servir de guide d'entretien dans les échanges entre directeurs ou personnels de direction lors de rencontres formelles.

Ce questionnaire est une base de réflexion reposant sur :

- les logiques et sous-logiques d'actions liées aux fonctions de direction,
- les contradictions d'être pair et leader,
- la spécificité de l'accueil de la vulnérabilité psychique à l'école,
- les écueils et points d'appui relevés ci-avant.

Ici, comme en philosophie, le questionnement importe plus que la réponse, car l'action du directeur-enseignant, par essence, est au creuset de contradictions, de conflits entre postures dont il faut percevoir les enjeux avec clairvoyance pour naviguer le plus sereinement possible. Hissons les voiles !

Ce questionnaire, ainsi que les échanges et réflexions qu'il entraîne dans son sillage permettent de repérer les logiques d'action du directeur, ou ses hésitations.

Il ouvre le regard sur des tendances. Il peut ainsi faciliter la fluidité des gestes professionnels en offrant au directeur de percevoir quelle logique ou sous-logique est privilégiée au quotidien.

Opter pour une logique de leader, d'autorité ou de médiation, de consensus ou convergence dépend des circonstances, de la prégnance des troubles, de l'histoire de chacun des directeurs (leur temps du « je »). En prendre conscience permet de cheminer en tant que pilote des aménagements.

Outil d'auto-audit

Selon vous, est-il avisé de...

...mettre en place dans l'école des outils institutionnalisés, comme les plans d'aménagement, de manière injonctive ?

Pas du tout d'accord ☐ Pas d'accord ☐ Sans opinion ☐ D'accord ☐ Tout à fait d'accord ☐

...se mettre en retrait de ses collègues, en respectant leur liberté pédagogique, malgré les injonctions institutionnelles d'une scolarisation aménagée pour les plus vulnérables ?

Pas du tout d'accord ☐ Pas d'accord ☐ Sans opinion ☐ D'accord ☐ Tout à fait d'accord ☐

...travailler en priorité la cohésion d'équipe, la bonne ambiance entre collègues pour asseoir une visée inclusive cohérente dans l'école ?

Pas du tout d'accord ☐ Pas d'accord ☐ Sans opinion ☐ D'accord ☐ Tout à fait d'accord ☐

...ou imposer – quitte à ne pas faire consensus – des plans d'aménagements pérennes pour un élève ?

Pas du tout d'accord ☐ Pas d'accord ☐ Sans opinion ☐ D'accord ☐ Tout à fait d'accord ☐

...créer des outils de suivi collectifs pour partager une vision commune de l'école inclusive ?

Pas du tout d'accord ☐ Pas d'accord ☐ Sans opinion ☐ D'accord ☐ Tout à fait d'accord ☐

...engager une posture réflexive dans l'équipe à partir de cas d'élèves anonymisés, avec des partenaires (SESSAD, CMP, PMI, etc.) ?

Pas du tout d'accord ☐ Pas d'accord ☐ Sans opinion ☐ D'accord ☐ Tout à fait d'accord ☐

...conjuguer une posture bienveillante envers les interlocuteurs (enseignants, partenaires au sens large) et de pilote (en exerçant son leadership) ?

Pas du tout d'accord ☐ Pas d'accord ☐ Sans opinion ☐ D'accord ☐ Tout à fait d'accord ☐

...ou respecter un temps où le directeur cherche à faire consensus, et un temps où il décide ?

Pas du tout d'accord ☐ Pas d'accord ☐ Sans opinion ☐ D'accord ☐ Tout à fait d'accord ☐

...dédier un temps spécifique en réunion d'équipe pour mettre en place des outils globaux de suivi, et pour formaliser des outils au long de l'année ?

Pas du tout d'accord ☐ Pas d'accord ☐ Sans opinion ☐ D'accord ☐ Tout à fait d'accord ☐

...ou sur ce champ, travailler en petit groupe, en binôme ?

Pas du tout d'accord ☐ Pas d'accord ☐ Sans opinion ☐ D'accord ☐ Tout à fait d'accord ☐

...mettre en place des aménagements pour un élève troublé psychiquement dans une logique de médiateur : il faut un consensus entre les acteurs, une véritable concertation ?

Pas du tout d'accord ☐ Pas d'accord ☐ Sans opinion ☐ D'accord ☐ Tout à fait d'accord ☐

...mettre en place des aménagements pour un élève troublé psychiquement, dans une logique de meneur (il faut décider, chacun son rôle !) ?

Pas du tout d'accord ☐ Pas d'accord ☐ Sans opinion ☐ D'accord ☐ Tout à fait d'accord ☐

...impulser des écrits institutionnalisés pour l'équipe (tableaux de suivi, comptes rendus, plan d'intervention-type, emplois du temps aménagés-modèles) ?

Pas du tout d'accord ☐ Pas d'accord ☐ Sans opinion ☐ D'accord ☐ Tout à fait d'accord ☐

...rencontrer de manière formelle en équipe les professionnels du soin (avec l'accord des familles, mais sans leur présence) pour travailler à un langage commun et une appropriation des empêchements à apprendre des élèves troublés psychiquement ?

Pas du tout d'accord ☐ Pas d'accord ☐ Sans opinion ☐ D'accord ☐ Tout à fait d'accord ☐

...rencontrer de manière formelle ***en tant que directeur*** *les professionnels du soin (avec l'accord des familles, mais sans leur présence) pour travailler à un langage commun et une appropriation des empêchements à apprendre des élèves troublés psychiquement ?*

Pas du tout d'accord ☐ Pas d'accord ☐ Sans opinion ☐ D'accord ☐ Tout à fait d'accord ☐

...se positionner dans toutes les situations ayant trait au trouble psychique dans l'école dans les temps de régulation entre enseignants et famille ?

Pas du tout d'accord ☐ Pas d'accord ☐ Sans opinion ☐ D'accord ☐ Tout à fait d'accord ☐

...laisser les aménagements « des apprentissages » du côté de l'enseignant et partager en équipe ceux concernant le « bien-être de l'élève » ?

Pas du tout d'accord ☐ Pas d'accord ☐ Sans opinion ☐ D'accord ☐ Tout à fait d'accord ☐

...exercer une certaine pression sur les collègues en tant que pilote ou décideur des aménagements – dans le cas des troubles psychiques – afin d'instaurer un cadre sécure ?

Pas du tout d'accord ☐ Pas d'accord ☐ Sans opinion ☐ D'accord ☐ Tout à fait d'accord ☐

...connaître les prérogatives de chacun de métiers des participants à une réunion éducative pour éviter les crispations liées aux tensions d'intermétier et ainsi réguler les interactions ?

Pas du tout d'accord ☐ Pas d'accord ☐ Sans opinion ☐ D'accord ☐ Tout à fait d'accord ☐

...placer la convergence des points de vue au-dessus de la logique d'autorité dans les prises de décision d'aménagements pour un élève en souffrance psychique ?

Pas du tout d'accord ☐ Pas d'accord ☐ Sans opinion ☐ D'accord ☐ Tout à fait d'accord ☐

...définir des priorités avec les partenaires éducatifs, du soin et de l'enseignement dans la gestion des urgences et aléas quotidiens ?

Pas du tout d'accord ☐ Pas d'accord ☐ Sans opinion ☐ D'accord ☐ Tout à fait d'accord ☐

Si oui, faut-il s'y tenir avant de les modifier ?

Pas du tout d'accord ☐ Pas d'accord ☐ Sans opinion ☐ D'accord ☐ Tout à fait d'accord ☐

...soutenir les deux pans « élève savant et élève réussissant » dans l'ensemble des aménagements ?

Pas du tout d'accord ☐ Pas d'accord ☐ Sans opinion ☐ D'accord ☐ Tout à fait d'accord ☐

ou de prioriser l'un par rapport à l'autre ?

Pas du tout d'accord ☐ Pas d'accord ☐ Sans opinion ☐ D'accord ☐ Tout à fait d'accord ☐

...échanger avec d'autres directeurs ou les acteurs de la circonscription d'Éducation nationale pour discerner les actions à engager (inspecteurs de l'Éducation nationale ou conseillers pédagogiques) ?

Pas du tout d'accord ☐ Pas d'accord ☐ Sans opinion ☐ D'accord ☐ Tout à fait d'accord ☐

...mettre en place pour tout élève ayant des troubles psychiques temporaires ou installés des protocoles de prévention ou d'anticipation des aléas sous forme d'aménagements (rendez-vous, temps d'échanges, cadre spatial aménagé, temps de repos, etc.) ?

Pas du tout d'accord ☐ Pas d'accord ☐ Sans opinion ☐ D'accord ☐ Tout à fait d'accord ☐

...agir « en tant qu'enseignant de l'école, un collègue comme les autres » ?

Pas du tout d'accord ☐ Pas d'accord ☐ Sans opinion ☐ D'accord ☐ Tout à fait d'accord ☐

...agir en fonction « des parents, [de] l'extérieur, car [vous êtes] l'interlocuteur et on attend de vous des décisions » ?

Pas du tout d'accord ☐ Pas d'accord ☐ Sans opinion ☐ D'accord ☐ Tout à fait d'accord ☐

...impulser certains aménagements que vous avez déjà testés pour un élève troublé psychiquement ?

Pas du tout d'accord ☐ Pas d'accord ☐ Sans opinion ☐ D'accord ☐ Tout à fait d'accord ☐

...faire converger les points de vue dans la communauté éducative ou être médiateur (pour privilégier un aménagement plutôt qu'un autre ou une temporalité plutôt qu'une autre sans prendre soi-même la décision finale ?

Pas du tout d'accord ☐ Pas d'accord ☐ Sans opinion ☐ D'accord ☐ Tout à fait d'accord ☐

Camille et Laurence (suite)

Avec tact, Camille comme Laurence œuvraient face aux particularités des troubles psychiques des élèves avec une assise solide qui était fort utile pour tout élève en fragilité au regard des apprentissages.

Comme des athlètes, ils travaillaient l'endurance et le sprint, le long cours et le court terme, le continu et le fractionné ! Chacun oscillait entre des sous-logiques de médiation et de convergence auprès de leurs collègues et des partenaires. Régulièrement aussi, ils jouaient de leur rôle de pilote pour ancrer des aménagements pérennes. Voici comment...

- Lorsque le repérage des difficultés par leur équipe ne coïncidait que partiellement avec les éléments qu'ils avaient de la part des familles ou des partenaires, ils proposaient des échanges avec leur petite équipe d'observateurs.

▶ Au sujet des actions inscrites dans les plans d'interventions (aménagements), ils abordaient leur suivi en réunion dans des temps dédiés, ou au détour d'échanges informels en passant dans les classes.

▶ Lorsqu'avait été préconisé un aménagement d'emploi du temps, par exemple pour un enfant au vu de sa fatigabilité (évoquée par la famille et le thérapeute) ou qu'avaient été décidés des outils explicites de suivi des apprentissages (planning coché par exemple), chacun des deux avait pris l'habitude de valoriser les mises en place. Tout simplement, ils engageaient les échanges sur ces points : *« C'est une bonne idée ce tableau ! »* ou demandaient : *« Tu as mis cela en place, qu'est-ce que ça donne ? ».*

▶ Quand ils repéraient des besoins éducatifs particuliers, un besoin de l'enfant de s'isoler, d'échanger, de mieux comprendre le cadre de travail, ils cherchaient la *« bonne façon d'aborder le sujet »* auprès de leurs collègues, utilisant leur expérience. *« Tu penses pas qu'un petit rendez-vous hebdomadaire avec toi ou moi pourrait l'aider à comprendre les règles et éviter quelques crises ? », « On peut essayer cette semaine ! »* ou *« Tiens j'ai vu dans la classe de X un petit meuble à roulette qui ne sert à rien, on pourrait le mettre dans ta classe pour que Y s'isole de temps en temps, t'en penses quoi, on pourrait essayer ? », « Je l'avais fait dans une de mes classes, ça a fonctionné un temps »* ou *« J'ai vu dans l'école d'à côté, des timers, c'est vraiment bien pour aider les élèves, au CMP ils s'en servent souvent, ça nous aiderait sûrement ».*

▶ Chacun cherchait – en tant que pair – la manière ajustée de dire les choses sans brusquer, sans imposer. Ainsi, par l'exemple, l'idée émergente, l'emploi du conditionnel, ils essayaient de relancer les aménagements non mis en place. Pour ce faire, ils prenaient régulièrement appui sur ce qui était déjà mis en œuvre en classe, le pointaient avec un certain enthousiasme.

▶ Dans la logique de médiation, souvent le triptyque *« je, on, nous, les collègues »* était présent dans leur discours comme s'ils s'effaçaient derrière le collectif ou tentaient de conserver au plus juste leur posture de pair. Le *« je »* avait surtout valeur d'exemple ou d'expérience, ce qui préservait leur légitimité tout en garantissant une posture de pair. *« Je pense que ce serait bien qu'on ait tous le même document pour les aménagements, ou la même grille d'entretien entre collègues pour les familles, j'ai vu ça dans mon ancienne école ».*

▶ Chacun des deux, Camille comme Laurence, avait en douceur pris le parti d'insister un peu pour que des aménagements inscrits dans des plans d'intervention soient pérennisés, validés, mesurés de manière régulière. Une posture pleine d'humilité. Cependant, en tant que pilotes, ils gardaient en « ligne de mire » le fait que les élèves disposent de repères spatio-temporels, de jalons d'aménagements d'une année sur l'autre ou d'un espace à l'autre dans l'école ou dans les espaces périscolaires. De ce fait, ils avaient une attention toute particulière sur les écrits, les traces. Combien de fois, les ai-je vus se référer à ces papiers, tableaux, dossiers, comptes rendus !

▶ Lorsque leurs collègues disaient – par dépit – que cela ne servait pas à grand-chose, ils n'hésitaient pas à reprendre les propos des experts du soin, des familles, pour appuyer leur objectif sur la réassurance de l'enfant, les angoisses massives. Ils évoquaient l'importance de ces outils dans les empêchements temporaires des élèves troublés et… de la tranquillité de l'enseignant malmené.

▶ Jamais pour autant je ne les ai vus ôter leur costume de directeur pilote ! En réunion, on pouvait les entendre : *« On avait dit que… »* ou *« Moi j'avais noté que… »* et, bien qu'assez discrets, ils donnaient un cadre explicite à l'action inclusive : tableaux, grilles d'entretien, grilles d'observation, plans d'intervention datés, temporisés, critériés aussi parfois.

▶ Ils faisaient souvent référence à des conversations passées sur des aménagements, et il me semblait alors qu'ils tissaient l'histoire inclusive de leur école.

▶ Lorsque les situations les inquiétaient, ils savaient *« prendre leurs responsabilités »*, imposer un cadre explicite, alerter les partenaires ou la hiérarchie.

▶ Ils ne se résignaient pas. Quand les familles se désengageaient du soin et que l'inquiétude était partagée en équipe (enseignants, directeurs, réseaux d'enseignants aidant dans les écoles, etc.), ils en informaient leur hiérarchie, les services sociaux par les procédures d'alerte et d'aide à l'enfance du territoire.

« Sans relâche, mais pas jusqu'au bout » semblait leur devise de manière à éviter l'épuisement professionnel de leur équipe.

J'ai repéré dans leurs gestes professionnels une chronologie à peu près similaire, en cinq actes :

acte I – une posture de **retrait, de veille et d'observation,** pendant la période où se récoltaient les informations, se construisaient et se mettaient en place des outils de suivi avec un **rôle de logisticien**,

acte II – une action de recherche de **convergence** avec les partenaires (au sens large) autour de l'élève en souffrance psychique dans une **logique de médiateur,**

acte III – un temps de **régulation** avec les pairs pour relancer, optimiser, engager les actions définies ou repérées comme utiles à la diminution des angoisses massives et à la reprise des apprentissages, dans une **logique de médiateur**,

acte IV – un temps d'analyse des actions mises en œuvre avec les partenaires et les acteurs de l'école, dans une **sous-logique de médiation,**

acte V – la mise en œuvre de leur *« pouvoir de décider et d'agir*[19] *»* en pleine conscience de leur responsabilité dans l'école. En dernier recours, jamais ils ne semblaient hésiter, faisant preuve de leurs prérogatives de pilote dans une **logique de meneur**.

C'était tout à fait remarquable : du grand art…

19. Gloméron (2015) *op. cit.*

Chapitre 6

« Tenir »

« T'es solide, toi l'enseignant, tu tiens ? Parce qu'en moi c'est le chaos...donne-moi un cadre pour me reposer ! »

Tenir[1] : verbe polysémique, qui a plusieurs sens, dont...

1. Retenir, empêcher de s'en aller, de tomber. [...]
2. Se dit aussi en parlant d'un emploi qu'on occupe, d'une fonction qu'on remplit [...]
3. Signifie aussi maintenir, conserver, entretenir ; faire qu'une personne ou qu'une chose demeure dans un certain état, dans une certaine situation [...]
4. Signifie aussi résister, tant au propre qu'au figuré [...]
5. Signifie aussi être, demeurer dans un certain lieu. [...]

J'ai parlé dans un chapitre précédent de l'expression parfois bruyante du trouble psychique : des comportements inadaptés viennent perturber les relations aux pairs, aux adultes et l'enseignant se demande s'il est en présence d'une réaction émotionnelle qui vient transgresser les règles sociales et pour laquelle il lui faut

1. Définition proposée par le dictionnaire de l'Académie française en ligne : https://www.academie-francaise.fr/

tenir le cadre ou d'une impossibilité psychique nécessitant une grande bienveillance, voire une permissivité ?

Les règles ont pour objet de permettre de conserver un lien social dans le respect collectif de chaque individualité. Elles sont partagées et s'appuient sur une norme sociale. S'imposent à l'élève troublé psychiquement, comme à tous les élèves de la classe, des contraintes permettant « le vivre ensemble[2] », auquel j'ajoute « l'apprendre ensemble ». Bien des incertitudes naissent de ce double objectif scolaire face aux situations de souffrance psychique.

- Pour qu'il suive la norme établie, l'élève doit être conscient de la fonction de la règle ou entrevoir que l'usage de cette règle est consenti dans et par le groupe. Cela donne tout son sens à un comportement adapté. ***Encore faut-il qu'il le perçoive !***

- Pour que l'élève s'engage dans le respect de la règle, il lui faut la percevoir ainsi que percevoir son contraire : il y a possibilité de crier ou non, d'injurier ou non... Jamais ou parfois... en fonction des contextes. On peut crier dans la cour, en séance de sport collectif pour se passer la balle, parler à haute voix à certains moments de débat, de récitation, dans un couloir, mais pas dans tous les instants d'une vie de classe. La notion de contexte, d'implicite, est très régulièrement étrangère, totalement ou en partie, aux élèves vulnérables psychiquement. ***Faut-il se dire qu'à enfant « hors norme » pas de norme ?***

- Les contraintes qui fonctionnent avec le groupe peuvent ne pas être opérantes parce que la désapprobation collective, qui habituellement fait « pare-feu », semble ne pas pouvoir grand-chose sur le sujet malmené psychiquement. Le poids du collectif est assez flou pour un élève mis à mal par le « dedans/

2. *« L'École est le lieu où les élèves acquièrent les compétences qui leur seront indispensables tout au long de la vie, au-delà de leur scolarité, pour poursuivre leur formation, construire leur avenir personnel et professionnel, réussir leur vie en société et exercer librement leur citoyenneté : autonomie, responsabilité, ouverture aux autres, respect de soi et d'autrui, exercice de l'esprit critique. Ils y apprennent à vivre ensemble dans une société démocratique et républicaine. »* Éduscol, « Apprendre à vivre ensemble », https://eduscol.education.fr/, mai 2021 – Ministère français de l'Éducation nationale et de la Jeunesse.

dehors », « l'extérieur et le sujet » comme je l'ai présenté plus haut dans cet ouvrage.

- L'élève entravé par le chaos psychique qui l'envahit peine à partager une norme qui, pour une part, relève de l'implicite des situations scolaires alors que – je l'ai développé – il n'était pas disponible pour les acquisitions dans les classes antérieures, en maternelle par exemple. ***Faut-il que l'enseignant refuse d'intervenir avec les mêmes règles que pour le groupe-classe ?***

- Concevoir des règles spécifiques, pour l'élève vulnérable psychiquement du fait d'un défaut de représentation mentale lui confère un statut d'élève privilégié, ce que nombre d'enseignants redoutent par peur de la « contagion entre pairs »... ***Et s'ils en faisaient tous autant ?***

- Si, devant la classe, la désobéissance aux règles de cet élève – parce qu'il est *« différent »* – est acceptée par l'enseignant, alors ***la norme, les règles deviennent-elles caduques pour le reste du groupe ?***

- Ajoutons que, parfois un peu extérieur au groupe-classe, cet enfant, malmené par les bouleversements psychiques qui l'assaillent, ne parvient pas à partager une norme issue d'un collectif dont il ne se sent pas toujours membre...

Il ne saurait être question de développer ici ce que la littérature pédagogique a fort bien renseigné et démontré sur l'enseignement aux enfants présentant des *« comportements explosifs »*, élèves qui, lorsque *« les choses ne se passent pas comme ils le souhaitent [...] ont des réactions excessives, adoptent une attitude de négation, de perturbation, d'évasion, font des menaces et entrent en conflit avec leurs pairs ou avec les figures d'autorité*[3] ». D'efficaces pistes d'action sont proposées dans ces écrits scientifiques. Au niveau académique ou départemental, des modules de formation continue destinés aux

3. *Enseigner à des élèves ayant des comportements difficiles – Des pistes d'actions concrètes pour une école inclusive.* Mark Le Messurier (adaptation Francine Belair), Chenelière Éducation, (2013).

enseignants en exploitent les démarches. Quand l'hétéro-agressivité point, la question de l'intégrité de chacun est prise à bras-le-corps par les formateurs, les conseillers pédagogiques, les personnels de direction de l'Éducation nationale en France. Dans certaines circonscriptions relevant de l'adaptation, du handicap ou de l'école inclusive, des enseignants-ressources interviennent en soutien des équipes malmenées.

Cependant, afin de poursuivre quelque peu le cheminement sur les pédagogies des souffrances psychiques dont les manifestations heurtent le quotidien de la classe, quelques clefs de compréhension, spécifiques aux élèves troublés psychiquement, peuvent éclairer les situations opaques vécues par les enseignants confrontés à *« l'inquiétante étrangeté »* de leurs élèves.

Il faut ici se dire, en tout premier lieu, qu'il y a des règles de convenance (se ranger de telle ou telle manière, lever la main à tel ou tel moment, utiliser tel ou tel matériel : le cahier rouge plutôt que le classeur, dire « cahier du jour » ou cahier « d'entraînement », etc.) et des normes morales (construites sur le jugement qu'il est mal de frapper, injurier, voler...).

Mon expérience m'a amenée à considérer que pour s'approprier une conduite enseignante plus apaisée face au trouble psychique, il est judicieux de sérier les deux acceptions :

- faire autorité de manière intransigeante sur les normes morales en les enseignant,
- arrondir les angles des règles de convenance, en usant abondamment pour ces dernières de l'explicitation[4] et de la mesure.

En « deux » mots : aménager les règles de convenance, s'arc-bouter sur les normes morales en procédant par paliers.

4. Sur la notion d'enseignement explicite : « Enseigner plus efficacement : l'essentiel en quatre pages », sur le site du Centre Alain Savary, https://centre-alain-savary.ens-lyon.fr/CAS/

Il n'est aucune conséquence négative à indiquer à l'élève les normes du haut de « la hiérarchie des normes » : elles sont fondamentales pour qui est en proie au chaos psychique. Là, l'enseignant « **tient** son rôle » de passeur de savoirs à l'école élémentaire : la Constitution, la Déclaration des droits de l'homme et du citoyen, la Charte de l'environnement, la Convention internationale des droits de l'enfant, etc. Le « parcours citoyen » à l'œuvre de l'école au lycée depuis la circulaire du 23 juin 2016 dans les établissements français d'enseignement est manifeste sur ce champ. Il est important que l'enseignant perçoive que la construction du jugement moral et civique, l'acquisition de l'esprit critique est un pan de l'apaisement des situations heurtées dans les cas de troubles psychiques internalisés ou externalisés.

Killian

Killian était un élève des groupes pédagogiques, suivi depuis quelques années en hôpital de jour en raison de modifications massives de perception de la réalité. Grossièretés, violences verbales ponctuaient son impossible gestion des frustrations, tant en classe que dans les espaces partagés avec ses pairs. En retard scolaire, il n'avait pas acquis les normes et conventions d'écriture, des troubles mnésiques accentuant ses difficultés à entrer dans l'écriture et la lecture. Âgé de huit ans, son niveau scolaire peinait à dépasser la première année de cycle 2, tant en mathématiques qu'en français. Ses incompréhensions des implicites, ses « coqs-à-l'âne » réguliers avaient fait craindre une inefficience de ses compétences cognitives, ce que les tests de QI avaient invalidé malgré des scores de niveau modeste. Lorsque Samuel Paty, enseignant d'histoire et de géographie a été assassiné, son enseignante avait hésité à aborder le sujet. Envahi au quotidien, du fait de sa pathologie psychique, par des images de dévoration, d'engloutissement qu'il évoquait régulièrement, il pouvait – se disait son enseignante – être déstabilisé par un focus sur ces faits violents et réels. Le pédopsychiatre qui le soignait soutint, au contraire, qu'il fallait aborder sous l'angle de l'enseignement ce sujet avec Killian, tout comme avec d'autres élèves plus « ordinaires » des écoles en France : il fallait nommer les interdits, les normes, donner un cadre, des repères sur ce qui ahurissait les Français. En appui sur un dossier proposé par le Gouvernement, elle aborda dans le cadre de l'EMC (Éducation morale et civique) ce sujet. C'est ainsi que furent inscrits au tableau « EMC » le lundi suivant les événements traumatiques. Il était ainsi montré à Killian et son petit groupe qu'aborder ce fait était un axe d'enseignement, un sujet pour apprendre malgré le bouleversement qu'il suscitait dans la société et en raison de celui-ci. Son enseignante agissait en fonction de ses missions : elle « **tenait** son rôle » comme tous les enseignants de France. L'enseigner permettait une mise à distance nécessaire.

D'un dossier proposé par PlayBac presse[5] sur cet événement, elle reprit ce qu'était l'enseignement moral et civique du CP au CE2 dans la perspective d'un enseignement jusqu'à la terminale : *« Tu auras cet enseignement jusqu'à la terminale, environ une heure par semaine, "Moral", car tu apprends des valeurs pour bien vivre en groupe. "Civique", car tu apprends à devenir un citoyen ».* De l'apprentissage du respect des autres et de soi aux valeurs de la République et à la perspective d'être un citoyen, les encarts des documents balisaient les apprentissages, les rôles, les règles, le respect des différences, l'esprit critique, etc. C'est dans ce cadre que Samuel Paty avait été assassiné. Tous les élèves des écoles et établissements de France, à la même heure – 10 h –, étaient accueillis dans leur classe avec un *« cours spécial »*. Ce serait donc à la même heure que le petit groupe pédagogique de Killian travaillerait cet événement, d'un point de vue des apprentissages, dans la classe de l'hôpital de jour. Aborder le sujet offrait de considérer Killian comme un élève à part entière, sans occulter pourquoi les adultes en parlaient tant à la télévision, à la maison et... dans le taxi qui l'emmenait à l'hôpital de jour ! Parler de la liberté d'expression à un enfant – par ailleurs mis à mal par des troubles occultant sa représentation de la réalité – était le choix assumé par le centre médico-psychologique qui l'accueillait en groupe thérapeutique et en petit groupe-classe.

À la surprise de son enseignante, Killian se saisit des documents, surligna ce qu'il pensait *« être sérieux »,* l'entoura et colla ses feuilles dans son cahier parce que *« c'était important ! »*. Il travailla non pas assis sur sa chaise, mais debout, penché sur les textes et les illustrations, les avant-bras posés à plat, l'avant de son corps au-dessus des documents.

5. PlayBac presse est un éditeur qui propose – entre autres – des quotidiens d'actualité pour les enfants https://www.playbacpresse.fr/

Sa posture semblait le préserver de tout parasitage sonore ou visuel, elle créait une « bulle » de concentration. Rarement son enseignante l'avait vu aussi longtemps attelé à la tâche ! En fin de séance, Killian lui demanda s'il pouvait apporter ses documents annotés dans sa classe, celle dans laquelle il était scolarisé douze heures par semaine, pour *« montrer à son autre maîtresse » et « pour aider les autres élèves ! »*.

Pourquoi ces documents ont-ils « fait mouche » de la sorte pour un élève présentant par ailleurs des particularités psychiques et empêchements à apprendre ?

Principalement parce qu'ils répondaient sur un champ cognitif et social plutôt qu'affectif au chaos qui secouait tout un chacun en France. Le cadre contenant des normes présentées – celles de la République – était sans appel : des règles posées clairement sans équivoque. Elles offraient ainsi un cadre sécurisant, donnaient de l'intelligible à une situation à la fois bouleversante et extérieure à lui.

Quelle que soit la cause des troubles psychiques, son étiologie, je n'ai jamais rencontré d'élève troublé psychiquement qui ne présentait de confusion mentale. Dans mes observations de classe, dans ma pratique d'enseignante spécialisée, j'ai acquis la conviction qu'il n'y avait pas d'appétence aussi marquée, chez un élève troublé, que celle pour ce qui classe et trie, explicite, hiérarchise sans confusion, sans implicite : le goût de la catégorisation.

Le syndrome confusionnel que j'évoque à présent au sujet du cadre d'apprentissage, des règles et des normes, s'est glissé tout au long de cet ouvrage dans les exemples et vignettes que j'ai détaillés.

En filigrane s'ébauchaient chaque fois – souvenez-vous – des confusions émergeant du chaos psychique interne de l'enfant ou du jeune élève entre :

- la réalité et l'imaginaire,
- la place d'objet et celle de sujet,
- le dedans et le dehors,
- le détail et le général,

- le littéral et la métaphore,
- le matin et l'après-midi,
- le continu et le discontinu,
- l'immédiat et le différé,
- les causes et les conséquences,
- le propos et le « hors de propos »,
- l'anecdotique et l'habituel,
- les conventions et les exceptions, etc.

Les élèves troublés psychiquement perçoivent régulièrement cette confusion en eux, car l'environnement – les pairs et les adultes – en écho, leur renvoie bien souvent de l'incompréhension (*le « hein ? Mais enfin, tu sais bien que... »*) ou des railleries menant assez souvent à un isolement des groupes sociaux.

Devenus irritables du fait d'une pensée brouillée, certains s'agitent corporellement ou deviennent logorrhéiques, d'autres se montrent étonnamment flegmatiques, inhibés, lents, taciturnes, ou bien ils passent d'un état à l'autre, nous l'avons vu. Dans ces vécus de confusion, difficultés de l'attention ou atteintes mnésiques s'ajoutent parfois au tableau clinique. Ces manifestations et symptômes insécurisent au possible les jeunes élèves qui ne savent plus bien à quoi ou à qui se fier. L'ensemble de ces troubles évolue fort heureusement positivement, bien souvent en diminuant du fait des soins, de l'appui de l'environnement familial, éducatif et social et de la plasticité cérébrale des enfants.

Ces perturbations trouvent dans un cadre explicite et établi une sorte d'issue dans les situations heurtées, un fil d'Ariane, une trace à suivre menant vers l'intelligible, une béquille, un « faisant office de » qui manquent à la compréhension des situations.

Dans les règles scolaires (conventions et normes), la confusion nuit immanquablement au soin ou – ici – à l'apaisement des situations psychiques scolaires heurtées. Lorsque l'élève sent de la confusion dans les règles établies en classe ou dans l'école, les effets sont redoutables : il ne faut pas ajouter de la confusion institutionnelle à la confusion psychique !

De même, il faut à tout prix éviter que l'élève se sente hors du groupe-classe, sujet « désocialisé » du fait de ses symptômes. Pour qu'il puisse user de ses capacités – si minimes ou en développement soient-elles –, il lui faut un cadre soutenant, explicite, normé et comparable à celui de ses pairs : les règles de son groupe, aménagées au besoin pour lui. Ainsi, il prendra place dans sa posture d'élève à partir d'une base commune.

Alors que pour la plupart des enfants, les règles de la société scolaire se distillent au gré des années de vie collective, pour le jeune en souffrance psychique, face à une norme établie, à des règles posées pour tous les élèves, un effort important va être nécessaire pour les intérioriser. Ce n'est qu'au prix d'une explicitation massive et d'un entraînement qu'il parviendra à classer, catégoriser les situations, les comportements considérés souhaitables ou non par le groupe et s'y référer.

Quand les manifestations des troubles viennent, par la violence qu'elles suggèrent, malmener la classe et l'enseignant, voire la communauté éducative, il faut répondre à la question qui me paraît première : ***« T'es solide, toi l'enseignant, tu tiens ? Parce qu'en moi c'est le chaos… donne-moi un cadre pour me reposer ! ».***

C'est ce que certains élèves semblent « dire » aux adultes auprès d'eux en répétant – parfois avec démesure – gestes ou paroles inadaptés (violence verbale, jet de matériel, grossièretés, etc.). Ils semblent pousser le cadre représenté par l'enseignant, ils le *« poussent à bout ».*

Ainsi, bien malgré eux, car ce n'est pas en conscience, ils vérifient :

- la solidité du cadre = l'assise professionnelle de l'enseignant,
- l'armature = la capacité à instituer de l'adulte.

Les jeunes élèves mis à mal par le désordre interne qui les dépasse cherchent en l'adulte enseignant une limite qui viendrait contenir les effets de leur charge, de leur « poussée psychique ». Ils s'assurent de la stabilité de la structure contre laquelle ils pourraient se poser, se reposer. Ils testent le support !

Or l'enseignant qui prendrait de front les incivilités, les heurts du cadre, viendrait – là encore – placer de l'*intuitu personae* là où il faut du tiers pour apaiser les situations. Les classes les plus sécures que j'ai visitées et dans lesquelles les élèves troublés psychiquement trouvaient un calme relatif étaient fréquemment celles :

- où les règles étaient peu nombreuses,
- où elles étaient reconstruites, retravaillées avec les élèves, chaque année avant leur mise en œuvre,
- où elles engageaient chacun – enseignants comme élèves,
- où il y avait des paliers avant les sanctions ou réparations (parfois plus nombreux pour les élèves ne pouvant d'emblée maîtriser leurs pulsions en raison de troubles avérés, sauf en cas d'atteinte à l'intégrité d'autrui – là il n'était plus question de palier),
- où il y avait des espaces et des temps pour en reparler au long cours (comme je l'ai présenté au chapitre précédent),
- où les conventions étaient explicitées,
- où le directeur, la directrice d'école, le conseiller principal d'éducation, le chef d'établissement, le professeur principal jouait un rôle dans les cas de reprise du cadre, en appui de l'enseignant,
- où il y avait un protocole en cas d'urgence, balisé, validé en communauté éducative,
- où il y avait des documents tangibles, visibles en classe faisant référence à la « loi » extérieure à chacun, s'imposant à tous.

Quand les manifestations des troubles embolisent la classe de manière violente, les règles et les protocoles viennent à tout coup « retenir l'élève, l'empêcher de tomber », car ils le sécurisent, ils le sous-tiennent.

Si les règles ont été travaillées en équipe enseignante, en distinguant les conventions qui varient d'une classe à l'autre par exemple, et les normes, qui sont immuables, alors elles offrent à l'élève la vision que « les choses demeurent », quelle que soit la situation. Elles tiennent !

Gaby

De ses années en école Freinet, Gaby avait conservé la première semaine de classe comme celle de *« l'institutionnalisation des règles »*. Elle qui aimait travailler en atelier, avec des plans de travail, des « Quoi de neuf ? », elle qui prisait les déplacements libres de ses élèves en classe pour faire un exposé, aller au coin-livres, aller aux toilettes, elle interrompait toute *« cette liberté de déplacement ou d'expression »* la première semaine de septembre pour poser le cadre qui **« tenait »** à l'année ensuite. C'était un chantier laborieux, en phase avec l'enseignement moral et civique (EMC), mais surtout en prise directe avec les chantiers de l'ICEM[6] qu'elle avait suivis plus jeune.

Ainsi, les cinq premiers jours, les élèves échangeaient, débattaient à partir de photographies, illustrations, textes sur les droits et devoirs de chacun. Qu'elle présente vingt-cinq images à classer, quinze vignettes de bandes dessinées à catégoriser, des extraits de textes à reformuler, le résultat – chaque année – tendait à l'identique : deux à trois règles clefs émergeaient. Pas toujours formulées de la même manière, elles demeuraient cependant l'ossature qui – inscrite à l'entrée de la classe – faisait référence pour chacun. Elles pourraient être énoncées ainsi :

- on a droit au respect de sa personne ;

6. Institut coopératif de l'école moderne – Pédagogie Freinet – France.

- on doit respecter l'autre, ne pas l'insulter, ni l'agresser ;
- on a droit au respect de ses biens ;
- on ne doit pas emprunter sans autorisation le matériel des autres[7].

Ou

- chacun a le droit de travailler dans le calme (élèves comme enseignants) ;
- chacun a le droit d'être respecté (pas de moquerie, pas de geste brusque, pas de grossièreté) ;
- on a le droit de s'entraider.

Venaient ensuite les droits de déplacements et de paroles déclinés en lieux et temporalités, en « je peux » et « je dois » peu nombreux (trois ou quatre à chaque fois). La simplicité de ces règles permettait à Gaby de les édicter de manière aisée et aux élèves de les retenir pas à pas, de se reposer sur un cadre explicite.

Pour des élèves dont l'attention est fragilisée, ces quelques phrases forment un jalon important de l'adaptation à la norme et aux règles.

Parce que peu nombreuses, elles permettent de s'y référer régulièrement. Leur répétition en classe pour tout le groupe à certains moments de la journée ou au détour de petits faits de vie collectifs permet à l'élève en insécurité psychique de les mémoriser : comme elles tiennent en peu de mots, il est facile de les dire, de les répéter, de les lire, de les pointer dans un geste d'attention conjointe.

À proximité immédiate du tableau et de l'enseignant, elles agissent comme un objet référentiel de décalage (ORD) : extérieures à l'élève comme à l'enseignant, elles s'imposent à tous, à chacun. Il est alors possible à l'élève de les repérer/répéter immédiatement après qu'elles ont été pointées par l'enseignant. Elles sont ainsi au cœur de l'empan mnésique (la capacité de mémoire immédiate) de l'enfant.

7. Coop'Icem, le site officiel de l'Institut coopératif de l'école moderne – Pédagogie Freinet – France, https://www.icem-pedagogie-freinet.org/

De cette manière – courtes, à proximité immédiate de celui qui les pointe et les édicte – les règles peuvent être traitées cognitivement grâce à des analogies, un peu de cette manière : *« L'enseignant a utilisé cette règle avec Tristan quand il s'est battu dans la cour avec Karl, avec Alice quand elle a été insultée par Jessica. Cette autre règle quand Jérémy a été empêché de travailler par les bruits de Sarah, mais aussi quand la maîtresse a été empêchée de travailler par mon discours à voix haute ou mes cris pendant l'explication d'une notion de mathématiques. »*

L'élève en souffrance psychique trouve dans les « coïncidences » entre les règles et les récits ou vécus de classe un moyen de catégoriser, compiler ce qui est inadapté au collectif. C'est ainsi que, pas à pas, se construit le sens.

Il n'est pas rare que la compréhension des règles émerge chez l'enfant à travers deux éléments facilement repérables par l'enseignant :

- le syntagme *« ah, j'ai compris ! »*, exprimé quelques mois après leur mise en œuvre,
- le fait que les élèves troublés psychiquement se réfèrent aux règles énoncées : *« Mais t'avais dit qu'on n'avait pas le droit de... »*

Se perçoit dans ces éléments courants du discours l'automatisation du recours à la règle : elle est « au travail », même si elle est encore balbutiante.

Pour s'assurer que les règles écrites pour la classe « fassent mouche » et atteignent le but visé, il faudrait pouvoir énoncer chacune d'elle en... une expiration ! Par cette petite technique, l'enseignant a la possibilité en classe de s'y référer en posant la voix sur un souffle. La règle a ainsi plus de portée : il n'y a pas beaucoup d'informations à traiter pour celui qui est récepteur du message et peu d'informations à donner pour l'émetteur à partir du support scriptural affiché. Effet garanti !

Malo

Malo était un élève dont l'inertie cognitive avait amené la famille à consulter son médecin traitant puis un centre de soins adapté. En classe, il glissait régulièrement de sa chaise, semblant « dégouliner ». Il paraissait ne pas écouter les consignes, comme si elles ne le concernaient pas. Il laissait rarement des traces écrites et écrivait de manière peu lisible. Lors d'un atelier de sciences sur la notion d'air, Malo se mit à jouer avec le matériel. Se montrant en décalage permanent avec le cadre établi, il ricanait quand l'enseignante parlait. Lassée, elle le reprit plusieurs fois, puis s'emporta : *« Mais enfin ! »*, elle indiqua l'affiche des règles de la classe, *« Cesse de te moquer de moi ! Je ne me sens pas respectée dans mon travail de maîtresse quand tu ris ainsi ! »*. Elle montra ses yeux froncés : *« Tu vois, je ne suis pas contente »*, elle mit son doigt sur sa gorge : *« Tu entends, ma voix monte, je suis fâchée. »* Malo s'arrêta sur le champ, interloqué, les yeux grands ouverts ! : *« Bah, j'me moque pas ! »*. Il semblait réellement sincère. Alors, il fallut reprendre : *« Quand quelqu'un rit à chaque fois que l'on parle, alors on a l'impression qu'il se moque, ça provoque de l'agacement ou de la colère. "Se moquer", ce n'est pas accepté, c'est écrit sur la règle de la classe ! »*

Cette reprise, ce « décorticage de la situation » est réellement nécessaire pour éveiller la prise de conscience du jeune élève troublé psychiquement vis-à-vis d'un comportement socialement inadapté. Là encore se retrouvent des bases présentées auparavant sur l'explicitation des situations, la matérialisation des règles ou des affects auxquels l'enseignant se réfère pour agir, réprimander ou interdire.

Les « sas de décompression »

Lorsque les observations des troubles, les écrits de l'école, les dires de la famille ou des enseignants des classes antérieures indiquent une intolérance sévère à la frustration reliée à de l'agressivité, il peut être pertinent de créer en classe un « sas de décompression ». Ce petit espace conçu à cette intention sera fort utile quand surgiront les prémices véhémentes d'affects.

Aménager un petit lieu sécure est un geste professionnel tout à fait adapté lors de tests majeurs et bruyants du cadre : il est, en effet, bien souvent indispensable à l'élève de s'isoler un temps du groupe d'apprenants pour tenter de « se reprendre ».

Les troubles psychiques, lorsqu'ils sont prégnants et émergent dans un cadre scolaire de manière excessive, ont besoin d'être contenus !

Ce lieu-ressource est en partie clos. Disposé en fond de classe, il limite pour l'enfant les informations visuelles et auditives au moment où les émotions le submergent ; contenant, construit par anticipation des besoins de réassurance de l'élève, il le protège du regard des pairs qui – dans ces circonstances – peuvent être intrusifs et attiser la colère.

Nombreux sont les enseignants qui ont aménagé cet espace de repli en classe pour juguler les crises d'élèves troublés, suivant ainsi les conseils des psychologues et professionnels qui soignent ces enfants. De grands cartons avec une entrée découpée par l'enseignant, une table le long d'un mur avec un drap dessus faisant office de brise-vue – à l'intérieur des coussins, des objets sensoriels – permettent à l'élève de s'isoler du regard d'autrui, de se ressaisir, de s'apaiser puis de revenir aux apprentissages. Dans cet espace semi-clos, sorte de cabane, le corps peut se poser en toute quiétude contre les parois ou dans un des coins de l'abri : cet espace dédié fera office d'enveloppe au sens propre comme au figuré.

Comme tout aménagement du cadre, cette installation sera évoquée avec la famille, l'enfant, les collègues et institutionnalisée.

Alban et Dorian

Depuis cinq ans, Alban enseignait en école élémentaire dans une classe à double niveau dans le cycle 3 des apprentissages. Il appréciait ce double niveau, qui lui offrait de suivre d'une année sur l'autre les progrès de ses élèves. Il évoquait régulièrement l'histoire qui se tissait entre les élèves du fait de la continuité d'une partie de

la cohorte, malgré les départs au collège ; il régnait dans sa classe une ambiance assez apaisée, ponctuée de projets parfois annuels : « théâtre », « danse », reliés à des voyages scolaires thématiques. À la surprise des enseignants, Dorian, l'un des élèves d'Alban depuis l'année passée, avait développé récemment des comportements de forte agressivité en classe (jusqu'ici plutôt préservée des manifestations bruyantes de ses troubles psychiques). Les professionnels du soin qui suivaient Dorian depuis quatre ans ne semblaient pas discerner – en tout cas ils en disaient peu de choses – s'il s'agissait de symptômes reliés à l'évolution de troubles psychiques présents depuis la maternelle ou d'une « réaction » à ses difficultés scolaires majeures. Il était certain que l'écart de niveau se creusait et que Dorian, plus attentif à sa scolarité du fait de ses progrès psychiques, parvenait maintenant à percevoir la maîtrise insuffisante de ses apprentissages.

Suite à plusieurs temps d'échange (en présentiel puis en visioconférence) entre les partenaires du soin, la directrice, Alban, le médecin scolaire, la famille de Dorian et un enseignant du réseau d'aide de l'école, il avait été décidé la mise en œuvre de « moments de repli » pendant les cours. Ces temps seraient balisés pour Dorian quand son enseignant repérerait une agitation motrice mêlée de petites invectives qui annonçaient à coup sûr la survenue d'une « crise ». Il fallait estomper les accès de violence qui s'amplifiaient comme *« gronde un torrent »*.

L'équipe de cycle 3 s'investit avec détermination sur ce champ et mit en place pour Dorian des cartes d'apaisement s'inspirant de pratiques évoquées en réunion par les acteurs et partenaires de l'école :

- les éducateurs du CMP de proximité – où exerçait le thérapeute qui accompagnait Dorian deux fois par semaine – disaient utiliser de nombreux pictogrammes, photographies ou illustrations en groupes thérapeutiques. Cela permettait aux enfants de repérer les émotions qui surgissaient en eux en raison de leur insécurité psychique ou affective.
- l'école pouvait s'appuyer sur une certaine expérience de la régulation des accès de violence, car elle disposait depuis trois ans d'une unité d'enseignement pour des élèves avec des troubles du spectre de l'autisme, chez qui les difficultés comportementales n'étaient pas rares. Était associé à ce dispositif un service de soin ambulatoire, avec lequel l'école avait des temps d'échange réguliers.

Il fut proposé que chaque journée, Alban déposerait sur la table de Dorian deux cartes d'apaisement. Dorian pourrait les brandir ou les retourner face à lui pour être autorisé à s'isoler dans le coin repli. Avant qu'il puisse de lui-même brandir une carte, c'était Alban qui les retournerait au moment opportun, ajustant la parole à la carte présentée : *« Je pense que là, c'est le moment que tu puisses aller dans le "coin tranquille" comme on se l'est dit avec le CMP et tes parents, toi comme nous avons besoin de calme pour travailler. »*

Dorian se saisit de cet aménagement choisi pour lui par les adultes. La durée de répit dans le coin-tranquillité put être chronométrée après quelques essais pour baliser le temps nécessaire imparti : dix ou quinze minutes. Pas moins, car il s'agissait de poser un repère stable : l'enfant devait prendre le temps de se sentir contenu pour s'apaiser.

Pour Dorian, il ne s'agissait jamais d'un bref passage dans le coin-tranquillité, d'un aller-retour de quelques minutes. Alban lui avait expliqué qu'il fallait à la classe le temps de reprendre le fil des apprentissages quand un début de colère, une « crise » surgissait. Dorian, comme Alban, avait besoin de temps calme. C'était explicite.

D'expérience, très peu d'enfants du primaire usent longuement de ce temps de répit. L'enseignant repère assez rapidement – dans les dix minutes bien souvent – un visage, une jambe, une main qui sort de la cabane ou parfois il perçoit très distinctement des réponses brèves émergeant du petit abri aux questions destinées à la classe !

Il y a tout intérêt à verbaliser dans ces cas-là : *« Je vois ou j'entends que tu veux reprendre le cours de la classe, ce n'est pas le moment »* ou *« Je vois que tu veux reprendre le cours de la classe, tu peux le faire si tu te sens plus calme et prêt à reprendre ton crayon, ton travail de copie, ton activité, ton schéma, etc. »*

Il est indispensable à ce moment de transition du « dedans-dehors » de donner une représentation exacte de ce qui va être repris comme engagement scolaire par l'élève. Pas seulement : *« Je vois que tu veux reprendre le travail, tu peux revenir à ta place. »* Pour qui vient d'être mis à mal par un accès de violence, d'expression de la colère, de la peur, il est nécessaire d'entendre très exactement la matérialité du travail à effectuer, à reprendre : écrire, copier, colorier, écouter, découper, souligner, entourer, etc. de manière un peu directive, certes, mais claire et précise. Ainsi, peu d'implicite dans la situation de retour aux apprentissages.

Les cartes de répit, ou cartes d'apaisement, sont fort utiles à la conscientisation par l'élève des moments où il est envahi par les troubles psychiques qui le submergent. Elles sont montrées par l'élève ou par l'enseignant avant chaque *« répit dans la cabane »* ou chaque *« répit au coin-tranquillité »*. Une fois ce temps achevé, poser la carte dans une boîte, sur le bureau de l'enseignant, permet, dans un geste qui marque la transition de « tourner la page », de faire savoir expressément qu'il y a « un avant » et « un après ». La crise est reconnue comme passée, elle est temporisée.

L'objet « carte d'apaisement » peut également participer à la construction chez l'élève vulnérable psychiquement de traces mnésiques : un fait devient objectivé et, à distance de l'événement, l'enseignant pourra reparler à l'élève de la colère et du retour au calme, dans une perspective de progrès.

Cette fois encore, la concrétisation par l'objet béquille l'activité psychique désordonnée de l'élève. Cela rejoint les exemples de ce livre sur *« les jokers de déplacements »*.

Par ce biais, le cadre est présenté comme intact aux yeux de l'élève : dans la chronologie de la période malmenée vécue ensemble, il y le cadre d'apprentissage avec les élèves, les liens sociaux, la survenue d'un comportement que l'on pourrait qualifier de « crise », le temps de répit et la reprise du cadre. Son intégrité est assurée : **le cadre tient !**

Anaëlle et Théo

Dans sa classe de quatrième année d'école élémentaire, Anaëlle, nouvellement installée comme enseignante, avait un cadre assez explicite. Les règles étaient balisées et plutôt simples. Théo déambulait sans raison en classe, interpellant ses pairs à haute voix, donnant des coups parfois à qui se rapprochait trop. Les grossièretés n'étaient pas rares. Très dispersé, il avait fallu le soutien de conseillers pédagogiques pour modifier, après plusieurs observations en classe, les outils de travail de Théo. Il avait désormais deux cahiers seulement, une boîte de matériel que l'enseignant disposait chaque jour sur sa table, pouvait écrire au crayon de bois, car son rapport à l'erreur était mis à mal. Des petits guides lui permettaient de suivre les étapes – implicites – de la classe : « À l'arrivée en classe le matin : ouvrir son cartable, sortir ses cahiers, s'asseoir, ne plus parler à haute voix, ouvrir le cahier rouge, écrire la date ». Ils étaient plastifiés, il pouvait les cocher. Anaëlle en avait construit plusieurs, comme de petits échafaudages pour que Théo se repère suivant les temps de classe et les disciplines enseignées.

Lors de certaines récréations, Théo restait en classe avec plusieurs autres élèves, ou dans la bibliothèque de l'école. Dans cette école, ces espaces étaient ouverts pour ceux que le brouhaha mettait à mal dans la cour ou qui souhaitaient jouer au calme. Jeux de construction, poupées, matériel de dessin, casque avec de la musique étaient à disposition sous le regard bienveillant d'enseignants volontaires à tour de rôle. Théo – de par ses aménagements – était prioritaire sur ces espaces. Cette priorité avait été actée lors d'une réunion d'équipe éducative deux mois auparavant avec sa famille et le thérapeute qui suivait l'enfant.

Alors que Théo dérogeait régulièrement au cadre de travail, il n'avait de cesse de rappeler à chacun les règles de la classe ! Un comble ! Certains adultes s'en agaçaient, d'autres en souriaient, l'appelant parfois *« le petit gendarme »*. Cependant Anaëlle, se sentait démunie face à ses remarques régulières. Une impression désagréable d'être mise en doute, contestée indirectement par ce jeune enfant, l'envahissait. Elle exprima ce ressenti aux participants du groupe d'analyse de pratiques qu'elle suivait dans le cadre de la formation continue des jeunes enseignants.

Le psychologue clinicien qui animait ce temps d'échange confirma ce que suggère la question première de ce chapitre. Théo cherchait la validation de ses hypothèses, de ses doutes sur les règles et les normes de la classe et sur la tenue de celles-ci. *« T'es solide, toi l'enseignant, tu tiens ? Parce qu'en moi c'est le chaos... donne-moi un cadre pour me reposer ! »*. Les rigidités sur son approche des règles – quand elles se destinaient aux autres ! – avaient besoin de trouver un écho dans les réponses enseignantes : il stockait les faits, les catégorisait. Il gérait les données !

Dans la répétition de ses interrogations, il y avait la mise en abîme de la sauvegarde du cadre... Allait-il tenir ?... Serait-il pérenne ou détruit par la multiplicité des petits écarts d'un groupe d'enfants ? Ce cadre survivrait-il au départ d'Anaëlle qui venait d'arriver dans l'école ?

Le psychologue insista : répondre aux questions de Théo permettrait d'assimiler peu à peu les règles.

Trois actions simultanées furent engagées par l'équipe d'enseignants résolue à ce qu'Anaëlle vive au mieux ces premières années d'enseignement.

Ainsi, ils choisirent ensemble :

- que les règles soient écrites de la même manière dans les espaces partagés de l'école ; chacune facilement accessible aux enfants et aux adultes,
- qu'il fallait répondre à Théo en usant des *« comme si »* et des *« comme quand »*, pour qu'il puisse cerner l'interprétation de certaines règles ainsi que leur relative flexibilité en fonction du contexte,
- qu'il fallait chaque fois le remercier et repréciser que c'était l'adulte qui tenait le cadre, décidait des sanctions ou réparations éventuelles.

Comme évoqué dans un autre chapitre, un rendez-vous hebdomadaire avec le directeur de l'école consolida l'ensemble. Malgré son jeune âge, Théo fut invité à exprimer et écouter ce qui n'allait pas, les raisons évoquées par les adultes et les solutions proposées. Il pouvait exprimer son point de vue. Ses efforts de compréhension étaient ainsi valorisés.

La régularité de ce temps inscrivit Théo dans une continuité :

- celle des règles et normes matérialisées par les affichages,
- celle de la verbalisation au diapason de ceux qui faisaient autorité dans l'école,
- celle, toute temporelle, des rendez-vous.

Cela contribua à fixer pour Théo un cadre qu'il repéra comme stable et collectif : la sécurité de chacun (affective ou physique) dépendait des autres, lui y compris.

Ces expériences vécues adossées au soin firent trace et apaisèrent quelque peu les manifestations impromptues des troubles sur l'année. S'ajouta dans l'école la mise en place d'ateliers d'initiation aux compé-

tences psychosociales qui participèrent de cette saine construction : cognitif, affect et socialisation.

Les réponses des adultes et la prise en compte des questionnements de Théo dans une approche globale au sein de l'école participèrent du travail de « réordonnancement » qui se mettait en route chez lui.

Acquérir des compétences psychosociales soutenait les comportements attendus, mobilisait, rassurait et stimulait Théo. Il parvint lentement à se représenter les « lois » de l'école, à les penser même à petits pas. Peu à peu, il découvrit une image positive de lui.

La santé psychique du jeune élève influence celle de l'adolescent qu'il sera[8]. Les règles simples doivent être enseignées dès le plus jeune âge avec cohérence et ténacité aux enfants en souffrances psychiques. Offrir un message concordant dans l'école au sujet du cadre, des règles, des normes est une gageure : s'ajoutent à l'hétérogénéité des enseignants leurs styles d'enseignement en présence, l'histoire du « je » de chacun, leurs représentations de l'autorité en classe. S'ajoute aussi le *turn-over* des équipes auquel certains établissements sont plus exposés que d'autres.

L'appui sur des règles collectives stables est indispensable face au tumulte psychique. S'offre ainsi à l'enseignant qui y est confronté une sécurité tant affective que professionnelle : quand, dans l'environnement scolaire immédiat du jeune, naît une solidarité sur le champ des normes et des règles, un sentiment de confiance croît pas à pas – je l'ai bien souvent repéré – chez l'enseignant éprouvé par les troubles psychiques externalisés.

Cette solidarité est d'autant plus utile que, dans ce qui a trait aux règles de vie, il peut y avoir une discordance avec les familles. Il est judicieux alors – dans un temps collectif – de partager le fruit de cette réflexion avec l'ensemble des adultes autour de l'enfant.

L'appui de toute une équipe sur ce point est essentiel pour soutenir l'enseignant aux prises avec les troubles psychiques dans les

8. Maurice Tubiana « Santé mentale de l'enfant », Conclusions du rapport à l'Académie de médecine. Dans *VST, Vie sociale et traitements* 2006/3 (n° 91), p. 116 à 143.

situations de classe. Ajuster ce cadre collectif aux possibilités du jeune, adjoindre des mises en place d'ateliers de sensibilisation aux compétences psychosociales pour l'ensemble des élèves participent au mieux-être des enseignants.

Ici, les conséquences bénéfiques du mouvement collectif (l'établissement de règles stables pour un jeune en souffrance psychique) deviennent les causes du bien-être enseignant, ce qui est le propre des cercles vertueux basés sur l'intelligence collective.

Pour revenir aux fondements de ce chapitre, je dirais que tenir face aux troubles psychiques ne saurait être synonyme d'adopter une posture rigide supportant à tout coup la pression exercée par les manifestations du trouble, résistant aux poussées aussi étranges que diverses.

« **Tenir** » suppose de développer une capacité à demeurer cohérent, **sans jamais rester seul** : se nourrir de la communauté éducative pour partager les doutes, esquisser des pistes, ajuster les aménagements. Pour ne plus souffrir face aux troubles psychiques temporaires ou installés, l'enseignant a besoin de réfléchir avec la communauté éducative au sens large, l'écouter, s'appuyer dessus, partager ses compétences pour atteindre un objectif de mieux-être professionnel.

- Qu'il se relie à ses ressentis, les exploite pour créer des pistes d'aménagements comme pour les ORD ou quelques interstices.
- Qu'il observe avec d'autres professionnels les manifestations des troubles.
- Qu'il agisse en déclinant chaque fois son action au travers d'explicitations, d'écrits, de plans de travail.
- Qu'il ait une parole impeccable.

- Qu'il s'appuie sur son style particulier d'enseignement pour choisir les aménagements.
- Qu'il mette avant toute chose ce qui est important pour lui : prendre soin de soi, agir pour des élèves « réussissant » et/ou « sachant ».
- Qu'il croie en sa capacité à faire autorité.
- Qu'il s'appuie sur son métier de base, ses savoirs, son expérience.
- Qu'il entrevoie ce qui se joue dans les troubles psychiques et en quoi cela malmène sa vision du métier.

Ne pas rester seul face au tumulte des troubles psychiques en classe reviendrait – en quelque sorte – tout simplement à faire un peu de géométrie :

« Partir d'un trait – le lien enseignant élève – tracer un triangle, puis un prisme. » C'est-à-dire trianguler, mettre à distance et s'appuyer sur la communauté éducative pour accueillir la souffrance psychique en classe, enseigner sereinement.

Table des matières

84962 - (I) - OSB 80° - CPW - BTT
DUPLIPRINT
733, rue Saint-Léonard, 53100 MAYENNE
N° 2984308H
Dépôt légal : septembre 2023
Imprimé en France